DE

CHRISTUS

IS

IN

JE

GEBOREN

Andere boeken van Kim Michaels:

The Inner Path of Light
Save Yourself
Save Your Planet
A Conversation with Jesus
The Jesus Koans
The Secret Coming of Christ
I Am a Thinking Christian
Beyond Religious Conflict
Master Keys to the Abundant Life

De Christus is in je geboren

Leringen en Wijsheid van Jezus

Kim Michaels

More to Life Publishing

De Christus is in je geboren

Leringen en Wijsheid van Jezus

door Kim Michaels

Copyright © 2005 door Kim Michaels en

More to Life Publishing

Alle rechten voorbehouden

Geen enkel deel van dit boek mag op geen enkele wijze vermenigvuldigd, vertaald of overgedragen worden zonder de schriftelijke toestemming van de uitgever. Een recensent mag korte passages aanhalen in een recensie.

Neem contact op met de uitgever via de officiële website voor dit boek: www.askrealjesus.com

ISBN: 978-9949-9278-1-4

Inleiding

Elke geestelijke of godsdienstige traditie is gebaseerd op het bestaan van een geestelijke wereld naast de stoffelijke wereld. In de geestelijke wereld bestaan intelligente wezens die de geestelijke leraren voor de mensen op Aarde zijn.

Door de eeuwen heen hebben onze geestelijke leraren ons talrijke leringen gegeven die bedoeld zijn ons te helpen ons bewustzijn te verheffen en ons begrip van de geestelijke kant van het leven te vergroten. Deze leringen zijn op verschillende manieren overgebracht, zoals door intuïtieve inzichten, inspiratie, dromen en uiteenlopende soorten mystieke of geestelijke visioenen.

Onze geestelijke leraren hebben ook een aantal mensen in staat gesteld door rechtstreekse openbaring mondelinge of geschreven leringen voort te brengen.

Ik begrijp dat deze korte uitleg niet al je vragen kan beantwoorden. Als je dit boek echter met een open hart en geest leest, denk ik dat je de antwoorden die je zoekt, zult vinden.

In het Licht van Christus

Kim Michaels

Inhoudsopgave:

DEEL 1:
De Innerlijke Boodschap 13

Lezing 1
Jullie kennen Mijn Stem 13
- Wijs mijn liefde niet af **14**
- Je kunt in nauw contact met mij staan **15**
- De sleutel tot redding **16**
- Naar zijn beeld en in zijn gelijkenis **17**
- Stijg boven de sterfelijkheid uit! **18**
- God schiep geen onvolmaaktheid **20**
- Onbuigzame liefde **22**
- Wat is het meest verbazingwekkende van mensen? **23**

Lezing 2:
Accepteer voortgaande openbaring 26
- Mijn leringen waren onvolledig **27**
- Uiterlijke kennis is niet voldoende **28**
- Het ontvangen van ware kennis **30**

Lezing 3:
Het verwerven van Christusbewustzijn 32
- Laat er niets tussen jou en God komen. **33**
- De enige deur naar God **34**
- Je geestelijk potentieel **35**
- De grootste tragedie **36**
- Het zaad van mijn woord **38**
- Leer van het voorbeeld van Paulus **39**
- Ik roep jullie naar huis **40**

Lezing 4:
Waarom is er godsdienst in de wereld? 41
- De afstemknop van bewustzijn **42**
- Zien is meer dan geloven **44**
- Het is tijd om verder te gaan dan het geloof **45**
- Zoek en je zult vinden **46**

Waarom heeft Jezus zijn leringen niet opgeschreven? **46**
Je moet mijn leringen rechtstreeks van mij ontvangen **48**
Het enige probleem **49**
Het levende woord van God **51**
Het vleesgeworden woord **52**
Je ware identiteit **53**

Lezing 5:
De ware sleutel tot redding 55
Het doel van het leven **56**
Het pad naar redding **58**
In de Hof van Eden **59**
Het kosmische leslokaal **61**
De Zondeval **62**
Besluit om gered te worden **64**

Lezing 6:
Het probleem op Planeet Aarde. 66
Het menselijke denken kan alles rechtvaardigen **67**
De maatstaf van Christus **69**
Je hebt al onderscheidingsvermogen **70**
De uiterlijke en de innerlijke redder **71**
Je mogelijkheid tot het Christusschap **73**
Mijn verzoek aan jullie **75**

Lezing 7:
Het begrijpen van het Christusbewustzijn 78
Wat is God **78**
God heeft individualiteit **80**
De geestelijke hiërarchie **81**
De eniggeboren Zoon **82**
Naar het beeld en gelijkenis van God. **83**
Het kennen van je ware identiteit **84**
Je bent een medeschepper **86**
De oplossing voor menselijke problemen **89**
De roep om 10.000 Christuswezens **90**
Mijn visie voor de Aarde **92**

DEEL 2:
Belangrijke vragen 94

LEZING 8:
Vragen die elke christen zou moeten stellen 94
    De wereld is veranderd **95**

Was Jezus Christus de Enige Zoon van God? 97
    Het gezichtspunt van de ziel **98**
    De leer van exclusiviteit **99**
    Het Zwaard van Christus **100**
    De voortgaande menselijke machtsstrijd **102**
    Goden op Aarde **104**
    De onderdrukkende Kerk **107**

Wat Voor Persoon Is Jezus? 109
    Ik heb een uitgesproken persoonlijkheid **110**
    Ik ben niet halfzacht. **113**

Welke Godsdienst Volgde Jezus? 115
    Ik ben een Christelijke mysticus **116**

Is er slechts Eén Ware Godsdienst? 119
    Eén waarheid, vele godsdiensten **120**
    Godsdienstige conflicten zijn zinloos **120**

Is Jezus helemaal alleen in de Hemel? 123
    Ik ben een teamspeler **123**
    Wat één heeft gedaan, kunnen allen doen **124**

Wist Jezus van Reïncarnatie af? 127
    Een eenvoudiger verklaring **128**

Leerde Jezus Reïncarnatie? 129
    Innerlijk verzet tegen reïncarnatie **129**
    Uiterlijk verzet tegen reïncarnatie **131**

Waarom is reïncarnatie belangrijk? **133**
De Wet van Oorzaak en Gevolg **135**
De leerschool van het leven **138**

Nam Jezus de Zonden van de Wereld Weg? *140*
Je schulden aan het leven betalen **141**

Is de Bijbel het Woord van God? *144*
Wat is het Woord van God? **146**
Toevoegen en wegnemen **147**
Het brengen van het Levende Woord **148**
De bijbel is onvolledig **148**
De wet en de profeten **149**

Is God een Boze en Veroordelende God? *151*
God straft je niet **152**
Maak vrede met God **154**
Naar God uitreiken **155**
De God van de Bijbel **156**
Schuldgevoel is niet nodig **158**
De Wet van Karma **160**

Waarom is er Kwaad in de Wereld? *162*
Kwaad als gevolg van keuzes **163**
De oorsprong van kwaad **164**
Wees wijs als slangen **165**
Wees onschuldig als de duiven **167**
Breng het licht **169**
Breng het koninkrijk **170**
Keer de andere wang toe **172**
De trek naar beneden **173**
Waarom is er nog steeds kwaad in de wereld? **174**

Wat Denkt Jezus van het Moderne Christendom? *178*
Mijn oorspronkelijke visie **178**
Een horizontale beweging **179**
De geldwisselaren **180**
De Levende Kerk **182**

De ene, ware kerk   **183**
Gods koninkrijk op Aarde   **184**
Mijn vlam van onvoorwaardelijke liefde   **185**

DEEL 3:
Persoonlijk Christusschap 186

LEZING 9:
Hoe Christusschap te verwerven 186
Het filter   **186**

Instrumenten voor het bouwen van Christusschap 189
Het ontwikkelen van intuïtie   **189**
Evenwicht   **192**
Het zuiveren van je geest van onjuiste ideeën   **196**
Geestelijke zoeker, genees jezelf   **199**
Het transformeren van negatieve energie   **203**
Maak jezelf vrij in bewustzijn   **208**
Bescherm je licht   **209**
Roep geestelijk licht aan   **211**
Overgave   **213**
Het vasthouden van de zuivere visie   **216**
Affirmaties   **220**

Lezing 10:
Technieken voor het bereiken van Christusschap 221
Het zegel van de Heer   **221**
Een decree schema   **224**
Afstemming op de Christus binnen in.   **235**
's Nachts naar school gaan.   **239**
Affirmaties voor het Christusschap   **240**
Mijn tweeling (tegenhanger) worden   **247**

Lezing 11:
De Tweede Komst van Christus 249
    De ware tweede komst **250**
    Afscheiding overwinnen **251**
    Een nieuw identiteitsgevoel **253**

Lezing 12:
Wat kun jij voor Jezus doen 255
    Je goddelijk plan **256**
    Ik maak je vrij **257**
    Streef naar evenwicht **259**
    De leidraad **260**
    Het aandoen van je Christusschap **261**
    Verspreid het woord **264**

Deel 4:
Over Dit Boek 265

Toelichting door Kim Michaels 265
    Mijn jeugd **266**
    Het vinden van het geestelijke pad **267**
    Het vinden van de Meesters **268**
    Het schrijven van dit boek **270**
    Het dichte woud **273**

Een toelichting door Jezus 276
    Kijk verder dan de uiterlijke lering **276**

Lezers reageren op De Christus is in Je geboren 279

DEEL 1:
De Innerlijke Boodschap

Lezing 1
Jullie kennen Mijn Stem

Mijn geestelijke broeders en zusters kennen mijn stem, zelfs al spreek ik door een van jullie broeders. Ik ben inderdaad jullie Jezus, en toen ik op Aarde was deed ik een belofte die voor elk mens op deze planeet geldt, 'Ik ben altijd met jullie, zelfs tot aan de voleinding van deze wereld'.

Ik ben Jezus Christus.

Ik bied deze leringen aan omdat ik jullie graag wil laten weten dat ik die belofte heb gehouden en dat ik deze ook in de toekomst wil houden. Ik ben altijd met jullie geweest, Ik ben nu met jullie en ik zal altijd met jullie zijn.

Je zou je af kunnen vragen waarom je niet beseft en ervaart dat ik met je ben. De reden daarvoor is dat je jezelf hebt toegestaan een gevoel van afscheiding van mij te scheppen. Als je deze leringen wilt lezen en in je wilt opnemen, zul je mogelijk ontdekken dat het gevoel van afscheiding alleen in je eigen geest bestaat. Ik ben een onbegrensd kosmisch wezen en er zijn geen grenzen die ik niet kan passeren. Eén ding is er slechts dat mij van jou kan afscheiden en dat is jouw beslissing jezelf als afgescheiden van mij te zien.

Ik begrijp dat je bezorgd bent over de echtheid van dit werk. Hoe is het mogelijk dat ik, de echte Jezus Christus via een boek tot je kan spreken?

Ik vraag je om de situatie alsjeblieft van mijn kant te willen bezien. Ik weet dat de menselijke geest in staat is zich bijna alles af te vragen en bijna alles in twijfel te trekken. Hoe kan ik je daarom mogelijkerwijs een uiterlijk bewijs geven over de echtheid van deze leringen? Ik denk dat een objectieve beoordeling je zal laten zien dat niets dat ik mogelijk zou kunnen zeggen een dergelijk bewijs zou vormen. Ik hoef je echter geen uiterlijk bewijs te geven, omdat je de mogelijkheid hebt een innerlijk bewijs te vinden.

De wetenschap heeft je verteld dat alles in dit universum van energie gemaakt is. Energie is trilling. Je fysieke zintuigen zijn eenvoudig instrumenten die ontworpen zijn om trillingen in de stoffelijke wereld waar te nemen. Je hebt ook een innerlijk zintuig die je kunt gebruiken om trillingen op te merken die boven de materiële wereld liggen.

De Levende Waarheid die ik breng, de Levende Waarheid die ik ben, is een vorm van geestelijke energie of trilling. Wanneer je je analyserende geest tot zwijgen kunt brengen en diep in je hart wilt gaan, kun je dat innerlijke zintuig activeren, dat je in staat stelt de trilling (vibratie) van geestelijk licht, van geestelijke energie op te merken. Door dit innerlijke zintuig kun je de vibraties van de woorden voelen die ik door deze website tot je spreek. Door je innerlijke zintuig kun je weten dat het inderdaad mijn stem is. Je kunt weten dat ik de echte Jezus Christus ben en dat ik hier ben om hen te roepen die bij mij horen.

Wanneer je doorgaat met het lezen van mijn leringen, gebruik je innerlijke zintuig van het hart. Bestudeer deze leringen met je verstand, maar maak ze je eigen met je hart. Je hart zal je de waarheid vertellen; de Levende Waarheid die ik ben.

Wijs mijn liefde niet af

Onze Vader heeft jullie een vrije wil gegeven en hij heeft een wet in de Hemel gemaakt, dat niemand inbreuk mag maken op de vrije wil van een mens. Ik heb mijn Vader lief en respecteer zijn wil. Daarom respecteer ik jouw wil.

Ik heb jou lief en ik wil dat je mijn volle liefde voor jou ervaart. Maar als je besluit mij af te wijzen en mijn liefde af te wijzen, dan zal ik eenvoudig moeten wachten totdat je een beter besluit neemt.

Ik hoef echter niet in stilte te wachten. Ik heb de keus door diegenen te spreken die besloten hebben mij niet af te wijzen. Ik ben de open deur die geen mens sluiten kan. Geen enkel mens kan de stille zachte stem die in het hart spreekt, doen verstommen. Niemand kan volledig mijn stem tot zwijgen brengen. Als iemand daarom besluit naar zijn of haar innerlijke stem te luisteren en te erkennen waar die stem vandaan komt, kan ik door die persoon spreken en

DEEL 1: De Innerlijke Boodschap 15

daardoor een ander facet van het onbeperkte Wezen van God beschrijven. Zo werd dit boek in de stoffelijke wereld gebracht.

Sommige mensen willen de innerlijke stem niet horen, ontkennen die stem en laten zichzelf zo in met de dingen van deze wereld dat zij voor mij geen aandacht over hebben. Sommige mensen hebben hun innerlijke stem zolang veronachtzaamt dat zij denken dat ze mij niet meer kunnen horen. Ik moet daarom door een uiterlijke stem tot deze mensen spreken zodat zij die kunnen horen en kunnen lezen. Zoals je later zult zien is dit niet de wijze waarop ik het wil zien gebeuren. Ik wil rechtstreeks in je eigen hart spreken en ik wil dat je mijn stem kunt horen. Ik wil een directe persoonlijke omgang met je hebben die geen enkel mens of instituut kan beperken of kan verstoren.

Je moet daarom je innerlijke stem niet door deze leringen laten vervangen. Je moet dit boek alleen gebruiken voor inspiratie, niet als een dogma. Je moet deze leringen je laten helpen beseffen dat door het afstemmen op je innerlijke stem, je mij rechtstreeks kunt horen.

Je kunt in nauw contact met mij staan

Zoveel mensen staan zichzelf toe te geloven dat ze mij niet rechtstreeks kunnen kennen en ervaren en dat ze dat via een uiterlijke organisatie of leer moeten doen. Ik ben niet hier om welke organisatie of leer ook te veroordelen of er aanmerkingen op te hebben. Maar ik moet jullie erop attenderen dat jullie het vermogen hebben in je hart met mij te spreken.

Een uiterlijke organisatie of leer heeft een doel en ook alleen maar één doel, namelijk om je te helpen op te stijgen naar een bewustzijnsniveau waardoor je rechtstreeks in nauw contact kunt staan met mij, je Jezus. Als de organisatie aan dat doel beantwoordt, dan is het goed. Als het dat niet doet, dan heeft het mij buiten gesloten en het kan daarom geen deel aan mij hebben.

Mensen zijn in een lagere bewustzijnsstaat gevallen en zij hebben hulp nodig om weer op hun geestelijke voeten te komen staan. Iemand die gevallen is en zijn been gebroken heeft, zou een stel krukken kunnen gebruiken om te leren hoe weer te lopen. Voordat je geleerd hebt om weer zelf te lopen, kan het gebruik van krukken je heel goed helpen en je ondersteunen. Maar wanneer je sterk geworden bent en geleerd hebt je evenwicht te houden, moet je besluiten de eerste stap zonder krukken te maken. Als je per se de krukken wilt blijven gebruiken, zul je je vermogen beperken om in het licht van mijn Aanwezigheid te wandelen.

Er is een weg die de mens goed toe lijkt, maar het einde daarvan is de dood. De verkeerde weg is de opvatting dat je mij alleen kunt bereiken door iemand of iets buiten jezelf.

Er is ook een rechte en smalle weg dat tot eeuwig leven leidt. Het ware pad is een innerlijke omgang met mij. Deze leringen (evenals elke andere leer over mij) zijn niet de weg. Ze zijn bedoeld om je de weg naar het innerlijke pad van je hart te wijzen. Open je geest en hart voor mij en ik zal je het ware pad laten zien. Volg dat pad en je zult het huis van het koninkrijk van onze Vader bereiken, waar ik met open armen op je wacht en een hart dat overstroomt met een zeer persoonlijke liefde voor jou.

De sleutel tot redding

Zoveel mensen denken dat redding of verlossing een proces is, waarop ze weinig tot geen invloed hebben. Ze denken dat het alleen kan plaats vinden door genade of door een of ander wonder. Ik zeg niet dat verlossing geen genade met zich meebrengt. Maar je moet begrijpen dat vanwege de Wet van Vrije Wil geen enkel mens tegen zijn of haar wil in gered kan worden. Als je gered moet worden, moet je besluiten dat je gered wilt worden. Je moet beslissen dat je het waard bent om gered te worden.

Noch God, noch ik, kan of zal die beslissing voor je nemen. Ik kan je echter wel inspireren om dat besluit te nemen en dat is nu juist de reden waarom ik deze leringen ter wereld breng.

William Shakespeare (een van mijn vele spreekbuizen) schreef een tijdloos drama over de Prins van Denemarken. Hamlet's meest fameuze opmerking is: 'Zijn of niet zijn, daar gaat het om'. De innerlijke betekenis van die vraag is dat je moet kiezen te zijn wie je bent of niet te zijn wie je bent. Ik hoop dat je de volgende leringen in je op zult nemen en ze toelaat je te helpen ontdekken wie je werkelijk bent. Ik hoop ook dat je uiteindelijk een wijzer besluit zult nemen dan Prins Hamlet. Immers, wat stelt de dood van een fictieve prins voor in vergelijking met de dood van een echte ziel?

Naar zijn beeld en in zijn gelijkenis

Veel mensen hebben de uitspraak in de bijbel gelezen dat mensen geschapen zijn naar het beeld en in de gelijkenis van God. Weinig mensen hebben de moed na te denken over de werkelijke betekenis van deze verklaring. De barrière tot een dieper begrip van deze verklaring is dat mensen de neiging hebben van achteren naar voren te redeneren. Ze hebben zichzelf, in plaats van God, in het middelpunt geplaatst. Ze stellen zich voor dat als God hen naar zijn beeld geschapen heeft, dat God dan als de mensen moet zijn zoals ze die nu kennen. De meeste mensen slagen er niet in te beseffen dat dit niet zo is.

Oorspronkelijk ben je geschapen naar het beeld en de gelijkenis van God, maar op dit ogenblik laat je dat beeld niet zien. Je hebt, door je vrije wil te gebruiken op een manier die God niet bedoeld heeft, een menselijk wezen geschapen dat verschilt van het geestelijke wezen dat God schiep.

Wat betekent het echt dat je oorspronkelijk geschapen bent naar het beeld en de gelijkenis van God? God is de schepper. Om te scheppen moet je twee eigenschappen hebben:

- Je moet het vermogen hebben om je voor te stellen of in te denken wat je kunt scheppen. Je moet je keuzemogelijkheden voor de geest kunnen halen.

- Je moet het vermogen hebben te kiezen welke van die mogelijkheden je manifesteren wilt.

God creëert door zijn eigen vormloze Wezen te nemen en dat vorm te geven. God kan zich vele verschillende vormen voorstellen, maar om iets te scheppen moet God een bepaalde mogelijkheid kiezen. God kan een heelal scheppen waarin de planeten vlak zijn en God kan een heelal scheppen waarin de planeten rond zijn. Zelfs God kan echter geen heelal scheppen waarin de planeten tegelijkertijd én vlak én rond zijn, omdat de ene vorm de andere uitsluit.

Toen God je schiep naar zijn beeld en in zijn gelijkenis, gaf hij je zijn eigen kwaliteiten. Hij gaf je verbeeldingskracht en vrije wil. Nadat hij je met deze kwaliteiten begiftigd had, zond God je naar dit specifieke heelal als een verlengstuk van hem/haar zelf.

Het is voor jou uitermate belangrijk te begrijpen dat je niet tegen je vrije wil hiernaartoe bent gestuurd. Je bent hier omdat je ervoor koos hier te komen. Je bent hier omdat je ziel ernaar verlangde een deel te zijn van Gods schepping en Gods eigenschappen hier op deze planeet te laten zien.

Helaas hebben veel mensen dat oorspronkelijke verlangen vergeten, dat oorspronkelijke verlangen van hun ziel. Dat verlies aan herinnering is het enige werkelijke probleem op planeet Aarde!

Als je aan de gevangenis, voorgesteld door de beperkingen in deze wereld, wilt ontsnappen, dan moet je je oorspronkelijke herinnering van wie je bent, herstellen. Wanneer je die herinnering terugwint, moet je besluiten je ware identiteit te laten zien. Je kunt echter niet iets uitdrukken wat je niet kent, want niemand, God niet en een zoon of dochter van God niet, kan iets scheppen dat zij zich niet kunnen voorstellen.

Ik ben een geestelijk leraar en ik heb besloten bij deze planeet te blijven uit liefde voor jou en je broeders en zusters in de geest. Het is mijn diepste verlangen jou de volheid van wie je als geestelijk wezen bent, te zien herkennen in plaats van het beperkte sterfelijke wezen dat je op dit moment denkt te zijn.

Stijg boven de sterfelijkheid uit!

Hoe kan ik jullie mogelijk helpen ontsnappen aan de beperkte, sterfelijke bewustzijnsstaat die op dit ogenblik je geest verstrikt houdt? Op de een of andere manier moet ik jullie aanzetten om verder dan die bewustzijnsstaat te kijken. Misschien zou het helpen je te laten begrijpen waarom je jezelf in die bewustzijnsstaat vindt.

Laten we eens kijken hoe een geestelijk wezen, geschapen naar het beeld en de gelijkenis van God mogelijk kan afdalen in de staat van bewustzijn die op dit moment het leven op planeet Aarde beheerst.

Om dit mysterie der mysteriën te begrijpen, hoef je alleen maar te zien dat God je verbeeldingskracht en vrije wil gaf en dat God zijn gaven niet beperkte. God gaf je het vermogen je alles voor te stellen, zelfs dingen die verschillen van of in strijd zijn met Gods oorspronkelijke visie voor dit heelal. God gaf je ook het vermogen te kiezen, in alles te geloven en alles te scheppen wat je maar wilde, zelfs dingen die verschillen van of ingaan tegen Gods oorspronkelijke visie of wil voor dit heelal. Met andere woorden, God gaf je het vermogen je eigen werkelijkheid te scheppen, zelfs een werkelijkheid die afwijkt van wat God oorspronkelijk voor jou voorzag.

DEEL 1: De Innerlijke Boodschap

Veel oprechte religieuze mensen, al of niet christen, bezien de gruweldaden die op deze hele planeet plaatsvinden en vinden het moeilijk te begrijpen hoe God nu een wereld geschapen kan hebben zoals die waarin zij leven. Omdat zij echter bang zijn buiten een bepaald uiterlijk dogma te kijken, is hun enige mogelijkheid te redeneren dat God het zo gewild moet hebben. Sommige mensen accepteren de wil van God, terwijl anderen God verwerpen en alles wat met God verband houdt. Lieve vrienden, beide reacties zijn gebaseerd op een onvolledig begrip van de werkelijkheid. Dit is weer een voorbeeld van mensen die hun huidige bewustzijnsstaat gebruiken om terug te redeneren en daardoor menselijke kwaliteiten op God projecteren.

Ik ben een onbegrensd kosmisch wezen. Ik verblijf in het koninkrijk van mijn Vader. Ik ken mijn Vader en ik ken zijn oorspronkelijke visie voor zijn schepping. Het was niet Gods wens dat jullie een leven zouden ervaren beheerst door ellende, door beperkingen en door lijden. Toen God de planeet Aarde schiep, stelde hij zich een volmaakte planeet voor, waarop zielen konden groeien in het begrijpen van hun individualiteit, een planeet waarop zij hun creatieve vermogens konden uitdrukken, op een wijze die hen zelf niet beperkte en die anderen geen schade toebracht.

Maar je moet begrijpen dat God zijn eigen wetten respecteert. Hij gaf je onbegrensde verbeeldingskracht en een onbeperkte vrije wil. Jij hebt het vermogen je iets beperkts voor te stellen, iets wat niet op liefde gebaseerd is, zelfs dat wat duister en slecht is. Jij hebt het vermogen te kiezen om je aandacht op onvolmaaktheid te richten. Het is echter een Wet van God dat je datgene zult scheppen, waar je je aandacht lang op gericht houdt. Wanneer je je aandacht langere tijd op onvolmaakte vormen richt, dan zul je onvermijdelijk beginnen deze onvolmaakte vormen te scheppen, omdat je schept door je kracht van je verbeelding en je aandacht.

Toen God dit heelal schiep, was de eerste daad van schepping de verklaring:'Er zij licht!' Licht is de basissubstantie waarvan alles in dit heelal is geschapen. Gods licht is als een brok klei. God schept door het vormloze klei een bepaalde vorm te geven. God schept door zich een bepaald beeld voor te stellen en dan zijn licht in dat beeld te laten stromen totdat het licht zich als een materiële vorm manifesteert.

Jij bent geschapen naar het beeld en de gelijkenis van God. Je hebt nog niet de volledige scheppende vermogens van God, maar je schept wel op dezelfde manier dan God. Je schept door je aandacht langere tijd op een bepaald beeld te laten rusten. Gods licht stroomt onophoudelijk door je bewustzijn (want anders zou je niet in leven zijn). Gods licht neemt gewillig de vorm aan van elk beeld waarop je geest zich concentreert. Indien je je geest (je gedachten) gedurende voldoende tijd op een bepaalde vorm gericht houdt, zul je die vorm in je uiterlijke wereld manifesteren. Houd je je denken op sterfelijkheid, beperking en lijden gericht dan zul je deze dingen in je leven gaan ervaren. Houd je aandacht op een willekeurige onvolmaakte voorstelling, dan zul je onvolmaaktheid in je leven manifesteren.

Het dilemma onder woorden gebracht door Hamlet bedoelde het fundamentele feit te illustreren dat je nooit kunt stoppen met scheppen. Hamlet wilde niet handelen, maar door niets te doen bracht hij zijn eigen dood te weeg. In hun huidige bewustzijnsstaat willen veel mensen niet scheppen. Maar of je nu bewust of onbewust schept, je schept toch altijd. God gaf je een vrije wil en je kunt dat geschenk niet 'uitzetten': je kunt niet stoppen met het maken van keuzes. Als je je vermogen om volmaaktheid te scheppen negeert of het niet wilt kennen, maak je nog altijd een keuze.

Daarom, kies het leven! Kies de volmaaktheid van God boven de onvolkomenheid van het lagere bewustzijn. Je kunt niet stoppen met scheppen, maar je kunt wel kiezen wat je schept.

God schiep geen onvolmaaktheid

De fundamentele werkelijkheid van het leven op planeet Aarde is dat God het kwaad niet geschapen heeft en dat God niet de onvolmaaktheid, de beperkingen en het lijden geschapen heeft. Deze zaken zijn door ons mensen gemaakt. Deze dingen werden zichtbaar in de materiële wereld omdat mensen de keus maakten hun aandacht op onvolmaaktheid te concentreren.

Voor veel mensen kan deze uitspraak harteloos lijken, maar dat lijkt alleen zo te zijn voor die mensen die geen verantwoordelijkheid voor hun eigen leven willen nemen. Door de hele geschiedenis heen hebben heel veel mensen anderen de schuld voor hun ellende willen geven.

Er zijn heel veel mensen die anderen voor hun situatie verantwoordelijk willen stellen, hetzij hun ouders of de leiders in de maatschappij. De neiging anderen de schuld te geven voor je persoonlijke omstandigheden is niets meer dan een poging persoonlijke verantwoordelijkheid en aansprakelijkheid te ontlopen. Het is een poging je onwil te rechtvaardigen om je houding ten opzichte van het leven, en je begrip van het leven, te willen veranderen.

Wat is de ultieme vlucht voor aansprakelijkheid? Het is door de verantwoording te leggen op iemand waarvan jij gelooft dat die geheel buiten je invloed staat. Het is een autoriteitspersoon verantwoordelijk stellen, een persoon van wie jij denkt dat die ver boven jezelf staat. Als die iemand met autoriteit je huidige situatie in het leven heeft geroepen en als je geen invloed hebt op die autoriteitspersoon, dan kun je onmogelijk persoonlijke verantwoordelijkheid voor die situatie hebben, niet waar? Dus wat is de ultieme autoriteitsfiguur die mensen de schuld kunnen geven? Het is, natuurlijk, God zelf.

Als God diegene is die je ellende teweegbracht, dan heb je geen persoonlijke verantwoordelijkheid en is er niets dat je zelf kunt doen om de situatie te veranderen. Daarom hoef jij je opvattingen of je houding naar het leven toe niet te veranderen. Je kunt gewoon in de illusie blijven leven dat er niets is dat je mogelijk kunt doen om jezelf, je persoonlijke situatie of de wereld te veranderen.

Zoveel mensen denken graag dat God hun ellende gemaakt heeft. Zij willen niet toegeven dat hun situatie door henzelf teweeg gebracht is en dat alleen zij het ongedaan kunnen maken. Zij willen dit niet erkennen omdat zij zichzelf niet willen veranderen. Het is een fundamentele wet dat je je wereld niet kunt veranderen zonder jezelf te veranderen. Als je ernst maakt met het verbeteren van je uiterlijke situatie, moet je beginnen met het veranderen van je innerlijke situatie. Je moet je ideeën over het leven veranderen, je opvattingen over het leven en je houding ten opzichte van het leven.

Het is mijn oprechte en liefdevolle hoop dat deze leringen je zullen inspireren door dat persoonlijke transformatieproces heen te gaan. Als je mij wilt toestaan je te helpen, dan zal het mijn grootste vreugde zijn om dat te doen. Maar ik kan je alleen helpen als je bereid bent ideeën en opvattingen los te laten, die niet met de werkelijkheid overeenkomen.

Onbuigzame liefde

Ik ben me er volledig van bewust dat sommige mensen een beeld van mij hebben aangenomen dat hen doet voelen dat de ware Jezus onmogelijk zo direct en ronduit kan zijn. Zij hebben een beeld van mij dat ik uitsluitend aardig en zacht zou zijn, dat echter weinig van doen heeft met de ware Jezus. Ik heb een aantal opmerkingen over dit valse beeld.

Meer dan tweeduizend jaar geleden gaf ik mijn leven om de leringen te brengen die ik jullie net gegeven heb. Die leringen zijn systematisch verdraaid en vernietigd. Als slechts een klein aantal mensen op mijn oorspronkelijke leringen acht geslagen had, zou deze planeet nu een heel andere plek geweest zijn. Na tweeduizend jaar gewacht te hebben, heb ik eenvoudig geen tijd voor fijngevoeligheden. Ik heb geen tijd om ergens om heen te draaien. Dit is de tijd om de werkelijkheid onder ogen te zien en daarom moet ik de mensheid de waarheid over hun situatie geven.

Ik ben inderdaad een meester van liefde; ik ben echter meester geworden over alle eigenschappen van liefde, zelfs over onbuigzame liefde. Zou het echt liefdevol zijn om mensen in onwetendheid te laten en daardoor hun ziel te verliezen?

Ik denk het niet. Ik wil je eraan herinneren dat ik tweeduizend jaar geleden zei: 'Ik ben niet gekomen om vrede te brengen, maar een zwaard'. Het zwaard dat ik tweeduizend jaar geleden bracht en dat ik nu weer kom brengen is het zwaard van waarheid dat het ware van het onware scheidt. De ultieme leugen die op deze planeet aangetroffen wordt is het geloof dat de mensen hun eigen situatie niet zelf geschapen hebben. De ultieme waarheid is dat de omstandigheden die op deze planeet te vinden zijn geheel door mensen zelf zijn voortgebracht . De enige manier waardoor omstandigheden daarom mogelijk kunnen verbeteren is dat mensen verantwoordelijkheid nemen voor hun eigen handelingen en tot het besluit komen een begin te maken met het scheppen van volmaaktheid in plaats van door te gaan onvolmaaktheid te scheppen.

God wilde nooit dat er ellende en lijden op deze planeet zou zijn. God wil de huidige toestanden niet oneindig door zien gaan. God wil drastische en positieve veranderingen op deze planeet zien. Maar God heeft jou en iedereen een vrije wil gegeven en daarom kan God geen positieve veranderingen teweeg brengen tenzij jij besluit het instrument voor die verandering te worden door je aandacht op Gods

DEEL 1: De Innerlijke Boodschap

volmaaktheid te vestigen in plaats van door te gaan je aandacht op menselijke onvolkomenheden te richten.

Je kunt geen twee heren dienen. Je kunt niet én God én de mammon dienen. Je kunt niet God én de Prins van deze wereld dienen. God is volmaaktheid en niets anders dan volmaaktheid. Niets onvolkomens kwam ooit van God.

Daarom is de huidige staat van onvolkomenheid op Aarde niet van God afkomstig. God heeft jouw ellende niet teweeg gebracht en daarom kun je niet verwachten dat God het op de een of andere manier als door een wonder wegveegt of door een mysterieus iets wat genade genoemd wordt. Je persoonlijke nood en alle onvolkomenheden die op deze planeet gevonden worden, kunnen allen maar verwijderd worden door diegene die deze in het leven heeft geroepen. Het kan alleen maar weggenomen worden wanneer jij, en een beslissend aantal andere mensen besluiten de aandacht van onvolmaaktheid weg te nemen en het op de volmaaktheid van God te richten.

Hoe kun je je aandacht op de volmaaktheid van God richten? Je moet naar een hoger bewustzijnsniveau stijgen dan de relatieve, sterfelijke, beperkte menselijke bewustzijnsstaat waar de meeste mensen zichzelf hebben toegestaan in af te dalen.

Ik ben hier om je hogerop te roepen. De boodschap die ik nu geef, is dezelfde die ik tweeduizend jaar geleden gaf. De reden dat ik nu dezelfde boodschap geef is, dat jij en de meeste andere mensen geen aandacht aan mijn eerste boodschap hebben gegeven. Dit komt hoofdzakelijk doordat deze niet aan het grote publiek beschikbaar is gesteld. Maar de tijden zijn veranderd en mijn oorspronkelijke boodschap kan niet langer verborgen blijven.

Wat is het meest verbazingwekkende van mensen?
Als je mij zou vragen wat ik het meest verbazingwekkend van mensen vind, dan zou ik moeten zeggen dat het hun vermogen is een volledig foutief denkbeeld te accepteren en te geloven dat het een onbetwistbare waarheid voorstelt. Mensen hebben een vermogen het ongelofelijke te geloven, wat zelfs God verbaast. Wat mij betreft, een van de meest absurde ideeën die mensen hebben is dat zij mogelijk de zoon van God konden ombrengen en zijn leringen vernietigen.

O ja, zij hebben tweeduizend jaar geleden mijn lichaam gedood. Zeker, zij hebben mijn oorspronkelijke leringen verwijderd uit het geschreven verslag van mijn leven. Maar zelfs de onsamenhangende verslagen in de bijbel bevatten elementen van mijn ware leringen en van de ware tijdloze leringen van God. De bijbel verklaart dat God zijn wet in je innerlijk geschreven heeft. Ook ik heb mijn ware leringen in de innerlijke delen van je ziel geschreven en wat ik in dit boek laat zien is eenvoudig een herinnering van dat wat je diep binnenin je ziel al weet.

Ik ben de open deur die niemand kan sluiten. Ik ben de stem van waarheid, die niet voorgoed ontkent of tot zwijgen gebracht kan worden.

Mijn waarheid, mijn ware leer, is meer dan tweeduizend jaar in het collectieve bewustzijn van de mensheid aanwezig geweest. Ongeacht de uiterlijke schijn, is de levende waarheid die ik deze planeet bracht steeds achter de schermen actief geweest. Het heeft zijn weg door de vele lagen van bewustzijn gevonden en het staat nu klaar om op het scherm van het bewuste besef van de mensheid gemanifesteerd te worden.

De machten van deze wereld denken dat zij op de een of andere manier mijn doel voor het komen naar deze planeet hebben verijdeld. In werkelijkheid hebben ze de wijdverbreide acceptatie van mijn ware leringen enkel vertraagd en dat op zeer tijdelijke schaal (afgemeten naar Gods tijdsbesef.)

Als je dit leest, behoor je tot een groep zielen die de ware leringen van Jezus Christus in hun ziel geschreven hebben staan. Je hoeft die leringen alleen maar in je uiterlijke herinnering en bewustzijn te brengen. Dit boek fungeert alleen maar als een herinnering. Dit boek kan je niets vertellen wat je niet op een bepaald niveau van je wezen al weet. Anders zou je het niet kunnen begrijpen of niet kunnen accepteren.

Erken en accepteer eenvoudig dat je het vermogen hebt de waarheid te kennen, een onvervreemdbaar door God gegeven vermogen zo oud als je ziel. Je hebt geen uiterlijke autoriteitsfiguur of een uiterlijke organisatie nodig om voor jou de waarheid te definiëren. Mijn waarheid is een levende waarheid die niet beperkt kan worden tot enig dogma of geloofssysteem dat op deze planeet gevonden wordt. Mijn waarheid is groter dan het leven, in ieder geval groter dan de vorm van leven die aan de meeste mensen in hun huidige bewustzijnsstaat bekend is.

DEEL 1: De Innerlijke Boodschap

Sta jezelf toe te erkennen dat je het vermogen hebt waarheid binnenin je eigen hart te kennen. Sta jezelf toe te erkennen en te accepteren dat de ware leringen van Jezus Christus in je ziel geschreven zijn. Neem een besluit dat je zult proberen die waarheid in je uiterlijke bewustzijn te brengen. Als je die vergeten waarheid begint in te zien, accepteer het en heb de moed ernaar te handelen.

Ik ben Jezus Christus. Ik wil je boven de beperkingen zien uitstijgen die je bent gaan accepteren. Ik wil je vrij zien van sterfelijkheid en lijden. Ik wil je je ware identiteit als een onbegrensd geestelijk wezen zien accepteren dat even gemakkelijk Gods volmaaktheid kan scheppen dan de menselijke onvolmaaktheid die je momenteel ervaart.

Sta mij toe je op reis te nemen, van je huidige niveau van bewustzijn naar een volledige herkenning van je ware identiteit. Ik beloof je dat het de reis van je leven zal worden.

Lezing 2:
Accepteer voortgaande openbaring

De meedogenloze waarheid van de huidige stand van zaken op planeet Aarde is dat mensen zo veel leugens, zo veel onjuiste denkbeelden en zo veel ongelofelijke ideeën geaccepteerd hebben, dat zelfs ik, Jezus, het moeilijk vind om te weten waar te beginnen. Je bent in een cultuur opgegroeid die zo met onjuiste denkbeelden doorspekt is dat men zou kunnen zeggen dat je geest in een labyrint gevangen zit. Het labyrint heeft vele doodlopende gangen en er is slechts één pad dat tot het centrum van Zijn leidt.

Ik zie heel duidelijk dat mensen in een jungle van leugens vastzitten. Ik ken ook de waarheid en de werkelijkheid van God. Het probleem is, dat ik op je huidige bewustzijnsniveau moet beginnen om te proberen je deze waarheid over te brengen. Ik kan je onmogelijk waarheid in zijn zuiverste vorm geven, omdat in je huidige bewustzijnsstaat, je voorstellingsvermogen eenvoudig die waarheid niet aankan. Ook kan je vrije wil geen waarheid accepteren die zo sterk verschilt van de leugens en van de fouten die je bent gaan aannemen en die je verweven hebt in de hele structuur van je wezen - je identiteitsgevoel.

Kijk eens naar de bijbel.

Zie alsjeblieft in dat de Wet van Mozes gegeven is aan een groep mensen die vastzaten in een zeer lage bewustzijnsstaat. Dat is de reden waarom het een serie geboden is, die zegt, 'doe dit en doe dat niet'. Het werd aan geestelijke kinderen gegeven, die heel eenvoudige aanwijzingen nodig hadden. Het probeerde hun uiterlijke daden te beïnvloeden.

Vergelijk dan de Wet van Mozes met de hogere wet die ik in de Bergrede en in andere leringen voortbracht. Ik zei bijvoorbeeld dat het niet voldoende is om je te onthouden van de uiterlijke daad van overspel. Je moet de bewustzijnsstaat overwinnen die je overspel wil doen laten plegen. Met andere woorden, het is niet genoeg als je alleen maar nalaat een uiterlijke daad te begaan die verkeerd is. Je moet de bewustzijnsstaat waarin je zo'n daad wilt begaan,

Lezing 2: Accepteer voortgaande openbaring 27

overstijgen. Mijn leringen probeerden de menselijke bewustzijnsstaat te veranderen.

Voor iedereen die ervoor openstaat, zou het gemakkelijk moeten zijn om in te zien dat de leringen die ik tweeduizend jaar geleden gaf in vergelijking met de Wet van Mozes een vooruitgang waren. De reden voor deze vooruitgang is dat vanaf de tijd van Mozes tot aan mijn missie in Galilea, de mensheid als geheel vooruitgang heeft geboekt. De mensheid is naar een hogere bewustzijnsstaat gestegen en daardoor waren de mensen er nu klaar voor om een hogere leer en een hoger begrip te ontvangen, ja zelfs een hogere wet.

Mijn leringen waren onvolledig

Het is voor mij volledig een raadsel dat sommige mensen oprecht kunnen geloven dat de leringen die ik tweeduizend jaar geleden bekend maakte de ultieme of hoogste leringen weergaven die God mogelijk ooit op deze planeet kon voortbrengen.

Laat me dit heel duidelijk uitleggen.

De leringen die ik tweeduizend jaar geleden gaf waren niet de hoogste of de ultieme leringen die God deze planeet kon brengen. Mijn leringen waren niets meer dan de hoogste leringen die op dat moment gegeven konden worden, gelet op de menselijke bewustzijnsstaat.

Mijn leringen waren onvolledig en zij waren op allerlei wijze beperkt. Die beperking was niet een gevolg van een beperking van de zijde van God of vanwege zijn spreekbuis, daarmee mijzelf bedoelend. Die beperking was alleen toe te schrijven aan het feit dat het bewustzijn van de mensheid er eenvoudig niet aan toe was om een hogere leer te ontvangen. Men zou kunnen zeggen dat mijn leer een weloverwogen antwoord op een crisis was. Het was niet het hoogst mogelijke antwoord; het was het meest praktische antwoord.

Vandaag de dag heeft de mensheid zich opnieuw tot een hogere bewustzijnsstaat ontwikkeld en daarom kan ik nu een hogere leer voortbrengen dan ik tweeduizend jaar geleden deed. Dit boek is slechts één hoofdstuk van mijn leringen voor dit nieuwe tijdperk.

Ondanks het feit echter dat de mensheid vorderingen heeft gemaakt, verkeren de mensen van tegenwoordig nog in een zeer beperkte staat van bewustzijn. God is onbeperkt en is dat altijd geweest.

De leemte tussen het beperkte menselijke bewustzijn en het onbeperkte goddelijke bewustzijn is, figuurlijk gesproken, bijna onbegrensd. Maar God schiep mensen naar zijn eigen beeld en zijn eigen gelijkenis. Een mens heeft het bewustzijnsvermogen de volheid van God te ervaren. Maar om die volheid te ervaren, moet de mens boven de bewustzijnsstaat uitstijgen die door beperkingen, door betrekkelijkheid en door sterfelijkheid beheerst wordt.

De ware betekenis van de uitspraak dat je geen twee heren kunt dienen is dat je niet gelijktijdig in twee bewustzijnsstaten kunt zijn. Het lagere bewustzijn, dat mijn geliefde Paulus 'het menselijke denken' noemde, kan de werkelijkheid van God niet bevatten. Het zal nooit in staat zijn de werkelijkheid van God te doorgronden.

Uiterlijke kennis is niet voldoende

Als je naar mijn leven in Galilea kijkt, zul je zien dat ik in voortdurend conflict was met de religieuze autoriteiten van mijn tijd, namelijk zij die de orthodox joodse kerk vertegenwoordigden. Ik berispte herhaaldelijk de Farizeeën en de Sadduceeën. Waarom nam ik het risico om deze autoriteitsfiguren openlijk te hekelen? Omdat zij de sleutel tot kennis hadden weggenomen.

Begrijp deze uitspraak niet verkeerd. Deze mensen waren niet onwetend of dom. Zij waren op het punt van de uiterlijke Wet van God heel goed geïnformeerd. Zij kenden de geschriften en konden daaruit lange passages opzeggen. Ze hadden een zeer geperfectioneerd intellectueel begrip van de schriften en van de uiterlijke wet van God, zoals die toen bekend was. Hoe kon ik gelet op deze uiterlijke kennis beweren dat zij de sleutel tot kennis hadden weggenomen?

Het is een fundamenteel feit dat je eenvoudig God en Gods waarheid niet door uiterlijke kennis kunt kennen. Je kunt God alleen door een rechtstreekse innerlijke ervaring kennen waarbij God zich aan jou bekendmaakt. De sleutel tot het ontvangen van deze ervaring is boven het menselijke denken uit te reiken en één te worden met een hoger deel van je wezen, een hoger deel van je geest. Wat denk je dat Paulus bedoelde toen hij zei: 'Laat die geest in u zijn die ook in Christus Jezus was'?

De orthodoxe mensen benaderden het leven en God vanuit het lagere bewustzijn, het menselijke denken. Zij waren in de leugen gaan geloven dat het menselijke denken in staat was de waarheid van

God te kennen en te ervaren. Zij dachten dat het kennen van God eenvoudig een kwestie was van het verheffen en het perfectioneren van het menselijke denken totdat dat denken op de een of andere magische manier in staat was de werkelijkheid van God te doorgronden.

Lieve vrienden, probeer oprecht te begrijpen dat dit niets anders dan een leugen en een illusie is. De sleutel tot kennis is niet het perfectioneren van het menselijke denken. De sleutel tot kennis is de lagere geest te ontstijgen en je te verbinden met een hoger deel van je geest. De sleutel tot kennis is de oproep van mijn geliefde Paulus om, 'die geest in je te laten zijn, die ook in Christus Jezus was.'

Je moet beseffen dat Paulus nooit mijn discipel geweest is toen ik fysiek op Aarde aanwezig was. Paulus kende mij alleen door een rechtstreekse innerlijke ervaring die begon op weg naar Damascus, maar die bij vele gelegenheden herhaald werd. Paulus heeft mij nooit door uiterlijke kennis gekend. Paulus heeft mij nooit horen spreken door uiterlijke middelen van communicatie. Paulus hoorde mij alleen spreken in de stilte van zijn eigen hart (hoewel ik heel hard moest praten voordat hij mij de eerste keer hoorde).

Ik koos Paulus omdat hij, ondanks dat hij mijn discipelen vervolgde, hij op innerlijke niveaus van zijn wezen bereid was hogerop te komen. Hij was bereid, in een verblindende flits van herkenning en eerlijkheid toe te geven dat hij in onjuiste opvattingen verstrikt was geraakt. Hij was bereid, in een oogwenk, volledig afstand te doen van die onjuiste opvattingen en ze los te laten. Hij was bereid toe te geven dat hij fout was geweest en kon zonder zelfbeschuldiging verder gaan. Hij was bereid zich ogenblikkelijk van de duisternis van zijn vroegere wandel af te keren en het heldere licht van mijn Aanwezigheid tegemoet te treden.

O, als mensen eens zouden beseffen dat mijn geliefde Paulus niet uniek was. Hij had niets wat jullie niet hebben. Jullie hebben ook het vermogen om voorbij het menselijke denken te reiken. Jullie hebben ook het vermogen om een innerlijke openbaring van waarheid te ontvangen. Jullie hebben ook het vermogen om er voor te kiezen je huidige opvattingen los te laten en ze als onwerkelijk te zien. Ook jullie kunnen je fout toegeven, om vergeving vragen, Gods vergeving accepteren en jezelf vergeven. Ook jullie kunnen je afwenden van de lagere bewustzijnsstaat en mijn stralende aanwezigheid van liefde en waarheid tegemoet treden. Jullie kunnen ook veranderen door de waarheid die ik ben, de waarheid die ik bereid ben in je leven en bewustzijn te brengen, als je de deur van je hart zelfs maar een klein beetje wilt openzetten. Als je met een open hart naar mijn waarheid wilt uitreiken, kun je ook uitgekozen worden zoals Paulus uitgekozen werd. Hij werd niet gekozen omdat hij op de een of andere manier beter dan jullie was. Hij werd gekozen omdat hij open stond voor mijn waarheid.

Laat mij in je hart komen. Ik zal zachtmoedig zijn. Ik zal niet van je eisen dat je je netten van onjuiste opvattingen allemaal in één keer verlaat. Ik zal je de tijd geven om mijn waarheid en de werkelijkheid die ik ben in je op te nemen. Maar het is een wet van God dat ik je niet voor altijd die tijd kan geven.

Alle dingen moeten tot een eind komen, zelfs je kansen om hogerop te komen. Neem er wat tijd voor om mijn leringen in je op te nemen, maar blijf het niet altijd voor je uitschuiven. Werk nu je het licht nog hebt, want de nacht zal komen wanneer je niet meer kunt werken.

Het ontvangen van ware kennis

Wanneer je naar mijn leven kijkt zul je zien dat ik vaak diegenen berispte die een leer propageerden die vol is met doodsbeenderen. Ik heb dit gedaan omdat ik wist dat geen enkele leer ooit de volheid van God kon vastleggen. Om die volheid te kennen, moet je een uiterlijke leer als ladder gebruiken. Je moet die trap beklimmen zoals Jacob dat deed. Maar om God echt te kennen, zul je verder dan de ladder zelf moeten reiken. Je moet beseffen dat hoewel je niet zonder ladder kunt klimmen, de ladder zelf je er niet helemaal kan brengen. Geen aardse ladder kan helemaal in het koninkrijk van onze Vader reiken. Er zal altijd een gat zijn.

Om die afstand te overbruggen en ware kennis van God te ontvangen, zul je verder dan uiterlijke kennis moeten reiken. Je moet God toestaan zichzelf aan je te openbaren, in de geheime kamer van je hart. Je moet de uiterlijke leringen volgen tot zover ze je kunnen brengen en dan moet je naar de innerlijke stem luisteren die je roept hogerop te komen.

Die stem is mijn stem.

Mijn schapen kennen mijn stem en je zult mijn stem horen, als je er maar naar wilt luisteren in de stilte van je hart.

Lezing 2: Accepteer voortgaande openbaring

Tegenwoordig kennen veel mensen de innerlijke stem als intuïtie. Er is veel onderricht gegeven over intuïtie en de waarde van intuïtie. Je kunt veel inspiratie opdoen door het bestuderen van zulke leringen en door het toepassen van een systematische techniek voor het vergroten van je intuïtie. Vergeet echter niet dat de essentie van intuïtie zelf een vorm van communicatie is tussen je bewuste geest en een hoger deel van je wezen. Intuïtie in zijn hoogste vorm is niets minder dan mijn poging om tot je te spreken en je ware kennis van het koninkrijk van onze Vader te geven.

De sleutel tot kennis is, dat je alleen ware kennis kunt verkrijgen door een rechtstreekse innerlijke ervaring van waarheid. Het is wat de aloude Grieken en vele van mijn discipelen 'Gnosis' noemden. Wanneer je gnosis hebt, heb je de kloof tussen degene die weet en dat wat gekend wordt overbrugd. Je bent verder dan uiterlijke kennis gegaan. Je hebt de waarheid die in je innerlijk opgetekend is, door alle lagen van je bewustzijn laten schijnen totdat ze je bewuste geest bereikt heeft. Je hebt die waarheid je bewustzijn laten omvormen, zodat je niet langer een sterfelijk maar een geestelijk wezen bent.

Zoals ik je later zal laten zien, is de sleutel tot het begrijpen van mijn ware leringen het inzicht hoe een geestelijk wezen kan afdalen in een sterfelijke vorm maar toch erkent dat het een geestelijk wezen is, dat het vleesgeworden Woord is. Paulus spoorde mensen ertoe aan niet alleen een hoorder van het Woord, maar een dader van het Woord te zijn. Ik zeg nu, wees niet alleen een dader van het Woord – Wees het Woord.

Lezing 3:
Het verwerven van Christusbewustzijn

Ik ben al heel lange tijd bij deze planeet betrokken. Ik heb alles gezien dat er te zien is. Ik ben getuige geweest van elk aspect van de lagere bewustzijnsstaat die ik 'het menselijke denken' noem. Als je mijn ware discipel wilt zijn, moet je weten dat de belangrijkste sleutel, en in een bepaald opzicht de enige sleutel tot discipelschap onder mij is, dat je het menselijke denken moet overwinnen, de lagere bewustzijnsstaat.

Dit is een tweeledig proces. Je moet het lagere bewustzijn overwinnen en tegelijkertijd moet je je met het hogere bewustzijn verenigen. Mijn geliefde Paulus zei, 'Ik sterf dagelijks!' Hij bedoelde daarmee dat een deel van zijn menselijke denken, zijn lagere bewustzijn, elke dag stierf. Paulus zei ook dat je de oude mens moet afleggen en de nieuwe mens moet aandoen. Hij bedoelde daarmee dat je het menselijke denken moet afleggen en de hogere geest aannemen.

Dit is een proces dat tijd zal kosten en het moet geleidelijk aan plaatsvinden. Als je ineens van je menselijke denken ontdaan zou worden, zou je ziel in een identiteitscrisis terechtkomen. Je zou niet meer weten wie je was; je zou elk gevoel van continuïteit en identiteit verliezen. Je zou letterlijk krankzinnig worden. Dit is in feite gebeurd met mensen die het geestelijke pad ontdekt hebben en geprobeerd hebben het proces van geestelijke groei te forceren. Ze hebben geprobeerd om met geweld de hemel in te komen en door dit te doen hebben ze zoveel licht van boven opgeroepen dat zij dat licht niet aankonden. In plaats dat het hun ophief, heeft het licht hun identiteitsgevoel beschadigd.

De werkelijke essentie van mijn boodschap is jullie duidelijk te maken dat er een alternatief is voor de manier van leven zoals dat door de meeste mensen op deze planeet beoefend wordt. Er zijn sommige religieuze mensen die beweren dat alles aan de wil van God onderworpen is en dat je daarom niets kunt veranderen aan wie je bent. God heeft je geschapen en dat is het. Sommige wetenschappelijke autoriteiten verkondigen dat je persoonlijkheid, je identiteit, het product van de omgeving of van erfelijke factoren is, waarop je geen invloed hebt. Beide geloofssystemen zijn onvolledig.

Het is duidelijk dat een aantal kenmerken van dit heelal het resultaat zijn van de wil van God. Daarom is je persoonlijkheid en je individualiteit in bepaalde mate beïnvloed door de wil van God. Natuurlijk is je persoonlijkheid en je individualiteit ook beïnvloed door je erfgoed en de omgeving waarin je bent opgegroeid. Hoe dan ook, het belangrijkste punt dat ik probeer over te dragen is dat je niet de rest van je leven hoeft te leven als slaaf van omstandigheden waarover je geen zeggenschap hebt. Je hebt de capaciteit om je bestemming in eigen handen te nemen en je identiteit volledig te hervormen.

Je hebt het vermogen, en dat is je door God zelf gegeven, je bestemming een nieuwe vorm te geven, je psychologie te veranderen en je identiteitsgevoel naar het beeld en gelijkenis van God om te vormen. In het begin schiep God je naar zijn eigen beeld en gelijkenis. In die tijd die ligt tussen dat begin, dat heel lang geleden plaatsvond, en het huidige tijdstip, heb jij een mens geschapen die niet langer het beeld en de gelijkenis van God is. Maar, je hebt het vermogen een geleidelijk proces op gang te brengen, waarin je jezelf opnieuw naar het beeld en de gelijkenis van God kunt maken. Hierbij kun jij je identiteit op bepaalde manieren vormgeven die God zich nooit heeft ingedacht, maar die toch in volledige overeenstemming met de wil van God is.

Dit proces van geestelijke groei is altijd voor mensen beschikbaar geweest. Door de eeuwen heen was het in elke cultuur en beschaving bekend. Het is op vele verschillende wijzen voorgesteld in een poging het voor uiteenlopende groepen mensen aantrekkelijk te maken. Een algemeen geldende naam voor dit proces is 'het spirituele pad'.

Laat er niets tussen jou en God komen.

Het is voor mij volkomen en absoluut verbazingwekkend dat iemand mijn leringen kan bestuderen, zelfs de onvolledige leringen die in het Nieuwe Testament gevonden worden, en dan de conclusie trekt dat de enige weg tot redding via een uiterlijke organisatie en een uiterlijke leer verloopt. Hoe kan iemand er niet in slagen te begrijpen dat ik niet gekomen ben om een totalitaire organisatie op te zetten of om een gesloten uiterlijke leer voort te brengen?

Waarom denk je dat ik herhaaldelijk de religieuze autoriteiten van mijn tijd berispte? Waarom denk je dat deze religieuze autoriteiten mij als een zodanige bedreiging beschouwden dat zij steeds weer plannen maakten mij te vermoorden en daar uiteindelijk in slaagden?

De religieuze autoriteiten van de Joodse kerk wilden van mij af omdat ik de ultieme bedreiging voor hun machtsstructuur was. Ik berispte hen die zichzelf opwierpen als de enige deur tussen de mens en God. Zij hadden een geloofssysteem opgezet, dat verklaarde dat geen enkel mens tot God kon komen dan door de orthodoxe kerk en zijn menselijke hiërarchie. Zij hebben een geloofssysteem ontwikkeld dat verklaarde dat tenzij een persoon in de uiterlijke leer van de kerk geloofde, die persoon niet gered kon worden.

Ik kwam om dat gesloten systeem omver te werpen. Ik kwam om de mensen scherp te veroordelen die zichzelf als schakel tussen God en de mensen hadden opgeworpen. Ik kwam om de machtsstructuren omver te werpen en het machtspel aan het licht te brengen. Ik kwam de sleutel tot kennis terugbrengen die deze mensen hadden weggenomen in een poging over de bevolking te heersen.

De enige deur naar God

Ik ben niet gekomen om Israël vrede te brengen. Ik kwam om een zwaard te brengen dat de sluiers van illusie zou doorsnijden die de geest van de mensen omringden. Ik kwam om de mensen vrij te maken van de ketenen waarmee ze gebonden waren door de vertegenwoordigers van dezelfde kerk, die oorspronkelijk de mensen vrij van alle onderdrukking hadden moeten maken.

Ik, Jezus, was de ultieme geestelijke revolutionair, en vandaag de dag ben ik het nog steeds. Ik ben hier juist nu en door deze leringen vertel ik jullie dat je geen enkele menselijke organisatie of geen enkel mens hoeft te accepteren als de deur tot God.

Er is slechts één deur tot God en het is een staat van bewustzijn waar ik het voorbeeld van gaf, dat ik manifesteerde, namelijk het Christusbewustzijn. Toen ik zei, 'Ik ben de open deur die niemand kan sluiten', doelde ik niet op een persoon met de naam Jezus. Ik verwees naar een universele bewustzijnsstaat, de universele Christusgeest, waar ik mij in zo'n mate mee had verbonden, dat ik oprecht kon zeggen: 'Ik en mijn Vader zijn één.'

Maar ik zei ook: 'Ik alleen kan niets doen; het is de Vader in mij die de werken doet.' Waar ik op doelde was dat het universele

Lezing 3: Het verwerven van Christusbewustzijn

Christusbewustzijn in mij de enige ware doener is. Veel mensen dachten dat ik de nieuwe koning van Israël was en dat ik de Israëlieten zou leiden in een gewelddadige opstand tegen de Romeinse onderdrukking. Ik nam geen wapens op tegen de Romeinen maar ik verklaarde vele malen dat ik kwam om mensen vrij te maken. Als ik niet gekomen was om het volk Israël van de Romeinen te bevrijden, wie denk je dat ik als de werkelijke onderdrukkers van de mensen beschouwde? Ik wilde hen juist van die mensen bevrijden, die 'de slangen', de verleiders in hun midden waren, die de plaats tussen de mensen en hun God hadden ingenomen.

Het gezegde, 'Sta geen enkel mens toe je kroon weg te nemen', doelt op het feit dat je nooit een mens of een organisatie de kroon van je persoonlijke, rechtstreekse, innerlijke contact met God, moet laten afnemen.

Je bent geschapen naar het beeld en de gelijkenis van God. Je hebt het bewustzijnsvermogen om rechtstreeks in je eigen hart met God te communiceren. Toen God zei: 'Heb geen andere goden voor mij', wat denk je dat hij daarmee werkelijk bedoelde?

Ja, hij bedoelde in ieder geval dat je geen uiterlijke afgod moest aanbidden. Maar waarom zou je geen uiterlijk idool aanbidden? Omdat als je een uiterlijke vorm als God ziet, je dan nooit de ware God zult leren kennen die boven alle vorm is.

God is boven elke vorm en alle door mensen gemaakte denkbeelden. Je kunt God eenvoudig niet met je fysieke zintuigen ervaren en je kunt God niet bevatten vanuit de bewustzijnsstaat die ik het menselijke denken heb genoemd. Je kunt God echter rechtstreeks ervaren door je hart te openen voor een mystieke ervaring waarin God zijn geest, zijn wezen, aan je kan openbaren.

Dit vermogen om rechtstreeks met God te communiceren is het meest waardevolle geschenk dat elk mens ooit heeft ontvangen. Dat geschenk is ook je allergrootste persoonlijke verantwoordelijkheid. Je moet nooit iets of iemand in deze wereld toestaan dat geschenk van je af te nemen. Je moet nooit toestaan dat er iets in deze wereld tussen jou en je rechtstreekse innerlijke gemeenschap met God komt.

Je geestelijk potentieel

Er zijn zoveel mensen die geloven dat ik ver boven hen sta zodat zij onmogelijk mijn voorbeeld kunnen volgen of in mijn voetstappen kunnen treden. Er is zo'n intens sterke cultus van verering rond Jezus Christus opgebouwd, dat het bijna mijn ware boodschap heeft vernietigd.

Ik begrijp volkomen waarom ik tweeduizend jaar geleden naar de Aarde kwam. Ik kwam om te laten zien dat het voor ieder mens mogelijk is om een rechtsreeks innerlijk contact met God te krijgen; om ware Gnosis te verkrijgen. Dat was het wezen van mijn missie. Je zou zelfs kunnen zeggen dat dit de enige boodschap was die ik kwam brengen. Ik kwam om te laten zien dat de weg naar God niet via iets buiten jezelf gaat. De weg naar God is een innerlijk pad waarbij je rechtstreeks in je eigen hart tot contact met God komt.

Zie eens wat er de afgelopen tweeduizend jaar met die boodschap gebeurd is. Waar in de huidige bijbel kun je die boodschap vinden? Denk je dat ik mijn boodschap niet duidelijk en openlijk verkondigde? Denk je dat ik die boodschap eigenlijk voor de mensheid en voor het nageslacht wilde verbergen? Zeker niet.

Ik, Jezus, wilde dat die boodschap vanaf de daken geschreeuwd zou worden en dat heb ik mijn discipelen opgedragen om te doen.

Wat is er de afgelopen tweeduizend jaar met die boodschap gebeurd? Het is door een valse, een onware boodschap vervangen!

De kern van die valse boodschap is dat Jezus Christus, omdat hij de zoon van God was, ja zelfs omdat hij de enige zoon van God was, zover boven de gewone mensen stond dat het onmogelijk was zijn voorbeeld te volgen. De cultus van blinde verering die om mij heen gebouwd is, is zo sterk dat de meerderheid van de mensen die zichzelf Christenen noemen, het zelfs niet aandurven om over de ware betekenis van mijn woorden na te denken: 'Hij die in mij gelooft, de werken die ik doe zal hij ook doen'. Zo veel mensen denken dat het volgen van mijn voorbeeld en het bereiken van een hogere bewustzijnsstaat, ja een staat van Christusbewustzijn, godslastering is.

De grootste tragedie

Ik moet jullie heel direct en openlijk vertellen dat dit vanuit een persoonlijk oogpunt zo'n tragedie is dat ik nauwelijks woorden kan vinden om het te beschrijven. De boodschap die ik door zowel woorden als door een voorbeeld kwam brengen en waarvoor ik mijn leven gaf, is totaal door een valse boodschap op de achtergrond geraakt.

Lezing 3: Het verwerven van Christusbewustzijn

In plaats van het levende voorbeeld voor iedereen te zijn, ben ik tot een idool verheven dat niemand durft te volgen, uit vrees dat zij wegens godslastering vervolgd zullen worden. De afgelopen tweeduizend jaar hebben vele christenen rond dit gouden kalf gedanst, dit onjuiste beeld van mij.

Ik kwam om mensen vrij te maken. Het valse beeld van mij als zijnde de uitzondering in plaats van het voorbeeld helpt de mensen nog meer vast te zitten dan ze al zaten, voordat ik kwam. Dus vanuit een uiterlijk standpunt bezien zou men kunnen zeggen dat mijn komst het tegenovergestelde effect had van wat de bedoeling was. In plaats van een middel te zijn om mensen vrij te maken, ben ik het instrument geworden om mensen in een mentale gevangenis op te sluiten, een gevangenis die sterker beveiligd is dan welke fysieke gevangenis dan ook.

Als je mensen toch echt tot slaaf wilt maken dan zijn ijzeren ketenen niet het meest effectieve middel, omdat mensen dan weten dat zij vastzitten en zij zullen dan naar vrijheid gaan verlangen. Het is veel doeltreffender mensen op een subtiele manier tot slaaf te maken, zodat ze niet eens door hebben dat ze gevangen zitten.

Ik ben een onbegrensd kosmisch wezen.

Ik werd de Prins van Vrede genoemd en ik voel me inderdaad vredig in de onvoorwaardelijke liefde van God. Maar zelfs ik vind het moeilijk te begrijpen hoe mensen zulke ongelofelijke leugens over mij kunnen blijven accepteren.

Hoe is het mogelijk dat na tweeduizend jaar zo weinig mensen achter dit valse beeld durven te kijken? Hoe kan het gebeuren dat zelfs de kleine kinderen niet naar de nieuwe kleren van de Keizer hebben gekeken en zeiden: 'Maar de Keizer heeft niets aan!'

Wanneer zullen zij, die zichzelf Christenen noemen en die oprecht geloven dat ze mij volgen, beseffen dat ze achter dit valse beeld moeten kijken. Wanneer wil jij, lieve vriend/vriendin, beseffen dat je zelf achter dit valse beeld moet durven kijken, diep in je eigen hart moet gaan om mij te vragen het ware wezen van Jezus Christus aan jou te openbaren?

Vraag en je zult ontvangen.

Zoek en je zult vinden.

Heb de moed om verder te kijken dan een uiterlijke leer vol van doodsbeenderen. Heb de moed te zoeken naar de ware Jezus Christus. Ik beloof je dat als je je open opstelt en in de stilte van je hart naar mij zoekt, je mij inderdaad zult vinden. Ik ben altijd bij je geweest en ik ben nu bij je. Ik zit gewoon te wachten totdat jij de keus maakt mijn Aanwezigheid in jou te herkennen.

Het zaad van mijn woord

Als je nog steeds twijfelt dat ik het werkelijk ben, Jezus, die door dit boek tot je spreekt, kijk dan eens in de bijbel zelf. De bijbel zegt heel duidelijk dat ik de menigte leerde door gelijkenissen, maar als ik alleen met de discipelen was, ik alle dingen aan hen uitlegde. Deze eenvoudige vermelding, die blijkbaar over het hoofd gezien is en die degenen die mijn leringen vervalst hebben, vergeten hebben uit de bijbel te halen, is genoeg om hen die een open geest hebben te laten zien dat ik op twee verschillende niveaus mijn leringen gaf. Ik had een uiterlijke leer, bedoeld voor het bewustzijnsniveau dat door de meerderheid van de mensen gedeeld werd. Verder had ik een innerlijke leer bestemd voor hen die al enigszins gevorderd waren op het geestelijke pad en die daarom open stonden voor hogere en meer directe leringen.

Toen ik tweeduizend jaar geleden verscheen, waren er slechts enkele mensen die mijn innerlijke leringen in zijn zuiverste vorm konden bevatten. Daarom gebruikte ik gelijkenissen om die leringen aan de menigte uit te leggen, maar mijn gelijkenissen (waarvan er vele niet in de hedendaagse bijbel te vinden zijn) brachten nog steeds dezelfde boodschap over.

Tegenwoordig is de situatie ingrijpend veranderd. Zelfs al zijn mijn uiterlijke leringen verdraaid, het Levende Woord dat ik naar deze planeet bracht, werd als een zaadje in het collectieve bewustzijn van de mensheid geplant. O ja, de heersende macht stampte dat zaad diep onder de grond, zodat het niet langer gezien kon worden. Juist die specifieke handeling stuwde het zaad diep in de vruchtbare grond waar het in alle rust kon uitschieten.

Het zaad van mijn Levende Woord is de afgelopen tweeduizend jaar gegroeid. Het is nu sterk en staat op het punt door de grond heen te breken en in jouw bewustzijn tot rijpheid te komen. Vandaag de dag zijn er miljoenen mensen op innerlijke niveaus voorbereid om mijn ware, innerlijke leringen te begrijpen en openlijk te accepteren.

Als je het Nieuwe Testament leest zul je zien dat ik steeds weer zei:' Wie oren heeft om te horen, die hore'. Wel, tegenwoordig zijn er veel meer mensen die oren hebben om mijn ware leringen te horen.

Leer van het voorbeeld van Paulus

Ik ben me er volledig van bewust dat sommige mensen de leringen zullen verwerpen die ik in dit boek naar voren breng. Zij zullen vele wereldwijze redenen aandragen waarom deze leringen onmogelijk waar kunnen zijn en waarom ze onmogelijk van de werkelijke Jezus Christus kunnen komen.

Toch moet ik je vertellen dat als je dit boek tot op dit punt gelezen hebt, je tot de grote groep mensen behoort die er klaar voor zijn mijn innerlijke leringen te accepteren. Als je namelijk niet open stond voor mijn ware boodschap, zou je gewoonweg deze leringen niet hebben kunnen lezen.

Je zou een aantal gemengde gevoelens kunnen hebben over de leringen die ik in dit boek geef. Je zou zelfs de vijandigheid kunnen voelen die Paulus naar mijn volgelingen toe uitdrukte. Maar net als Paulus ben je een van mijn kudde. Daarom heb je de mogelijkheid dezelfde ommekeer door te maken die Paulus meemaakte.

Sommige mensen denken dat ik Paulus koos, en in zekere zin deed ik dat ook, omdat ik wist dat Paulus op innerlijke niveaus er klaar voor was. Toch kon ik niet tegen Paulus vrije wil ingaan. Ja, ik verscheen aan hem, maar hij moest nog altijd kiezen hoe hij op mijn verschijning zou reageren. Hij kon mijn verschijning gemakkelijk afdoen als een illusie of zelfs als het werk van de duivel. Om zich van zijn vroegere leven af te keren en de realiteit van mijn Aanwezigheid onder ogen te zien, moest Paulus een keus maken. Daarom heb ik in werkelijkheid Paulus niet gekozen; het was Paulus die mij koos.

In zekere zin heb ik jou gekozen omdat ik weet dat jij op innerlijke niveaus er klaar voor bent. Maar je moet nog wel tot een bewuste erkenning van die bereidheid komen en je moet ook nog tot een eigen besluit komen op welke manier je mijn oproep wilt beantwoorden. Daarom kan ik jou niet kiezen; jij bent het die mij moet kiezen.

Ik houd van mijn Vader in de hemel en ik respecteer zijn wet van de vrije wil. Ik kan en wil de keus voor jou niet maken. Ik vertel je echter dat ik, Jezus Christus, door de leringen op deze website aan jou verschenen ben. Ik zeg je, 'Waarom vervolg je mij; het is lastig voor je om tegen de prikkels achteruit te slaan!'

Jij moet kiezen wie je dienen wilt. De werkelijke, levende Jezus of het idool, het gouden kalf, dat door mensen gemaakt is om je te beletten het koninkrijk van onze Vader binnen te gaan.

Kies verstandig.

Besluit te zijn, en besluit niet zoals Hamlet, om niet te zijn. Hamlet besloot niet te zijn en betaalde met zijn leven. Als jij besluit niet te zijn, zou je misschien met het leven van je ziel betalen.

Ik roep jullie naar huis

Ik ben de Goede Schaapherder en ik roep mijn schapen thuis te komen naar mijn ware leringen en mijn voorbeeld te volgen tot in het koninkrijk van onze Vader. Ik heb de negen en negentig schapen alleen gelaten om naar het schaap te zoeken, dat op het verkeerde pad liep. Tot mijn verbazing vond ik veel schapen die verdwaald waren maar die niet weten dat ze de weg kwijt zijn. De reden daarvoor is dat ze denken dat ze tot de enige ware kerk van Jezus Christus behoren en dat zij de enige ware leer van Jezus Christus volgen.

Er is een weg die een mens goed toe lijkt, maar het einde daarvan is de dood.

Ik ben de Weg, de Waarheid en het Leven. Om in het koninkrijk van onze Vader te komen, moet je de enig mogelijke weg volgen en die weg gaat via het Christusbewustzijn dat ik ben. Het sterfelijke menselijke wezen, de persoon die vastzit in een lagere bewustzijnsstaat, kan nooit deel krijgen aan het koninkrijk van onze Vader, ongeacht tot welke uiterlijke kerk je behoort of in welke uiterlijke leer je gelooft.

Je kunt alleen het koninkrijk van onze Vader erven door boven het sterfelijke bewustzijn uit te stijgen en de nieuwe mens aan te doen, de nieuwe wijn te drinken, de wijn van mijn Christusbewustzijn.

Dit is mijn bloed; drink allen ervan.

Ik ben hier om je de weg naar huis te wijzen.

Sta mij toe je bij de hand te nemen en in de volgende lezingen zal ik je laten zien hoe je boven de vele onjuiste denkbeelden over mij en over God kunt uitstijgen, denkbeelden die mensen uit onwetendheid, uit ongeloof of met onzuivere bedoelingen in het leven hebben geroepen.

Ik ben de Goede Herder en ik weet de weg naar huis.

Ik ben de open deur die naar het koninkrijk van onze Vader leidt.

Ik heb de weg laten zien die allen moeten volgen.

Durf in mijn voetstappen te treden.

Lezing 4:
Waarom is er godsdienst in de wereld?

Ik zou jullie graag over de volgende vraag willen laten nadenken: 'Waarom is er godsdienst in de wereld?' Denk je dat God godsdienst nodig heeft? Ben je van mening dat het wezen dat een onvoorstelbaar groot en complex universum heeft geschapen de één of andere behoefte heeft door mensen aanbeden te worden, die leven op een planeet die gelijk een stofje in de oneindigheid is? Ik zeg hierbij niet dat mensen niet belangrijk voor God zijn. Ik zeg alleen maar dat God een onbeperkt, oneindig wezen is, en dat God geen menselijke behoeften kent. Het idee dat God aanbeden moet worden is opnieuw een voorbeeld van het achterste voren redeneren.

De eenvoudige waarheid is dat God geen behoefte heeft door mensen aanbeden te worden. Godsdienst werd niet ter wille van God geschapen. Het is voor jou in het leven geroepen. Het simpele feit is dat God geen godsdienst nodig heeft. Mensen hebben godsdienst nodig en het is voor jou heel belangrijk om te begrijpen waarom.

God schiep je naar zijn beeld en gelijkenis. Je hebt het bewustzijnsvermogen om de volheid van Gods oneindig wezen te ervaren. Maar toen je ziel besloot in de stoffelijke wereld af te dalen, moest je een uitdaging onder ogen zien die erg zwaar was.

Je moet begrijpen dat het huis van mijn Vader vele woningen heeft. Daarmee bedoel ik dat er vele onderscheiden niveaus zijn van Gods schepping. Moderne wetenschappers hebben ontdekt dat het gehele materiële universum van energie gemaakt is. Energie is trilling of vibratie.

Je weet dat je ogen alleen die soorten energie kunnen waarnemen, die jij zichtbaar licht noemt. Je weet ook dat er veel meer vormen van licht zijn en vele andere vormen van energie, die je ogen niet kunnen waarnemen. Er zijn daarom vele verschillende lagen of niveaus van vibratie. Je zou in feite de totaliteit van Gods schepping kunnen zien als een onmetelijk (maar onbeperkt) aaneensluitend geheel (continuüm) van vibraties.

Zichtbaar licht is eenvoudig onderdeel van een continuüm van vibraties. Je ogen kunnen slechts een klein gebied van dat continuüm zien. Evenzo is het materiële heelal eenvoudig een klein gebied in een groter continuüm van vibraties. Je zintuigen en het lagere bewustzijn van het menselijke denken kunnen alleen maar een klein gebied waarnemen en doorgronden van het continuüm van vibraties dat Gods schepping vormt. Dat kleine gebied is wat je de stoffelijke wereld noemt.

Het enige verschil tussen zichtbaar en onzichtbaar licht is een verschil in vibratie (trilling). Het enige verschil tussen de stoffelijke wereld en hogere niveaus van Gods schepping is een verschil in vibratie.

Er zijn geen ondoordringbare barrières in Gods continuüm van vibraties. Er is een scheidslijn tussen de vibraties van het materiële heelal en de vibraties van het laagste niveau van het geestelijke heelal, het niveau dat in vibratie direct boven het materiële heelal ligt. Je fysieke zintuigen en het lagere bewustzijn echter zullen nooit in staat zijn over die scheidslijn heen te gaan. Voor de fysieke zintuigen en het lagere bewustzijn lijkt er daarom een barrière tussen de stoffelijke en de geestelijke wereld te zijn.

De afstemknop van bewustzijn

Je bent echter veel meer dan het fysieke lichaam en het menselijke denken. Je kunt aan je bewustzijn denken als de afstemknop van een radio-ontvanger. Je kunt aan de afstemknop van de radio draaien om op verschillende radiostations af te stemmen. Wat jij als verschillende stations ervaart zijn eenvoudig radiogolven die op verschillende frequenties zijn uitgezonden.

Jouw bewustzijn heeft het vermogen zich zowel op de stoffelijke wereld als op de hogere universa van de geestelijke wereld af te stemmen. Door de eeuwen heen hebben talrijke mensen mystieke visioenen van hogere werelden gehad. Zulke visioenen zijn de basis geweest voor vrijwel elke godsdienst of geestelijke filosofie die aan de mensheid bekend is.

Ieder mens is geschapen naar het beeld en de gelijkenis van God. Dus heeft ieder mens het bewustzijnsvermogen zich af te stemmen op de geestelijke werelden en een directe innerlijke ervaring van die werelden te hebben en de realiteit ervan.

De enige reden waarom je nog geen rechtstreekse gewaarwording van de geestelijke wereld hebt is omdat je nog niet geleerd hebt om aan de afstemknop van bewustzijn te draaien.

Lezing 4: Waarom is er godsdienst in de wereld?

In een van de volgende lezingen zal ik je laten zien hoe je de knop van bewustzijn kan draaien. Voorlopig wil ik dat je eens bekijkt waarom het zo belangrijk is die afstemknop te gebruiken en een directe ervaring van de geestelijke werkelijkheid te verkrijgen.

Stel je eens voor dat je iemand op de markt ontmoet die jou begint te vertellen over een nieuw soort fruit dat onlangs ontdekt is. Nadat je een beschrijving van de verbazingwekkende kwaliteiten en de voortreffelijke smaak gekregen hebt, is je eerste reactie een vraag: 'Waar is dit nieuwe fruit te koop?'

Het is een natuurlijke neiging van de menselijke geest dat wanneer je over iets begeerlijks hoort, je het voor jezelf wilt ervaren. Je bent gewoonweg niet tevreden met een beeld of beschrijving van een bron buiten jezelf.

Ik ben me ervan bewust dat veel mensen als kind geïndoctrineerd zijn met het gezegde: 'De duivel heeft het vragen uitgevonden' Ik wil jullie laten begrijpen dat er absoluut niets verkeerd is met het verlangen om iets direct te ervaren in plaats van louter op een beschrijving ervan te vertrouwen. God zou het niet anders gewild hebben. In feite heeft God in je ziel de nieuwsgierigheid en het gevoel van verlangen gelegd, dat nooit door iets op deze Aarde vervuld kan worden.

God schiep je naar zijn beeld en gelijkenis.

God is de ultieme vreugde, liefde en gelukzaligheid.

God wilde dat jij je in de vormwereld zou wagen die hij geschapen had. Het was zijn verlangen dat jij die vormwereld zou ervaren en waarderen, maar het was nooit zijn wens dat jij in die vormwereld verloren zou gaan. Daarom heeft je ziel een verlangen naar iets ultiems, iets onbekends. Dat verlangen is een verlangen naar je Vader in de hemel. Het is een verlangen de totaliteit van Gods wezen te ervaren, waarvan de herinnering diep in je ziel verborgen ligt (God heeft zijn wet in je innerlijk geschreven). Je zult nooit volledig vervuld zijn, je zult nooit helemaal vrede ervaren, totdat je de directe ervaring van Gods oneindig wezen hebt.

Niets anders zal bevredigend zijn.

Omdat God de uiteindelijke vreugde en liefde is, waarom zou God willen dat zijn kinderen tevreden zouden zijn met iets minder dan de volheid van zijn wezen? Dus waarom zou God je zodanig maken dat je met de dingen van deze wereld tevreden zou zijn? Als je ziel tevreden zou zijn met de omstandigheden zoals die op planeet

Aarde gevonden worden, zou je nooit naar iets meer verlangen. Daarom zou je op elk niveau van de vormwereld kunnen komen vast te zitten. Het is duidelijk dat een God van onbeperkte liefde en gelukzaligheid dit niet wil zien gebeuren. Het is de Vader een genoegen jou het koninkrijk te geven. Daarom zal je ziel nooit tevreden zijn totdat je een directe ervaring van Gods wezen hebt.

Zien is meer dan geloven

Ten tijde van mijn missie op Aarde, berispte ik mijn volgelingen vaak voor gebrek aan geloof. Ik zei zelfs: 'Gezegend zijn zij die niet zien en toch geloven'. De reden was dat in die tijd de energieën op planeet Aarde duisterder waren dan zij vandaag zijn. Daarom was het voor de mensen veel moeilijker de afstemknop van het bewustzijn om te draaien en zich op de geestelijke wereld af te stemmen.

Een andere beperkende factor was de lagere bewustzijnsstaat van de mensheid. Met andere woorden, ik was beperkt door de omstandigheden die zich tweeduizend jaar geleden voordeden en daarom kon ik de mensen niet gemakkelijk een directe innerlijke ervaring van de geestelijke kant van het leven geven. Ik moest hen aanmoedigen te beginnen met het geloof in de werkelijkheid van God, zodat ze geleidelijk aan hun bewustzijn konden verhogen en uiteindelijk het geloof overstijgen om de directe ervaring te hebben.

Nu is die situatie veranderd. Zelfs al zijn er gebieden van intense duisternis op deze planeet, de planeet als geheel heeft zich ontwikkeld tot een hogere en zuiverder vibratie. Tegelijkertijd is de menselijke bewustzijnsstaat verhoogd, voor een groot deel te danken aan het zaad van het Levende Woord dat ik tweeduizend jaar geleden plantte, maar wat ook een gevolg was van het streven van vele oprechte zoekers die in alle religies en culturen gevonden worden.

Daarom ben ik niet langer machteloos. Ik heb nu meer mogelijkheden dan ik toen had. Nu kan ik je gemakkelijker voorbij het bewustzijn meenemen waarin je in mij en in God gelooft. Ik wil dat je verder dan het bewustzijn van geloof reikt en een hogere bewustzijnsstaat bereikt, gebaseerd op directe kennis. Die bewustzijnsstaat is de staat van het innerlijke weten: de staat van Gnosis. Het bewustzijn van weten gaat verder dan het geloof, omdat het alle twijfel uitsluit.

Laten we terugkeren naar het voorbeeld waarin jij iemand ontmoet die je over een nieuw soort fruit vertelt. Wanneer je die persoon vraagt, 'waar kan ik het vinden?' zegt die persoon dat het alleen op een verafgelegen continent gevonden kan worden. Met andere woorden, je kunt daar eenvoudig niet naar toe gaan en het fruit zelf bekijken. Je kunt besluiten in het bestaan van dat fruit te geloven of je kunt besluiten er niet in te geloven. Zelfs als je besluit om erin te geloven, zal er altijd een element van twijfel in je bewustzijn aanwezig blijven. Per slot van rekening hoe kun je er werkelijk van op aan dat het fruit bestaat?

De eenvoudige waarheid is dat je het niet voor honderd procent zeker kunt weten totdat je het zelf ervaart.

Het is tijd om verder te gaan dan het geloof

Zowel God als ik zijn ons er duidelijk van bewust dat er vele oprechte zoekers op planeet Aarde zijn die oprecht God zoeken. Noch mijn Vader, noch ik, wensen dat je inspanningen tevergeefs zullen zijn. We verlangen dat je inspanningen vrucht opleveren, de vrucht van zekerheid, de vrucht van kennis. We willen dat je aan het bewustzijn ontsnapt, waarin je geloof in God door pijlen van twijfel op de proef wordt gesteld.

Hoe kun je ooit aan de bewustzijnsstaat ontsnappen die aan twijfel onderhevig is? Dat kun je alleen doen door een directe innerlijke ervaring te hebben, waarin je de werkelijkheid van God ziet.

Ik keur op geen enkele wijze de waarde van geloof af. Ik ben me er heel goed van bewust dat dit afgelopen tweeduizend jaar veel oprechte en prachtige zielen een heel groot geloof in mij en mijn Vader hadden. Ik wil je echt laten inzien dat het geloof van zoveel toegewijde Christenen, de belangrijkste factor is geweest die het bewustzijn van de mensheid als geheel omhoog gebracht heeft.

Ik prijs jullie voor je geloof. Maar ik moet je vertellen dat het nu tijd is om verder dan geloof te gaan. Geloof was eenvoudig een instrument voor het opheffen van het bewustzijn van de mensheid naar het volgende niveau. Planeet Aarde gaat een nieuw tijdperk binnen waarin mensen verder dan het geloof moeten gaan. Je moet naar een bewustzijnsstaat gaan waarin je relatie tot God en je relatie tot mij niet langer gebaseerd is op geloof maar op een directe innerlijke ervaring: een rechtstreeks persoonlijk contact.

Nu is het veel gemakkelijker voor je de afstemknop van bewustzijn om te draaien en je af te stemmen op de geestelijke werelden in het koninkrijk van mijn Vader. Als je hiervan een uiterlijk bewijs wilt hebben, bedenk dan dat miljoenen mensen een geestelijke visie hebben gehad als onderdeel van een bijnadoodervaring. Denk ook aan het feit dat veel meer mensen een rechtstreeks contact beweren te hebben met de geestelijke wezens die in mijn Vaders koninkrijk wonen. Eigenlijk is het boek dat je nu in handen hebt nog een bewijs van het feit dat ik nu in staat ben een meer directe leer voort te brengen dan in het verleden.

Zoek en je zult vinden

Nogmaals, ik ben me bewust dat sommige mensen zullen besluiten zich aan orthodoxe ideeën vast te blijven houden en deze als excuus te gebruiken om hetgeen ik hier uiteen heb gezet, af te wijzen. Laten we daarom nog eens naar de bijbel kijken en naar mijn leven als Jezus in Galilea.

Ik heb eerder gezegd dat ik verbaasd ben dat zoveel mensen bepaalde ideeën over mij hebben. Tegelijkertijd ben ik verbaasd dat er zoveel logische vragen zijn die niet door oprechte christenen worden gesteld. Per slot van rekening doet het gefragmenteerde verslag van mijn leven zoals dat in de bijbel is terug te vinden meer vragen opkomen dan het beantwoorden kan.

Zei ik niet: 'Zoek en gij zult vinden?'

Waarom zijn er dan zoveel christenen bang om te zoeken?

Zei ik niet: 'Vraag en je zult gegeven worden,' wat betekent dat als je kennis en zekerheid vraagt, je dat inderdaad zult ontvangen.

Waarom zijn zoveel christenen dan bang om te vragen?

Waarom houden zoveel christenen zich vast aan opvattingen en dogma's, wanneer ik en mijn Vader volledig bereid zijn jullie kennis en zekerheid te geven?

Zijn jullie bang om te weten?

Ben je bang dat als je directe kennis verkrijgt, je misschien opvattingen moet loslaten waarbij je je op je gemak voelt?

Wees niet bang mijn kleine kudde; het doet de Vader genoegen jullie directe kennis van zijn koninkrijk te geven.

Waarom heeft Jezus zijn leringen niet opgeschreven?

Laten we eens kijken naar een van de vragen waarover ik alle oprechte Christenen zou willen laten nadenken. Sommige mensen

Lezing 4: Waarom is er godsdienst in de wereld?

beweren dat de historische Jezus analfabeet was. Laat ik je verzekeren dat ik werkelijk lezen en schrijven kon. Niettemin, zelfs als je twijfelt aan mijn persoonlijk alfabetisme, veel mensen in mijn omgeving konden lezen en schrijven. Met dat in gedachte, denk eens na over de volgende vraag: 'Waarom schreef Jezus zelf zijn ware leringen niet op?'

Als je objectief naar het moderne Christendom kijkt, zul je zien dat er talrijke gezindten en kerken zijn die zich vasthouden aan verschillende interpretaties van mijn leringen. Vele van hen beweren dat hun specifieke uitleg de enig ware uitleg is. Waarom heb ik niet eenvoudig deze verwarring voorkómen door het opschrijven van het ware verslag van mijn leven, zodat er geen ruimte was voor interpretatie?

Laat mij beginnen door één ding heel duidelijk te maken. Geen enkele uitleg van mijn leringen kan mogelijkerwijs overeenstemmen met mijn leringen. Er bestaat eenvoudig geen enkele manier om de ware leringen van de Christus te kennen door een interpretatie, die door de lagere bewustzijnsstaat - het menselijke denken - beïnvloed is. Vlees en bloed kunnen het koninkrijk van God niet beërven. Het menselijke denken kan de ware geestelijke leringen die ik deze planeet bracht, niet bevatten. Daarom kan geen enkel mens voor een zuivere en betrouwbare interpretatie van mijn leringen zorgen. Er bestaat niet zo iets als een juiste uitleg van mijn leringen.

Er is slecht één manier om mijn ware leringen te kennen en die is om een deel van die leringen rechtstreeks van mij te ontvangen. Niemand anders kan mijn ware leer aan jou overbrengen. Het is echter mogelijk dat iemand als spreekbuis of boodschapper kan dienen om een gedeelte van mijn ware leer over te brengen. Het is mogelijk dat iemand zijn of haar bewustzijn kan opheffen en delen van mijn ware leer kan ontvangen door een rechtstreekse innerlijke ervaring. Door zo'n directe innerlijke ervaring te ontvangen van het Levende Woord dat ik ben, kan deze persoon als boodschapper dienen die een bekervol van mijn leringen brengt, een bekervol koud water in de naam van Christus. Door dit te doen kan die persoon een deel van mijn ware leringen geven zonder die leringen uit te leggen (en daardoor die leringen te verdraaien).

Met andere woorden, wanneer iemand een oprechte poging wil ondernemen om zijn of haar bewustzijn te verhogen naar het niveau van het Christusbewustzijn (zelfs al heeft die persoon nog niet blijvend het Christusbewustzijn verkregen), kan die persoon als mijn spreekbuis dienen, als mijn boodschapper.

Waarom schreef ik mijn ware leringen niet op? Omdat ik wist dat elk geschreven verslag verkeerd gebruikt, verkeerd geciteerd, verkeerd voorgesteld, verkeerd begrepen, verkeerd uitgelegd zou worden en elke ander soort verkeerds dat je je mogelijkerwijs kunt voorstellen. Wanneer je objectief naar de historische feiten wilt kijken hoe het geschreven verslag van mijn leven verkracht is door de kerkelijke autoriteiten, die dachten macht te hebben om te beslissen wat de mensen van mij mochten weten, dan zul je het met me eens zijn dat de geschiedenis mijn gelijk bewezen heeft.

Je moet mijn leringen rechtstreeks van mij ontvangen

De werkelijke reden waarom ik mijn leringen niet heb opgeschreven is omdat ik van plan was een manier te vinden waardoor mensen die leringen rechtstreeks van mij konden ontvangen.

Kijk eens naar de eerste kerk die ik opzette. Ik zond mensen uit om mijn woord te verkondigen. Ik stuurde ze niet op pad met een geschreven verslag, zodat ze hardop uit een vooraf vastgesteld leerstuk konden lezen. In plaats daarvan zei ik tegen hen, 'Denk niet na over wat je gaat zeggen; het zal je gegeven worden'. Mijn eerste apostelen en discipelen gaven geen preken door het lezen van een boek en door de woorden van dat boek uit te leggen. Mijn eerste discipelen en apostelen predikten door de kracht van de Heilige Geest. Zij brachten geen vaststaande uiterlijke leer. Zij brachten het Levende Woord van Jezus Christus dat ik rechtstreeks in hun harten sprak.

De reden waarom ik een organisatie oprichtte zonder een officiële leer is heel diepzinnig.

Ik heb eerder uiteengezet dat de deur naar het koninkrijk van onze Vader niet de persoon van Jezus is. De deur naar dat koninkrijk is een bewustzijnsstaat, namelijk het universele Christusbewustzijn.

Vlees en bloed kunnen het koninkrijk der hemelen niet beërven. Er zijn mensen op deze planeet, zelfs enkelen die zich als geestelijke leraren beschouwen, die het valse geloof onderschrijven dat het op de een of andere manier mogelijk is het menselijke denken, het lagere bewustzijn, te verhogen of te vervolmaken.

Dit kan niet.

Het lagere bewustzijn moet sterven voordat de ziel voor altijd in het licht van Christus kan leven.

Er is geen mogelijkheid voor een compromis. Je kunt het menselijke denken niet met je meenemen in het koninkrijk van mijn Vader. Je moet je vrije wil gebruiken en een bewuste keus maken om die lagere geest op te geven en alle onjuiste opvattingen opgeven die de tiran, wat die lagere geest in werkelijkheid is, in het zadel houdt.

Het enige probleem

Het enige probleem op planeet Aarde nu is dat de meeste mensen afgedaald zijn of gevallen zijn in een bewustzijnsstaat waarin zij geen direct zicht meer op de geestelijke kant van het leven hebben. In feite zijn veel mensen in een bewustzijnsstaat afgedaald waarin zij niet langer enige herinnering hebben aan hun geestelijke oorsprong en hun identiteit als geestelijke wezens. Zij geloven echt dat ze sterfelijke, beperkte menselijke wezens zijn die beperkt zijn tot dit materiële heelal en dat er niets buiten dat materiële heelal is.

Het is absoluut onmogelijk dat iemand boven het lagere bewustzijn uit kan stijgen door gebruik te maken van de energieën van dat materiële heelal. Het lagere bewustzijn is gemaakt van de vibraties van dit heelal. Je kunt eenvoudig deze energieën niet gebruiken om een trap te bouwen die je naar de hemel zal brengen.

De ladder die Jacob beklom was geen ladder die van materiële energieën was gemaakt. Het was een ladder die uit geestelijke energieën was opgebouwd, namelijk het Christusbewustzijn.

Wat ik probeer je hier te laten zien is dat als je eenmaal afgedaald bent in de lagere bewustzijnsstaat, je ziel geen enkele mogelijkheid heeft om zich van die lagere staat van bewustzijn los te maken. Je kunt niet uit eigen kracht opklimmen. Je kunt de energieën van het materiële heelal niet gebruiken om aan het lagere bewustzijn te ontsnappen. Dat is de reden waarom bijna elke aan de mensheid bekende godsdienst het denkbeeld van een uiterlijke redder bevat.

Wanneer iemand afgedaald is in het lagere bewustzijn, kan die persoon alleen ontsnappen wanneer er een redder vanuit het geestelijke rijk zijn wereld binnenkomt en de ziel een beker toereikt die de hogere energieën van het universele Christusbewustzijn bevat.

De werkelijke redder is het universele Christusbewustzijn. Dat universele Christusbewustzijn werd door God geschapen op hetzelfde moment dat God de vormwereld schiep. Wat ik hier zeg is dat het universele Christusbewustzijn sinds het begin van de tijd bestaan heeft. Met andere woorden, het heeft al veel langer dan tweeduizend jaar bestaan.

Ik kwam om de leringen van het universele Christusbewustzijn te brengen en in een voorbeeld te voorzien van een mens, in een fysiek lichaam, die zich geheel met dat Christusbewustzijn verbonden had.

Ik heb het Christusbewustzijn niet uitgevonden.

God heeft het Christusbewustzijn niet bij mijn geboorte geschapen. Het universele Christusbewustzijn heeft altijd bestaan en is altijd voor mensen beschikbaar geweest, want het is werkelijk de open deur die niemand sluiten kan.

De enige weg naar redding is dat de ziel een deel van het universele Christusbewustzijn ontvangt. Dat Christusbewustzijn wordt dan het zuurdeeg (gist) dat op het hele brood van iemands bewustzijn inwerkt.

Zonder het Christusbewustzijn, kan geen mens gered worden. Daarom heb ik het ritueel van het breken van het Levensbrood ingesteld. Het Levensbrood bedoelt het Christusbewustzijn voor te stellen. Ik brak dat Levensbrood voor mijn discipelen en ik leerde hen, hun bewustzijn te verhogen zodat zij het Levensbrood voor anderen konden breken.

Dit is de keten van discipelschap dat van mijn hart naar de jouwe leidt. Het is nooit mijn opzet geweest dat die keten verbroken zou worden. Het was mijn voornemen dat mijn discipelen het Levensbrood aan anderen zouden brengen. Dat Levensbrood zou dan het bewustzijn van deze mensen verhogen totdat zij een toereikend niveau van eenheid met het Christusbewustzijn hadden bereikt, waardoor zij op hun beurt het Levensbrood aan anderen konden brengen.

Als die keten nooit verbroken zou zijn, zou het Levende Woord dat ik bracht zich als ringen op de oppervlakte van de oceaan blijven verspreiden. Als de keten niet verbroken zou zijn, zou het Levensbrood lang geleden al aan elk mens op deze planeet gebracht zijn. Als mijn oorspronkelijke visie werkelijkheid geworden was, zou ik niet door dit boek tot jullie gesproken hebben. Ik zou rechtsreeks in je eigen hart tot je gesproken hebben. Je zou in staat geweest zijn mij te horen, en je zou weten dat ik het was, Jezus, die tot je sprak.

Lezing 4: Waarom is er godsdienst in de wereld?

Het levende woord van God

Het Levensbrood dat ik kwam brengen was het Woord van God; het Levende Woord van God. In werkelijkheid is het Woord van God het geluidloze geluid en daarom kan het nooit door een menselijke stem gesproken worden. Je kunt het Woord van God niet met je oren horen en je kunt het niet met het lagere bewustzijn begrijpen. Maar je kunt het Woord van God in de stilte van je hart horen.

Ik ben niet gekomen om een uiterlijk woord te brengen dat door mensen in een lagere bewustzijnsstaat uitgelegd of verkeerd uitgelegd kon worden. Ik ben niet gekomen om een uiterlijk woord te brengen dat tot een leerstuk gemaakt kon worden en als wapen gebruikt kon worden om juist die mensen die ik kwam bevrijden, tot slaaf te maken. Ik ben niet gekomen om een uiterlijk instituut op te zetten, een uiterlijke kerk, dat als wapen gebruikt kon worden in de aanhoudende menselijke machtsstrijd. Ik ben niet gekomen om een instituut in het leven te roepen waardoor een kleine elite van op macht beluste mensen fysieke en geestelijke zeggenschap kon uitoefenen over mijn geestelijke broeders en zusters.

Omdat mensen een vrije wil hebben en omdat sommige mensen besloten het Levensbrood, het Levende Woord, te verwerpen, kwam mijn oorspronkelijke visie niet tot stand. Daarom spijt het mij te moeten zeggen dat de afgelopen tweeduizend jaar planeet Aarde geen levende kerk gehad heeft die het Levende Woord in een ononderbroken keten heeft overgebracht. Maar tijd is niets meer dan een illusie, door de lagere geest in het leven geroepen.

Daarom is het nooit te laat om het Levende Woord of de Levende Kerk voort te brengen. Ik wil geen nieuwe kerk stichten die met de vele bestaande kerken zal concurreren, die beweren de enige ware kerk van Jezus Christus te zijn. In plaats daarvan wil ik graag een nieuw type kerk in het leven roepen, een type kerk die de enige soort kerk is die wellicht de enige ware kerk van Jezus Christus zou kunnen worden. Dat soort kerk is een innerlijke kerk. Het is een kerk die opgebouwd is uit de levende stenen van de Christusvlam die in je hart brandt. Het is een kerk die bestaat uit hen die de moed hebben boven het lagere bewustzijn uit te reiken. Zij die de moed hebben in overweging te nemen wat zo velen godslastering noemen, namelijk dat ook zij het Levende Woord kunnen belichamen, zoals ik deed.

Het vleesgeworden woord

Zoveel mensen hebben zichzelf vragen gesteld over het mysterie van het Woord van God, dat vleesgeworden is. In werkelijkheid is er geen mysterie. De bijbel zelf heeft vastgelegd hoe God de wereld schiep. God zei: 'Laat er licht zijn'.

God schiep door een geluid te laten klinken: een woord.

Daarom is het hele universum geschapen door het Woord van God. Zelfs in deze compacte stoffelijke wereld is het Woord van God vlees geworden. Zonder Hem is er niets geschapen dat geschapen is. Zonder zijn Woord is er niets geschapen dat geschapen is.

Het probleem op planeet Aarde is geen werkelijk probleem. In de geest van God, in de stralende werkelijkheid van God, bestaat het probleem op planeet Aarde eenvoudig niet. Waarom? Omdat God weet dat ongeacht hoe de uiterlijke verschijnselen ook mogen zijn alles van Gods eigen substantie, Gods eigen Wezen gemaakt is. Alles wat bestaat is eenvoudig God die een vermomming heeft aangenomen. Het hele universum is God die van achter een masker je toelacht. Sommige maskers lijken op de hemel en sommige lijken op de hel, maar ze zijn alle tijdelijke vermommingen, want de enige werkelijkheid die er is, is het Levende Woord van God.

De enige reden waarom er een probleem op planeet Aarde is, is dat als iemand in de lagere bewustzijnsstaat valt, die persoon de stoffelijke wereld niet langer als een uitdrukking van God kan zien. Wat ik hier wil zeggen is dat je niet van God of van mij bent afgescheiden. Er zijn geen werkelijke barrières tussen ons.

Het gevoel van afscheiding is niets dan een illusie, een sluier geschapen door de dichtopeengepakte energieën van de stoffelijke wereld waar je fysieke zintuigen en je menselijke denken niet aan kunnen voorbij zien. Je bent niet van God afgescheiden: je denkt alleen dat je van God bent afgescheiden.

Het gevoel van afscheiding bestaat alleen maar binnen je geest. Het kan alleen blijven bestaan omdat je het constant kracht blijft geven. Het zal ophouden te bestaan alleen nadat jij tot een bewuste realisatie bent gekomen dat het niet echt is en dat er werkelijk iets buiten het materiële heelal bestaat.

Je kunt alleen tot dat besef komen door een rechtstreekse gewaarwording van de geestelijke wereld te hebben.

Je kunt die directe gewaarwording alleen hebben door je bewustzijn te verhogen, door het draaien aan de afstemknop van je bewuste geest, zodat je kunt afstemmen op de hogere vibraties van de Christusgeest.

Je kunt de geestelijke wereld alleen waarnemen door te kijken door de open deur van het Christusbewustzijn.

Ik ben Jezus Christus en ik ben gekomen om jou vrij te maken. Er is slechts één mogelijke manier waardoor ik je kan vrijmaken van het lagere bewustzijn. Ik moet een deel van het universele Christusbewustzijn aan je overbrengen, het bewustzijn waar ik één mee geworden ben.

Je ware identiteit

Ik wil heel duidelijk maken dat ik een individu ben, evenals jij een individu bent. Ik ben een zoon van God, maar ik ben niet de enige zoon van God. Als God je in zijn beeld en gelijkenis geschapen heeft, dan moet ook jij een zoon of dochter van God zijn. Zonder hem is er niets geschapen wat er geschapen is, jou daarbij inbegrepen.

Het enig werkelijke verschil tussen jou en mij is dat ik mijn identiteit als een geestelijk wezen dat door God gemaakt is volledig gerealiseerd heb en volledig aangenomen heb. Ik ben tot deze realisatie gekomen door de lagere bewustzijnsstaat los te laten en door de hogere bewustzijnsstaat van de universele Christusgeest in mij op te nemen. Ik ben volledig één geworden met dat Christusbewustzijn en daarom ben ik een individualisatie van de universele Christus. Daarom kan ik in waarheid zeggen, 'Ik ben de open deur die niemand sluiten kan'.

Maar de eigenlijke essentie van mijn ware leringen is dat ik door God niet in de volheid van dat Christusbewustzijn geschapen ben. Ik moest door precies hetzelfde proces gaan, ik moest precies hetzelfde geestelijke pad gaan, dat jij nu aan het volgen bent. Ik kwam om jou de weg te wijzen die ook jij kunt gaan en die je moet gaan als je thuis wilt komen in je Vaders koninkrijk.

Ik weet dat dit denkbeeld heel moeilijk te accepteren is voor veel Christenen die opgegroeid zijn met de huidige opvatting over mij dat ik de enige zoon van God zou zijn. Laten we daarom er samen logisch over nadenken. Denk eens na over de vraag: 'Geloof je dat God slecht is?'

Als je jezelf een Christen weet dan weet ik zeker dat je antwoord 'Nee!' is. Ga dan een stap verder en bekijk eens of het volgende scenario voor jou zinnig is:

God schiep je als zondaar en stuurde je naar een onvolmaakte planeet, Aarde genaamd. Terwijl je voort zwoegt in ellende en lijden, zend God je iemand, genaamd Jezus Christus, die de belichaming is van Gods volmaaktheid. Deze Jezus is de enige zoon van God en God zond hem naar deze wereld zodat door het zien van de perfectie van Jezus, jij je ellendige staat van onvolmaaktheid volledig bewust zou worden (een toestand die God geschapen heeft). De komst van Jezus kon alleen bedacht zijn om jou te laten voelen dat je een ellendige zondaar bent die onmogelijk de volmaaktheid kan bereiken die je in Jezus Christus zag.

Als je deze lijn van redeneren volgt, zul je zien dat er slechts één logische conclusie is te trekken. Als ik inderdaad de enige zoon van God zou zijn, dan moet God een zeer vreemde en bijna slechte God zijn.

Door mij naar de wereld te sturen om je iets te laten zien dat jij onmogelijk bereiken kunt, zou een zeer slechte daad zijn. Waarom zou God willen dat jij je een ellendige zondaar zou voelen die het onmogelijk verdient om aan de rechterhand van God te zitten?

Als God je naar zijn beeld en gelijkenis geschapen heeft en als God een welwillende God is, dan is Gods enige wens voor jou, je aan de tijdelijke gevangenis van sterfelijkheid en beperking te zien ontsnappen. God wil dat je naar huis komt naar je huis van licht in zijn eigen koninkrijk.

Is het daarom niet logisch dat een waarachtige God voor jou een manier zal vinden om terug in zijn koninkrijk te komen? En is het dan niet logisch dat God mij niet als uitzondering maar als voorbeeld zou zenden, een voorbeeld van het pad dat alle andere zonen en dochters van God kunnen volgen op hun weg naar huis naar hun Vaders koninkrijk?

Ik vraag je diep in je hart te gaan en met een onbevooroordeelde geest deze ideeën te overwegen.

Als je verder dan de leerstukken en dogma's durft te kijken die vol van doodsbeenderen zijn, beloof ik, Jezus, jou dat ik je de waarheid over deze zaken zal onthullen.

Ik zal deze waarheid in je eigen hart bekendmaken. Als je mij met een open hart vraagt, een hart dat werkelijk de waarheid wil kennen, zal ik je door een rechtstreekse innerlijke ervaring bewijzen, dat het het universele Christusbewustzijn is en niet de uiterlijke persoon van Jezus, die de Weg, de Waarheid en het Leven is.

Lezing 5:
De ware sleutel tot redding

Beste vrienden, in de voorgaande lezingen heb ik een vast fundament gelegd en we moeten nu beginnen op dat fundament te bouwen. Laten we daarom de volgende vraag in overweging nemen: 'Wat is er voor nodig om gered te worden?'

Wanneer je accepteert dat het leven een geestelijke kant heeft, dan ben je je waarschijnlijk ook wel bewust dat er een verschil is tussen deze wereld en de geestelijke wereld. Mensen van verschillende godsdiensten delen een vrijwel universeel geloof dat er een verschil is tussen de geestelijke en stoffelijke wereld. Zij delen ook het geloof dat de aarde niet de vaste verblijfplaats voor de mensen is. Het doel van het leven is de planeet Aarde te ontstijgen en de geestelijke wereld binnen te gaan. De meeste mensen beseffen ook dat voordat je de geestelijke wereld binnen kunt gaan, je aan bepaalde voorwaarden moet voldoen.

Kijk eens naar de planeet Aarde zoals je het vandaag de dag ziet. Ik denk dat iedereen het erover eens is dat de gruweldaden die op deze planeet plaatsvinden eenvoudig niet in de geestelijke wereld getolereerd kunnen worden. De meeste mensen beseffen dat de wezens die in de geestelijke wereld wonen zo niet met elkaar omgaan zoals mensen dat doen.

Ik heb geprobeerd je duidelijk te maken dat er geen wezenlijk verschil is tussen de geestelijke wereld en de stoffelijke wereld. Het enige verschil is een verschil van vibratie. Daarom heb je het vermogen naar de geestelijke wereld op te varen. Maar voordat je het koninkrijk van onze Vader kunt binnengaan, moet je aan bepaalde voorwaarden voldoen.

De belangrijkste voorwaarde is dat je je boven het lagere bewustzijn van het menselijke denken moet verheffen. De wreedheden die je op de planeet Aarde ziet gebeuren en vele andere daden die mensen niet per definitie als verkeerd beschouwen zijn het gevolg van de lagere bewustzijnsstaat.

Vlees en bloed, het vlees en bloed van het lagere bewustzijn, kunnen eenvoudig niet het koninkrijk beërven. Dus de enige manier waardoor je mogelijk tot het koninkrijk van onze Vader kunt opvaren is de lagere bewustzijnsstaat van het menselijke denken achter je te laten.

Laat me duidelijk maken dat er absoluut geen enkele andere mogelijkheid is. De vibraties van het menselijke denken kunnen nooit over de drempel komen en de nauwe poort passeren die naar het koninkrijk van onze Vader leidt. Zelfs als deze vibraties verhuld worden als wat men menselijke goedheid zou kunnen noemen, kunnen ze nog steeds niet het koninkrijk van onze Vader binnendringen. Je kunt het koninkrijk niet binnen komen door een goed mens te worden. In de ogen van God bestaat er niet zo iets als een goed of volmaakt menselijk wezen.

Je kunt het koninkrijk alleen ingaan door het gevoel van identiteit te overwinnen dat je doet geloven dat je een sterfelijk menselijk wezen bent, dat van God is afgescheiden. Je kunt het koninkrijk alleen binnen gaan door de oude sterfelijke mens af te leggen en de nieuwe mens aan te doen, het geestelijke wezen, het gevoel van een geestelijke identiteit. Je kunt alleen binnengaan door het Christusbewustzijn aan te nemen en je volledig met dat Christusbewustzijn te verenigen zodat je jezelf als een geestelijk wezen ziet. Je identiteitsbesef moet op de rots van Christus gebouwd worden in plaats van op het drijfzand van het lagere bewustzijn. Het is van essentieel belang dat je tot een bewust innerlijk besef van de waarheid achter deze ideeën komt. Je moet je bewust worden dat je niet de ronde pen van het menselijke denken in het vierkante gat kunt steken dat leidt tot de Heilige Stad.

Het doel van het leven

Wanneer je tot een innerlijk besef van deze essentiële waarheid komt, kun je heel snel een geheel nieuw gezichtspunt op het menselijke leven ontwikkelen. Je ziet nu dat het doel van het leven je redding is, je opgaan in de geestelijke wereld. Je ziet ook dat de sleutel tot het realiseren van dit doel is dat je een geleidelijk proces moet doorlopen, dat ik het geestelijke pad genoemd heb. Je moet geleidelijk aan het lagere bewustzijn afleggen en de nieuwe mens, het Christusbewustzijn aandoen.

Eeuwen lang, nee duizenden en duizenden jaren lang hebben mensen geloofd dat verlossing een uiterlijk proces was waarover zij geen enkele zeggenschap hadden.

Lezing 5: De ware sleutel tot redding

Ik vertel jullie dat dit niet zo is.

Verlossing is geen zaak van passief wachten op een uiterlijke redder die plotseling zal verschijnen om het werk voor je te doen.

Ik heb eerder gezegd dat je wel een uiterlijke redder nodig hebt. Maar die uiterlijke verlosser dient alleen als de open deur waardoor God je een stukje van het universele Christusbewustzijn kan aanreiken. Dit stukje werkt dan als een zuurdeeg om het hele brood van je bewustzijn te doen rijzen.

Het doorgeven van het Levende Woord, het Levende Brood, is maar één kant van de medaille. De keerzijde van de medaille is dat je een vrije wil hebt en dat de wet van vrije wil de uiteindelijke wet van het materiële universum is. Je kent mijn gelijkenis van de zaaier, van wie het zaad op onvruchtbare grond valt. Er kan een redder verschijnen die je een stukje van het Christusbewustzijn geeft. Maar als jij niet uit vrije wil het besluit neemt om dat Christusbewustzijn aan te nemen, kan je redding eenvoudig niet plaatsvinden.

Ik kan je het Brood van Leven aanbieden, maar ik kan je niet dwingen om dat Levensbrood aan te nemen. Ik kan je naar het levende water leiden, maar ik kan niet zorgen dat je ervan drinkt. Ik kan je mijn Christusbewustzijn geven, zoals ik dat doe in de regels van dit boek, maar ik kan je niet dwingen dat Christusbewustzijn jouw bewustzijn naar een hoger niveau te laten brengen.

Het verhogen van je bewustzijn kan alleen plaats vinden als jij het besluit neemt om het te laten gebeuren. In feite zul je heel wat beslissingen moeten nemen. Je zult dagelijkse beslissingen moeten nemen om de oude mens af te leggen en de nieuwe, geestelijke 'mens' aan te doen.

Het lagere bewustzijn heeft een heel diepgaande overtuiging dat er een makkelijke uitweg is, dat er een of andere gemakkelijke oplossing is of een vorm van automatische redding. Dit geloof heeft geleid tot het idee dat ik de enige zoon van God ben en dat door eenvoudig in mij te geloven en uit te spreken dat ik je Heer en Redder ben, je automatisch gered zult worden.

Ik ben Jezus Christus en ik vertel je dat er niet zoiets bestaat als een automatische redding.

Redding wordt ieder mens als een geschenk van God aangeboden. Maar de sleutel tot redding is niet het aanbieden van het geschenk, want het regent in werkelijkheid voor zowel de rechtvaardigen als de onrechtvaardigen.

De sleutel tot redding is het aannemen van het geschenk. Zonder die acceptatie kan God je niet redden. God zal eenvoudig moeten wachten totdat jij zijn genade aanneemt.

Het pad naar redding

Redding is een proces, niet een onmiddellijk wonder. Het proces van redding kent verscheidene stadia.

Ik heb eerder aangegeven dat de Wet van Mozes aan mensen met een zeer laag en onvolgroeid bewustzijn gegeven is. Deze mensen hadden een aantal regels nodig die eenvoudig niet verkeerd begrepen konden worden. Ze hadden ook een aansporing nodig om die regels op te volgen en vanwege hun staat van bewustzijn was de angst voor straf de enige praktische stimulans.

God is niet een boze God. In werkelijkheid straft God geen mensen; mensen straffen zichzelf, zoals ik in een andere lezing zal uitleggen. Maar op een bepaald bewustzijnsniveau is angst voor straf de enige manier om mensen van daden van zelfvernietiging af te houden. Dus de Wet van Mozes was gericht op het veranderen van de daden van de mensen, hun uiterlijk gedrag.

Toen de tijd voor mijn missie in Galilea aanbrak, was de situatie veranderd. De mensheid was naar een hogere bewustzijnsstaat gestegen. Daarom kon ik met een hogere wet komen, namelijk de Bergrede en andere leringen. Deze wet was er nog steeds op gericht om mensen af te houden van daden die leiden tot zelfvernietiging, maar het ging één stap verder. Mijn nieuwe wet bracht de bron van daden van zelfvernietiging in verband met een staat van bewustzijn. Men zou kunnen zeggen dat waar de wet van Mozes gericht was op het veranderen van het uiterlijke gedrag van mensen, mijn leringen gericht waren op het veranderen van het innerlijke gedrag van mensen.

Mijn leringen probeerden mensen te helpen beseffen dat de meest effectieve sleutel om uiterlijk gedrag te veranderen is om de staat van bewustzijn te veranderen, dat de oorzaak van dat gedrag is. Mijn leringen waren aan de bewustzijnsstaat aangepast die mensen tweeduizend jaar geleden hadden. Daarom beschreef ik een direct verband tussen een uiterlijke daad en een bepaalde bewustzijnsstaat. Met andere woorden, ik beweerde dat het verkeerd was om met een vrouw van een andere man te slapen; om echter die daad te voorkomen moest men aan het innerlijke verlangen naar de vrouw van die andere man zien te ontkomen.

De afgelopen tweeduizend jaar hebben vele toegewijde Christenen grote geestelijke vooruitgang geboekt door mijn leringen te overdenken en in zich op te nemen, zelfs de onsamenhangende en onvolledige leringen die in de bijbel gevonden worden.

Vanwege deze vooruitgang is het bewustzijn van de mensheid nu naar een nieuw niveau gestegen. Op dit nieuwe niveau moet je een dieper begrip verwerven van het verband tussen uiterlijke daden en je staat van bewustzijn. Het is niet voldoende om te zeggen dat doodslag verkeerd is en dat, om doodslag te vermijden, je de wens tot doden moet overwinnen. Je moet je bewust worden dat de wens om te doden slechts een klein aspect is van een groter geheel, een grotere bewustzijnsstaat. Die staat van bewustzijn is wat ik genoemd heb het lagere bewustzijn van het menselijke denken. Met andere woorden het verlangen tot doodslag is eenvoudig het resultaat, en de onderliggende oorzaak is het menselijke denken, het lagere bewustzijn.

Het is niet voldoende om de wil tot doodslag te overwinnen, het verlangen naar overspel, de wil om te stelen, de zucht naar geld en een bijna onbeperkt aantal vormen van andere handelswijzen en gedragingen. Het overwinnen van zulke onvolmaakte daden is een stap in de goede richting, maar het is slechts een stap. Om de hele weg te gaan, zul je naar de wortel van het probleem moeten gaan, dat het lagere bewustzijn is. Je zult boven het bewustzijn moeten uitstijgen dat je die daden deed begaan, het bewustzijn dat je gedachten doet denken en gevoelens doet voelen die onzuiver zijn, wat inhoudt dat zij niet de aanvaardbare offerande zijn.

In de Hof van Eden

Om te beginnen met het proces van het overwinnen van het lagere bewustzijn, moet je tot een bewust besef komen wat dit lagere bewustzijn inhoudt en hoe het je beïnvloedt. Om dit lagere bewustzijn uit te leggen, laten we een reis terug in gedachten naar de Hof van Eden maken.

Ik wil graag dat je begrijpt dat het bijbelse verslag van de Hof van Eden gebaseerd is op een oeroude mondelinge overlevering. Deze traditie werd gedurende zo veel duizenden jaren van generatie op generatie overgeleverd dat de meeste mensen, volgelingen van het orthodoxe Christendom of de religie met de naam wetenschappelijk materialisme, nauwelijks in staat zijn het juiste tijdskader aan te geven. Vanwege dit langdurige proces, is er iets van de oorspronkelijke betekenis verloren gegaan. Ik zal jullie later een meer gedetailleerd verslag geven van wat er werkelijk in de Hof van Eden gebeurd is. Maar voor dit moment wil ik mij graag richten op het feit dat de oorzaak van de val van de mensen was dat zij van de verboden vrucht aten.

De verboden vrucht is naar men zegt de vrucht van kennis van goed en kwaad. In werkelijkheid was het de vrucht van kennis van relatief goed en kwaad. Het denkbeeld van een vrucht is eenvoudig een illustratie van een diepere werkelijkheid. Die diepere werkelijkheid is een staat van bewustzijn. De mensen vielen in een lagere bewustzijnsstaat, een staat van bewustzijn die gedomineerd werd door de denkbeelden van relatief goed en kwaad.

Ik heb jullie verteld dat alles in Gods schepping gemaakt is van Gods licht en dat het enige verschil van de onderscheiden niveaus van de schepping een verschil in vibratie is. In de hogere gebieden van de geestelijke wereld is alles gemaakt van licht van een zeer hoge vibratie. De wezens die in een van de geestelijke sferen leven, zelfs in de lagere geestelijke wereld, vinden het daarom gemakkelijk te begrijpen dat alles een uitdrukking is van een diepere werkelijkheid, namelijk God. Wanneer je in de geestelijke wereld bent, besef je dat alles gemaakt is van Gods licht. Daarom besef je dat er iets meer is dan de wereld waarin je leeft: er is een diepere werkelijkheid. Daarom kun je begrijpen dat jouw wereld niet een geïsoleerde wereld is, maar eenvoudig een deel van een groter continuüm van vibraties.

Omdat je nu duidelijk ziet dat alles in jouw wereld de uitdrukking is van een diepere werkelijkheid, zou je nooit het slachtoffer kunnen worden van een illusie die je doet denken dat je van de rest van Gods schepping of van God zelf bent afgescheiden. Je weet dat jij en alles rondom je eenvoudig een uitdrukking is van de diepere werkelijkheid van God. Je weet en je aanvaardt dat je een zoon of dochter van God bent en je kunt nooit dit gevoel van identiteit verliezen.

Waneer je in de geestelijke wereld bent heb je een absolute maatstaf die je heel duidelijk vertelt wat constructief of destructief gedrag is. Het is gemakkelijk voor je in te zien wat van God is (wat in overeenstemming met Gods wet en visie is) en wat niet van God is (wat buiten Gods wet en visie ligt). Daarom kun je ongetwijfeld zien wat voor jou het meest van belang is, wat 'verlicht eigenbelang' is. Het is duidelijk dat als je weet dat een bepaalde daad schadelijk voor je is, je er vanzelfsprekend voor kiest om zo'n daad achterwege te laten.

Het kosmische leslokaal

Het materiële heelal is samengesteld uit energie van een lagere vibratie dan de energieën in de geestelijke wereld. De energieën van de stoffelijke wereld zijn in feite zo veel 'compacter' dat het niet direct duidelijk is dat de dingen van deze wereld een manifestatie van een diepere werkelijkheid zijn. Het is niet direct duidelijk dat deze wereld enkel een deel is van een continuüm van vibraties.

Wanneer de ziel verlangt om in de stoffelijke wereld af te dalen, is het noodzakelijk dat de ziel een proces van voorbereiding en scholing ondergaat. De ziel moet leren hoe met een fysiek lichaam om te gaan en op welke manier de stoffelijke wereld door de zintuigen van dat lichaam waar te nemen. De fysieke zintuigen zijn niet in staat de hogere vibraties van de geestelijke wereld op te vangen; zij kunnen alleen de vibraties van de stoffelijke wereld waarnemen. Wanneer de ziel daarom in het fysieke lichaam afdaalt, heeft de ziel niet langer het directe besef dat de energieën rondom haar gewoon een uitdrukking van een diepere werkelijkheid zijn. De ziel kan niet zien dat er buiten de stoffelijke wereld ook geestelijke werelden zijn.

Om de zaak nog ingewikkelder te maken, het fysieke lichaam is een zeer complexe schepping. Als een ziel bewuste besluiten zou moeten nemen om de vitale functies van het fysieke lichaam in stand te houden, zoals het ademen en het kloppen van het hart, zou de ziel al heel snel overweldigd worden. Zij zou geen aandacht overhouden om werkelijk iets met het fysieke lichaam te doen of zelfs van het leven in de stoffelijke wereld te genieten. Het spreekt vanzelf dat dit het doel van de afdaling van de ziel in de stoffelijke wereld teniet zou doen.

Daarom was het menselijk lichaam oorspronkelijk ontworpen met een eigen geest. We kunnen deze geest met een computer vergelijken en we kunnen zeggen dat dit menselijke denken domweg een computer is die het fysieke lichaam bestuurt.

Het fysieke lichaam is uit de energieën van de stoffelijke wereld geschapen. Dat is de reden waarom de fysieke zintuigen niet verder dan die energieën kunnen reiken. Evenzo is de computer van het lichaam van de energieën van de stoffelijke wereld gemaakt. Daarom kan de 'lichaamscomputer' de denkbeelden van geestelijke werelden of een diepere realiteit niet bevatten. Het menselijke denken kan gewoonweg het idee van God en Gods wet niet vatten. Daarom bestaat er voor het menselijke denken niet zoiets als een absolute waarheid. Met andere woorden, het menselijke denken heeft geen begrip van absoluut goed en kwaad; het heeft geen idee van 'verlicht eigenbelang'. Het ziet alleen zijn directe eigenbelang en het gaat van dit eigenbelang uit op grond van een relatieve norm.

Het menselijke denken is een staat van bewustzijn die gedomineerd wordt door betrekkelijkheid en afscheiding. Het menselijke denken ziet zichzelf niet als een verlenging van een diepere werkelijkheid. Hoewel het van Gods energie gemaakt is, ziet het zichzelf niet als een zoon of dochter van God (en het is geen zoon of dochter, zoals de ziel dat is). Het menselijke denken kan geen verschil maken tussen ideeën die van God zijn en gedachten die niet van God zijn. Het kan niet begrijpen dat iets buiten Gods wet en Gods visie kan zijn, omdat het Gods wet en visie niet kan bevatten.

Voor het menselijke denken is alles relatief. Goed is een begrip dat alleen betekenis heeft als tegengestelde van kwaad. In werkelijkheid is God goed. De goedheid van God heeft geen tegenpool. Kwaad, zoals het door mensen begrepen wordt, heeft geen uiteindelijke werkelijkheid. Kwaad is niet de tegenpool van God. Kwaad is gewoonweg de tegenpool van relatief goed, een denkbeeld van goed dat alleen in de materiële wereld bestaat.

De Zondeval

De Hof van Eden was een kosmisch leslokaal. Het was ontworpen om je ziel te leren hoe met het fysieke lichaam om te gaan zonder je identiteitsbesef van een geestelijk wezen te verliezen. Zoals alle scholen had de Hof van Eden lessen in opeenvolgende klassen. De jongere leerlingen kregen de makkelijke lessen en alleen de gevorderde studenten, zij die bijna klaar waren om in de stoffelijke wereld af te dalen, werden toegelaten tot de moeilijkste lessen. De allermoeilijkste les was te leren hoe met de 'computer van het lichaam' om te gaan zonder daarbij je gevoel van identiteit als geestelijk wezen te verliezen. Daarom waren de jongere studenten voor deze les uitgesloten. Als namelijk een onvoorbereide student aan deze les zou deelnemen, dan zou de student vrijwel zeker

Lezing 5: De ware sleutel tot redding

overweldigd worden door de 'compactheid' van het fysieke lichaam en de relativiteit van het menselijke denken. Met andere woorden een onvoorbereide student zou vrijwel zeker zijn identiteitsbesef als geestelijk wezen verliezen.

Dit is precies wat er gebeurd is. Een groep studenten besloot van de verboden vrucht te eten voordat zij klaar waren om goed met deze inwijding om te gaan. Daardoor vielen zij in de lagere bewustzijnsstaat waarin hun ziel zich met het fysieke lichaam en met het menselijke denken vereenzelvigde. In plaats van zichzelf als zonen en dochters van God te zien, zagen zij zichzelf als sterfelijke wezens die van God waren afgescheiden.

In werkelijkheid werden de studenten die in deze lagere bewustzijnsstaat waren gevallen niet met geweld uit de Hof van Eden verdreven. De Hof van Eden bestond in de geestelijke wereld die juist boven de stoffelijke wereld ligt. Eigenlijk is deze wereld nagenoeg gelijk aan de stoffelijke wereld. Toen de studenten in de lagere bewustzijnsstaat vielen, konden ze daarom niet langer de Hof van Eden zien; zij konden alleen de stoffelijke wereld zien.

In het begin hadden de meeste zielen nog wel een herinnering aan hun geestelijke oorsprong. Maar met het verstrijken van de tijd ging deze herinnering geleidelijk aan verloren. Daarom heb je op planeet Aarde nu een situatie waarin miljarden mensen de bewuste herinnering aan hun geestelijke oorsprong en hun ware identiteit als zonen en dochters van God verloren hebben. In plaats van zichzelf als onsterfelijke geestelijke wezens te zien, zien ze zichzelf als sterfelijke menselijk wezens.

Je moet begrijpen dat je niet hier op Aarde bent omdat God besloot je voor je zonden te straffen. Je werd nooit gedwongen om hier naartoe te komen. God schiep je niet als een zondaar en God zond je hier niet voor straf.

Je bent hier omdat je twee keuzes maakte. De eerste keus of het eerste besluit was om van de verboden vrucht te eten, te experimenteren met het lagere bewustzijn van relativiteit en afscheiding. Het tweede besluit was om je voor je geestelijke leraar te verbergen.

Je kunt je uit de bijbel herinneren, dat nadat Adam en Eva (die de mannelijke en vrouwelijke aspecten van iedere ziel vertegenwoordigen) van de verboden vrucht hadden gegeten, zij zich voor God verschuilden. De God van de Hof was in werkelijkheid een geestelijke leraar, een vertegenwoordiger van God. Er waren vele zielen in de Hof van Eden die van de verboden vrucht aten. Sommigen gingen terug naar hun leraar, gaven hun fout toe en vroegen om vergeving. Zij ontvingen die vergeving en verdere scholing in hoe de relativiteit van het menselijke denken te overwinnen.

Bedenk nu eens wat er gebeurde met diegenen die niet teruggingen om vergeving te vragen. God heeft iedereen een vrije wil gegeven. Als je besluit je voor je geestelijke leraar te verbergen, kan de leraar je niet confronteren zonder inbreuk op je vrije wil te maken. God overtreedt zijn eigen wetten niet. Als je besluit je leraar de rug toe te keren en het besluit neemt dat je niet naar God wilt teruggaan of dat je het niet waard bent naar God terug te gaan, dan kan de leraar alleen maar wachten totdat je een betere beslissing neemt.

Het wezenlijke punt dat ik wil overdragen is dat je hier bent omdat je de beslissing genomen hebt je van God, of beter gezegd, van je geestelijke leraar af te keren. De enige manier waarop je mogelijk gered kunt worden is door dat oorspronkelijke besluit ongedaan te maken. Hoe maak je een verkeerde beslissing ongedaan?

Je komt eenvoudig tot een beter besluit!

Besluit om gered te worden

Ik heb gezegd dat redding een proces is dat tijd neemt. Maar niet voordat je tot een volledig bewust besluit komt dat je naar God terug wilt gaan, kun je ooit beginnen het pad naar redding te bewandelen. Zolang je je oorspronkelijke beslissing staande houdt om je van God af te keren, kun je niet aan het geestelijke pad beginnen.

Hoe kun je mogelijkerwijs beginnen aan het proces om terug naar Gods koninkrijk te gaan als je nog steeds bezig bent van dat koninkrijk weg te lopen. Het moet duidelijk zijn dat dit eenvoudig niet mogelijk is.

Je kunt geen twee heren dienen. Je kunt niet een huis binnengaan zolang je ervan weg loopt. Je kunt niet vooruitlopen door achteruit te lopen. Je kunt mij niet volgen zolang je tegen de prikkels achteruit slaat.

Wat ik probeer je hier te laten zien is dat veel mensen zich op dit ogenblik in een impasse bevinden. Zij hebben zich in een doodlopend steegje gemanoeuvreerd, een impasse, een situatie waar je niet uit komt.

Lezing 5: De ware sleutel tot redding

Er zijn zoveel mensen die niet gelukkig zijn met hun huidige situatie en het leven als een doorgaande stroom van lijden ervaren. Maar toch zijn ze niet bereid dat ene besluit te nemen dat hen op weg zal helpen met het proces waardoor ze aan de ellende en het lijden van het lagere bewustzijn kunnen ontsnappen.

De situatie is duidelijk.

Als je echt je leven wilt verbeteren zul je een besluit moeten nemen. Je moet kiezen welke meester je wilt dienen. Wil je de meester, de tiran van het menselijke denken dienen? Of wil je de ware meester van het Christusbewustzijn dienen? Kies je de dood van het menselijke denken of het leven van de Christusgeest?

Ik, Jezus, zeg zoals Mozes voor mij zei: 'Kies het leven!'

Kies het ware leven van het Christusbewustzijn. Besluit je aandacht op mij te richten en neem het Brood van Leven aan dat ik je geef, het brood van het Christusbewustzijn dat Ik Ben. Neem, eet – dit is mijn lichaam (het lichaam van de Christusgeest) dat voor jou gebroken is.

Lezing 6:
Het probleem op Planeet Aarde.

Laten we deze overwegingen op wereldschaal toepassen. Het meest verbazingwekkende fenomeen op Aarde vandaag de dag is zonder twijfel het inhumane gedrag van mensen. Maar wanneer je de karakteristiek van het menselijke denken begrijpt, zul je menselijke wreedheid op een andere manier gaan zien.

Het belangrijkste kenmerk van het menselijke denken is relativiteit. Voor het menselijke denken is er niets absoluut. Daarom bestaat er voor een persoon die in het menselijke denken gevangen zit niet zoiets als absoluut goed en kwaad en bestaat er niet zoiets als te veel.

Wanneer mensen in het menselijke denken gevangen zitten, kunnen ze nooit helemáál tevreden zijn. Daarom zie je mensen zich met een levenslange zoektocht bezig houden om meer rijkdom, meer liefde van mensen, meer macht, meer seks, meer bezittingen, meer erkenning, enzovoort, enzovoort, te krijgen.

Je ziet tegenwoordig mensen die een verbazingwekkende rijkdom en macht verworven hebben, maar deze mensen zijn nog steeds ontevreden. Het simpele feit is dat zolang mensen in het menselijke denken verstrikt zijn, er niets is wat hen blijvend bevrediging schenkt.

Ik noemde eerder dat de ziel een ingebouwde herinnering aan haar geestelijke oorsprong heeft. Niets kan je ziel tevreden stellen uitgezonderd een direct contact met de oneindige en onvoorwaardelijke liefde van God. Daarom kan geen enkele hoeveelheid rijkdom, macht, erkenning of menselijke liefde de ziel volledig bevrediging schenken.

Wat ik hier zeg is dat je ziel een hunkering heeft naar iets wat definitief, ultiem en absoluut is. Wanneer je dit combineert met de betrekkelijkheid van het menselijke denken, krijg je een heel gevaarlijke cocktail. Weet je, voor het menselijke denken is er niets absoluut en daarom zijn er geen grenzen. Voor het menselijke denken is alles betrekkelijk. Daarom kan het menselijke denken zich zelf eenvoudig niet stop zetten. Het menselijke denken heeft niet het vermogen te zeggen: 'Ik ben te ver gegaan'. Het menselijke denken kan niet het idee bevatten dat het ergens een absolute wet heeft overtreden, omdat het menselijke denken geen absolute wet kan (h)erkennen.

Dus je hebt nu een ziel die naar de ultieme ervaring aan het zoeken is, maar die ultieme ervaring met behulp van de relativiteit van het menselijke denken zoekt. Wanneer de ziel geheel met het menselijke denken geïdentificeerd is, is de ziel bereid alles te doen om deze zoektocht naar de ultieme ervaring te bevredigen. Het menselijke denken begrijpt niet wat de ziel graag wil, maar is bereid alles te doen om het verlangen van de ziel te stillen. De ziel is als de criminele baas die geld wil en het menselijke denken is de huurmoordenaar die alles zal doen om dat geld te krijgen. Deze onheilige overeenkomst staat garant voor een totale mislukking.

Het menselijke denken kan alles rechtvaardigen

Het probleem is dat door de relativiteit van het menselijke denken te gebruiken, de ziel haar daden altijd kan rechtvaardigen. Als je objectief enige van de ergste wreedheden zou onderzoeken die op deze planeet zijn begaan, zul je iets werkelijk verbazingwekkends ontdekken. Het is gemakkelijk om te denken dat gruweldaden, zoals de holocaust, door slechte zielen begaan zijn.

Maar in tegenstelling tot hoe het zich doet voorkomen, bestaan er geen slechte zielen. In werkelijkheid zijn alle zielen door God geschapen en zij zijn naar het beeld en de gelijkenis van God gemaakt. God heeft nooit iets onvolmaakts geschapen, omdat God gewoonweg niet het vermogen heeft zich iets onvolmaakts voor te stellen. Zijn ogen kunnen geen ongerechtigheid zien.

Je kunt ik weet niet hoeveel figuren uit de geschiedenis aanwijzen die wandaden gepleegd hebben, die gemakkelijk als slecht aangemerkt kunnen worden. Maar als je binnenin de geest van deze mensen zou kunnen kijken (zoals ik kan), zou je beseffen dat zij zichzelf niet als slechte mensen zagen die slechte daden bedreven. Eigenlijk geloofden ze dat hun daden noodzakelijk en redelijk waren en dat ze volgens de een of andere uiteindelijke norm verantwoord konden worden.

Ik weet dat dit idee voor veel mensen schokkend zal lijken, maar ik ben hier om jullie te vertellen dat er nooit een slechte daad op planeet Aarde begaan is. Alle ogenschijnlijke slechte daden waren het gevolg van slechts één ding: onwetendheid. In feite is 'het kwaad' een denkbeeld dat door het menselijke denken is voortgebracht; het is geen denkbeeld dat door God gemaakt is of door God aanvaard wordt. Zijn ogen kunnen geen ongerechtigheid zien. Voor God bestaat er niet zoiets als kwaad; het bestaat eenvoudig niet.

Wat ik hier zeg is dat zelfs de mensen die de meest gruwelijke daden pleegden, niet geloofden dat zij iets slechts deden. Zij geloofden dat hun daden gerechtvaardigd waren.

Hoe kan een menselijk wezen nu het vermoorden van miljoenen mensen rechtvaardigen? Wanneer je handelt volgens de relatieve maatstaf van het menselijke denken, kun je bijna alles rechtvaardigen. Hoe kun je nu zeggen dat iets absoluut slecht of absoluut goed is? Voor het menselijke denken is er niets dat absoluut slecht of absoluut goed is. Eigenlijk mag je zeggen dat voor het menselijke denken er niet zoiets bestaat als goed of slecht. Voor het menselijke denken is er slechts één ding van belang: zal ik hiermee mijn doel bereiken of juist niet. Het is bereid alles te doen om zijn doel te bereiken. Het heeft geen maatstaf om te zeggen dat zelfs het meest nobele doel bepaalde daden niet kan billijken. Als het eenmaal op een bepaald doel is gericht, worden alle middelen aanvaardbaar. Het menselijke denken kan niet vragen: 'Is dit goed'? Het vraagt alleen:'Is dit effectief'?

Het motto van het menselijke denken is: 'Als het werkt, doe het'!

De relatieve maatstaf van het menselijke denken is wat men zou kunnen noemen een op zichzelf gerichte maatstaf. Het bepaalt de maatstaf naar wat het ziet als zijnde het beste voor het eigen belang. Daarom kan iemand zich volledig gerechtvaardigd voelen in het plegen van een daad die iemand anders als totaal fout ziet. Wanneer mensen in deze relatieve gemoedstoestand gevangen zitten, is er letterlijk geen eind aan hoe ver zij kunnen gaan. Als je je volledig gerechtvaardigd voelt in het najagen van het doel het menselijke ras te zuiveren, is het vermoorden van zes miljoen mensen in concentratiekampen niet verkeerd. Het is een daad die te verantwoorden is. Wanneer je het over de hele wereld verspreiden van de ideologie van het communisme denkt te kunnen verantwoorden, is het ombrengen van 12 miljoen van je eigen mensen geheel gerechtvaardigd. De reden daarvoor is dat voor het menselijke denken het doel de middelen heiligt.

Lezing 6: Het probleem op Planeet Aarde.

Het menselijke denken heeft niet de mogelijkheid om te zeggen: 'Zelfs al geloof ik dat mijn doel rechtvaardig is, kan ik bepaalde middelen niet gebruiken om dat doel te bereiken'. Voor het menselijke denken is deze beoordeling zonder betekenis. Voor het menselijke denken kan alles.

De maatstaf van Christus

Je begint nu te begrijpen hoe mensen de meest gruwelijke daden kunnen rechtvaardigen. Het menselijke denken overweegt niet wat goed of slecht is, maar de ziel misschien wel. Maar wanneer de ziel zich met het menselijke denken identificeert, kan zij goed of kwaad alleen maar volgens een relatieve maatstaf vaststellen. Het menselijke denken ziet goed en kwaad als relatieve denkbeelden. Met andere woorden, juist staat tegenover verkeerd en goed staat tegenover kwaad. Wanneer je een schaal met twee uitersten maakt, staat alles op deze schaal in verhouding tot een van deze uitersten. Als iets goed is, is het alleen goed in relatie tot kwaad. Dit is geen absolute standaard. Dit is geen standaard die van God komt.

Gods maatstaf verschilt volledig van de relatieve standaard van het menselijke denken. In werkelijkheid is er maar één zinvolle vraag: 'Is het van God of is het niet van God'? Ligt het binnen het raam bepaald door de wetten die God gebruikte om zijn universum te scheppen, of ligt het buiten het raam van die wetten?

De relatieve standaard van het menselijke denken is egocentrisch. Het bepaalt zijn normen, gebaseerd op wat voor het moment zijn grootste belang schijnt te dienen. Daarom kan de maatstaf van het menselijke denken sneller verschuiven dan het zand van de woestijn.

De maatstaf van God is niet egocentrisch; het is Godgericht. Daarom verandert het nooit. Het is absoluut en onveranderlijk.

Mensen begrijpen de denkbeelden van Gods wet vaak verkeerd. Vanwege de angstcultuur die door veel godsdiensten gestimuleerd wordt (waarover we later wat meer zullen zeggen) beschouwen veel mensen Gods wet als een beperking van hun vrijheid. In werkelijkheid is het juist omgekeerd. Gods wet geeft je de mogelijkheid je individualiteit tot uiting te brengen. Gods wet garandeert dat de stoffelijke wereld (als geheel, niet per definitie de Aarde van dit moment) zich op een manier ontwikkelt die duurzaam is. Met andere woorden, dankzij Gods wet zal het heelal zichzelf niet plotseling vernietigen en daardoor kan je ziel erop rekenen een duurzaam platvorm te hebben waarop jij je individualiteit kunt bouwen. De gevaren die je op planeet Aarde vindt, zijn niet het gevolg van Gods wet. Zij bestaan alleen omdat de mensheid in haar onwetendheid van Gods wet is afgeweken en daardoor een zelfdestructieve spiraal in het leven geroepen heeft.

Wanneer een ziel zich met het menselijke denken vereenzelvigt, verkeert ze in onwetendheid. De ziel is onwetend over de wetten van God en kan daarom niet zien wat voor haar het beste is. Hoe kan een ziel aan onwetendheid ontsnappen? Zij moet Gods wetten leren kennen, zodat de ziel kan zien wat voor haar het beste is.

Ik heb gezegd dat er geen slechte zielen zijn. Als een ziel werkelijk begrijpt wat in haar eigen belang is, zal de ziel niet iets doen om zichzelf te benadelen of zichzelf kapot te maken. De ziel heeft vrije wil en heeft daarom de mogelijkheid zichzelf te vernietigen. Maar omdat de ziel geschapen is naar het beeld en de gelijkenis van God (zij is ontworpen volgens de goddelijke blauwdruk) zal zij niet besluiten zichzelf bewust te vernietigen. Een ziel kan alleen als gevolg van onwetendheid zelfdestructieve daden verrichten.

Hoe kan een ziel de wetten van God kennen? Zij kan die alleen kennen door een rechtstreekse, innerlijke ervaring. De ziel kan deze ervaring niet van het menselijke denken of de fysieke zintuigen krijgen. De ziel kan de wetten van God alleen door het Christusbewustzijn kennen. De enig mogelijke manier waardoor een ziel onwetendheid kan vermijden is door het verwerven van het Christusbewustzijn.

Je hebt al onderscheidingsvermogen

Je zou misschien kunnen denken: 'Maar hoe kan ik, een menselijk wezen in een sterfelijk lichaam, nu de absolute standaard van God kennen'? In werkelijkheid is dit niet zo moeilijk als je denkt.

Kijk maar naar de menselijke geschiedenis. Ontelbare gruweldaden zijn er door mensen bedreven. Deze wreedheden krijgen vaak overmatige aandacht. In werkelijkheid zijn er door mensen veel meer goede en onzelfzuchtige dingen gedaan.

Het is een feit dat alle mensen op planeet Aarde in een lagere bewustzijnsstaat zijn afgedaald dan wat oorspronkelijk door God bedoeld was. Maar niet iedereen heeft zich totaal in die lagere staat van bewustzijn verloren. Als je naar de huidige mensheid kijkt, zul je zien dat je de mensen op een schaal kunt plaatsen. Aan het ene uiterste van die schaal vind je mensen die geheel door het menselijke denken in beslag worden genomen en ermee vereenzelvigd zijn. Deze mensen geloven dat het doel de middelen heiligt en dat er geen grenzen bestaan in hoe ver zij willen gaan in het najagen van hun doelen die zij verantwoord vinden. Als je naar de andere kant van deze schaal kijkt, zul je mensen vinden die door het menselijke denken beïnvloed zijn, maar nog steeds niet het idee kunnen aanvaarden dat het doel de middelen heiligt. Waarom zijn er mensen die niet helemaal door de zelfzuchtigheid en de relativiteit van het menselijke denken in beslag genomen zijn? Wat is het dat deze mensen laat zeggen: 'Dit klopt gewoonweg niet'?

Het vermogen je zelf te onthouden van het doen van een egoïstische, en in feite zelfdestructieve daad kan eenvoudig niet van het menselijke denken komen. Het menselijke denken kan nooit zoiets bepalen. Het vlees en bloed van het menselijke denken kan de ziel gewoonweg niet duidelijk maken wat volgens een hogere standaard goed is. Daarom is er slechts één mogelijke verklaring voor het feit dat zoveel mensen het vermogen hebben om te zeggen 'Genoeg is genoeg; dit klopt niet'.

De verklaring is dat elk mens een ingebouwd vermogen heeft om boven de relativiteit van het menselijke denken uit te reiken. Dit innerlijke vermogen, is de open deur die niemand kan sluiten. Het wordt vaak 'de stille zachte stem binnenin je' genoemd of gewoon intuïtie. In werkelijkheid is het veel meer dan wat de meeste mensen beseffen.

In werkelijkheid kan het vermogen om boven de vibraties van het menselijke denken uit te reiken uit slechts één bron komen. Die bron is wat ik het universele Christusbewustzijn genoemd heb.

De uiterlijke en de innerlijke redder

Ik heb jullie verteld dat er een verschil in vibratie bestaat tussen het materiële heelal en de geestelijke wereld. De val van de mensen was een val in een lagere bewustzijnsstaat. Wanneer een ziel verstrikt raakt in deze lagere bewustzijnsstaat, kan zij niet zonder meer boven de vibraties van dat bewustzijn uitreiken. Daarom heeft de ziel een redder buiten zichzelf nodig. Die redder is het Christusbewustzijn. Het Christusbewustzijn is de tussenpersoon tussen het lagere bewustzijn van het menselijke denken en het hogere bewustzijn van

God. Het Christusbewustzijn is de eniggeboren zoon van God en is bedoeld om als tussenpersoon te dienen tussen God en de afstammelingen van God, met inbegrip van (maar niet beperkt tot) mensen.

Het Christusbewustzijn is niet iets dat bij toeval geschapen is. Het is niet iets dat God schiep omdat bepaalde zielen in een lagere bewustzijnsstaat vervielen. Het Christusbewustzijn werd door God bij het tot stand brengen van de wereld geschapen. Het Christusbewustzijn was vanaf het allereerste begin in het systeem ingebouwd.

Er was geen ziel die geheel in deze wereld verloren kon raken. Binnenin de ziel is de open deur die niemand kan sluiten. Die open deur is het vermogen van elke individuele ziel om het Christusbewustzijn te ontwikkelen.

Om volledig de taak van het Christusbewustzijn te begrijpen, moet je inzien dat God een zeer complexe wereld geschapen heeft. De door God geschapen wereld heeft talrijke niveaus. Het huis van mijn Vader heeft vele woningen.

Wanneer je bij het hoogste niveau begint, vind je een geestelijk gebied dat uit zeer hoge vibraties gemaakt is. De hoogste geestelijke wereld vibreert binnen een bepaald frequentiespectrum. Onder deze wereld bevindt zich een andere wereld die binnen een spectrum van enigszins lagere vibraties trilt. Met andere woorden, de hoogste geestelijke wereld heeft de hoogste vibraties en de opeenvolgende niveaus van Gods schepping werden geschapen door de trilling van het zuivere licht van God trapsgewijs te verlagen. Dit reduceren van de trilling zet zich helemaal tot het materiële heelal voort. Het materiële universum is gemaakt van vibraties die in vergelijking met de hoogste geestelijke octaaf heel laag zijn.

In de hoogste geestelijke wereld is het gemakkelijk te zien dat alles van Gods wezen, Gods licht geschapen is. Als je naar de lagere geestelijke werelden gaat, wordt het een stuk moeilijker om de vormloze God achter de uiterlijke vorm te zien. In de laagste geestelijke wereld, die jullie het materiële heelal noemen, is het niet direct duidelijk dat alles van de geestelijke energieën van God gemaakt is. Daardoor bestaat de mogelijkheid dat een ziel in deze wereld verloren raakt.

Ik heb jullie eerder verteld dat de Hof van Eden een schoolklas was waarin zielen voorbereid werden op een leven in de stoffelijke wereld. Voordat een ziel veilig naar het materiële heelal kan afdalen, is het nodig dat zij een bepaald niveau van Christusbewustzijn ontwikkelt. De ziel heeft iets nodig om de leemte tussen de hogere vibraties van de geestelijke wereld en de lagere vibraties van de stoffelijke wereld te overbruggen. Het werkelijke doel van het Hof van Eden was daarom je ziel in het verwerven van Christusbewustzijn te trainen. Christusbewustzijn kan in fases verkregen worden, maar uiteindelijk wordt het een blijvende staat van bewustzijn waarin je in deze stoffelijke wereld kunt leven, maar nooit het feit uit het oog verliest dat je een zoon of dochter van God bent. Jij bent in werkelijkheid in deze wereld, maar niet van deze wereld.

Het was een ziel niet toegestaan het Hof van Eden te verlaten, voordat zij een hoog niveau van Christusbewustzijn verworven had. Een aantal zielen besloot helaas deze wet te overtreden. Zij aten van de vrucht van de kennis van relatief goed en kwaad en daardoor raakten ze verloren in het lagere bewustzijn.

Je mogelijkheid tot het Christusschap

Wat ik je hier probeer te laten zien is dat elke ziel de mogelijkheid heeft het Christusbewustzijn te ontwikkelen. Het is een ingebouwde mogelijkheid dat een geschenk van God is [Want God had de wereld zo lief dat hij zijn enige Zoon heeft gegeven, opdat iedereen die in hem gelooft niet verloren gaat, maar eeuwig leven heeft]. Deze mogelijkheid ging niet verloren toen de zielen in een lager bewustzijn vervielen. Deze mogelijkheid kan nooit verloren gaan: het is de open deur die niemand kan sluiten.

Iedere ziel die het Hof van Eden binnenkwam, was bezig met het ontwikkelen van het Christusbewustzijn. Zelfs zielen op Aarde zijn hiermee bezig, hoewel slechts weinige zich hiervan bewust zijn. Vanwege de zware energie die deze wereld heerst, is het ontwikkelen van het Christusbewustzijn veel moeilijker dan het in de beschermde omgeving van het Hof van Eden was. Maar het is zeker niet onmogelijk. Miljarden mensen hebben in feite een bepaalde mate van Christusbewustzijn verworven. Dit maakt dat je kunt zeggen, 'Dit klopt eenvoudig niet; het doel kan de middelen niet heiligen'.

De kern van mijn boodschap is dat Christusbewustzijn niet iets is dat te hoog voor je is en buiten je mogelijkheden valt. Jij kunt het volle Christusbewustzijn verwerven. Jij kunt de Aarde bewandelen als een Christuswezen terwijl je nog steeds in je fysieke lichaam bent. Het bewijs hiervan is dat je al een bepaalde mate van Christusbewustzijn verworven hebt. Als je dit deel niet verworven had zou je een volkomen egoïstisch en egocentrisch persoon zijn en je zou zeer zeker niet deze leringen lezen. Dus al heb je ook maar het geringste besef van de geestelijke kant van het leven, dan is dit besef een direct bewijs dat je al een bepaalde mate van Christusbewustzijn verkregen hebt. Het vlees en bloed van het menselijke denken kan onmogelijk de geestelijke kant van het leven waarnemen. Alleen het Christusbewustzijn kan je deze herkenning geven.

Mijn boodschap aan jullie is, 'Neem alsjeblieft het bewuste besluit om het feit te accepteren dat jij de mogelijkheid hebt het Christusbewustzijn te verwerven'!

Herken alsjeblieft dat jij het vermogen hebt om in de voetstappen van Jezus Christus te treden en de werken te doen die ik deed. Accepteer alsjeblieft dat jij het vermogen hebt om de oproep van Paulus te volgen om 'die geest in je te laten zijn, die ook in Christus Jezus was'.

Het verkrijgen van het Christusbewustzijn is geen vreemd, verafgelegen doel dat te hoog voor je is en buiten je mogelijkheden valt. Je hebt al een bepaalde mate van dat Christusbewustzijn; je moet het alleen verder ontwikkelen. Je moet het zaad van het Christusbewustzijn, dat ik al in je bewustzijn geplant heb, gewoon toestaan zich te ontwikkelen en te groeien. Je moet dat zaad het zuurdesem laten worden dat de vibratie van je gehele bewustzijn omhoog brengt.

Toen ik tweeduizend jaar geleden op Aarde kwam, was het overgrote deel van de mensheid in een zodanige lage staat van bewustzijn afgedaald, dat zij eigenlijk door het menselijke denken opgeslokt waren. Iedereen had nog wel diep in zijn ziel de open deur. Maar die open deur was bedekt door zoveel lagen van het menselijke denken dat het voor de mensen vrijwel onmogelijk was die deur uit zichzelf te ontdekken.

De mensen waren zo afgestompt dat zij iets nodig hadden om hen uit de bekrompenheid van hun bewustzijn te halen. Zij hadden een verlevendiging in hun bewustzijn nodig zodat zij voorbij het lagere denken konden zien om het idee van het Christusbewustzijn te begrijpen en de mogelijkheid dat zij het Christusbewustzijn kunnen bereiken.

Lezing 6: Het probleem op Planeet Aarde.

Mijn beste vrienden, het was mijn groot voorrecht om de boodschapper van het Christusbewustzijn te zijn. Mijn opdracht van God was om deze wereld in te gaan en de mensen een besef te geven van hun eigen mogelijkheid de Christus te worden. Het was op geen enkele wijze, in welke vorm dan ook, de bedoeling dat ik een uitzondering zou zijn. Ik was bedoeld het voorbeeld te zijn.

Mijn verzoek aan jullie

Ik ben Jezus Christus. Op hetzelfde moment dat je deze woorden leest, kniel ik op innerlijke niveaus voor je ziel neer.

Ik doe een beroep op je.

Ik verzoek je dringend om uit vrije wil het bewuste besluit te nemen naar mijn innerlijke boodschap te luisteren. Durf alsjeblieft voorbij de cultus van verafgoding te kijken, die rondom de uiterlijke persoon van Jezus Christus is opgebouwd. Luister alsjeblieft naar mijn innerlijke boodschap en besluit dat je in mijn voetstappen wilt treden.

Toen ik op Aarde kwam, hield ik niets voor God achterwege. Ik offerde alles op om jouw ziel te redden. Tot op heden heeft mijn missie en mijn opoffering niet de vrucht gedragen die het zou moeten hebben gehad. De reden dat ik niet heb geoogst wat ik gezaaid heb, is geen fout van mij. Ik gaf waarlijk mijn individuele Christusbewustzijn aan iedere ziel op deze planeet. Ik plantte het zaad van dat Christusbewustzijn binnenin jouw ziel.

De reden dat mijn opoffering geen vrucht heeft gedragen komt doordat jij nog niet het bewuste vrije wilsbesluit genomen hebt om dat zaad water te geven en het te laten groeien totdat het de vrucht van het Christusbewustzijn draagt. Je hebt het niet aangedurfd om mijn individuele Christusbewustzijn, dat voor jullie gebroken is, tot de rijpheid van je eigen individuele Christusbewustzijn te laten komen.

Mijn dierbare vrienden, ik heb jullie niet nodig als Christenen; ik heb jullie nodig als Christussen.

Ik heb jullie niet nodig als Christussen nadát jullie van deze planeet vertrokken zijn. Ik heb jullie hier op Aarde nodig als Christussen in een fysiek lichaam, juist nu in deze tijd.

Ik heb je hier beneden als de Christus nodig zoals ik de Christus Boven ben.

Op deze manier kunnen we één worden; zo Boven, zo beneden.

Door die eenheid kunnen we het koninkrijk van onze Vader op deze planeet tot volledige fysieke manifestatie brengen. Het doet jullie Vader genoegen jullie het koninkrijk te geven.

Zoveel mensen, ongeacht tot welke godsdienst zij behoren, onderschrijven de misvatting dat Gods koninkrijk alleen maar in de geestelijke wereld verkregen kan worden. God wil zijn koninkrijk in werkelijkheid op elk niveau van zijn schepping gemanifesteerd zien. Waarom zou God nu een wereld willen scheppen waarin zijn koninkrijk niet geopenbaard is? Vind je dit werkelijk een steekhoudend idee?

Gods koninkrijk is op dit moment nog niet op planeet Aarde gemanifesteerd, omdat de bewustzijnsstaat van de mensen eenvoudig te laag is voor het verschijnen van Gods koninkrijk. God wil die situatie graag veranderen. Ik wil graag die situatie veranderen. Noch God, noch ik kan die situatie echter tegen jouw vrije wil in veranderen.

Het is niet nodig dat elk mens op Aarde ermee instemt dat Gods koninkrijk zich fysiek zal manifesteren. Maar het is wel nodig dat een bepaald aantal mensen, een beslissend aantal mensen, bewust het vrije wilsbesluit neemt dat zij inderdaad Gods koninkrijk op deze planeet willen zien verschijnen. En dan moeten zij het besluit nemen dat zij bereid zijn het instrument te worden om dat koninkrijk op Aarde te brengen. Zij moeten bereid zijn om de Christus in het fysieke te belichamen en daardoor de open deur te zijn waardoor God zijn koninkrijk op Aarde kan brengen.

Er is slechts één manier om Gods koninkrijk op Aarde te brengen en dat is door het Christusbewustzijn. Er is slechts één manier om de bijna oneindige verscheidenheid aan problemen op te lossen, die op de Aarde te vinden zijn. De enig mogelijke oplossing voor de problemen die door het menselijke denken in het leven geroepen zijn, is het hogere bewustzijn van de Christusgeest voort te brengen.

Ik ben Jezus Christus en het is mijn wens Gods koninkrijk op Aarde te zien verschijnen. Ik ben echter niet op Aarde belichaamd. Mijn handen zijn daarom gebonden.

Zelfs al was ik fysiek op planeet Aarde aanwezig, dan zou het nog niet voldoende zijn dat één persoon besluit Gods koninkrijk voort te brengen. God wil dat een bepaald aantal mensen tot het bewuste besef komt en het bewuste besluit neemt dat zij bereid zijn zich naar het Christusbewustzijn en naar Gods koninkrijk uit te strekken. Het is

Lezing 6: Het probleem op Planeet Aarde.

slechts door dit bewuste besluit dat God zijn koninkrijk in deze wereld zal brengen.

God heeft je een vrije wil gegeven. God respecteert zijn eigen wet. Als jij besluit de boodschap die ik zo juist gegeven heb, te negeren, niet te willen kennen of weg te redeneren, dan zal God je keus respecteren.

God zal de mensheid eenvoudig toestaan verder naar beneden te blijven gaan in de zelfdestructieve spiraal, die ze in het leven hebben geroepen. God zal de beschaving toestaan zichzelf door de relativiteit van het menselijke denken te vernietigen. Wat anders kan God doen zonder je vrije wil te schenden?

Wanneer echter een bepaald aantal mensen het bewuste besluit wil nemen niet toe te staan dat de beschaving zichzelf vernietigt, dan geven die mensen God de autoriteit om verandering op planeet Aarde te bewerkstelligen.

Zit hier alsjeblieft niet met de gedachte dat deze boodschap voor iemand anders geldt.

Neem alsjeblieft niet het besluit, zelfs al denk je dat mijn boodschap waar is, dat iemand anders het zal moeten uitvoeren.

Als iedereen dat besluit neemt, zal er niets gebeuren.

De sleutel om verandering op deze planeet te brengen, de sleutel om verandering in je eigen leven te brengen, ben jij en jouw besluit je naar het persoonlijke Christusschap uit te strekken. Houd je niet bezig met wat andere mensen doen. Op dit moment ben jij de enige die ertoe doet.

Hoe zul je mijn boodschap beantwoorden?

Wil je ervoor kiezen om de Christus te zijn die je in werkelijkheid bent, of wil je ervoor kiezen die Christus niet te zijn? Wil je doorgaan de sterfelijke mens te blijven in plaats van het onsterfelijk geestelijke wezen? Of wil je tot het besluit komen dat het tijd is om de nieuwe wijn van het Christusbewustzijn te drinken?

Ik, Jezus, kan alleen afwachten totdat jij de beslissing neemt.

Lezing 7:
Het begrijpen van het Christusbewustzijn

Ik weet zeker dat je gaat beseffen dat het belangrijkste doel van deze lezingen is, je aan te moedigen het proces van het verwerven van het Christusbewustzijn te beginnen. Omdat dit een heel belangrijk doel is en omdat de meeste mensen met talrijke opvattingen geïndoctrineerd zijn die recht tegenover dat doel staan, wil ik jullie een volledig en afgerond begrip van het Christusbewustzijn geven.

Om jullie dit begrip te geven moeten we een stap terug doen en erover na denken hoe God de vormwereld schiep.

Voor een ziel die volledig of gedeeltelijk in het menselijke denken is ondergedompeld, zal God onvermijdelijk een mysterie lijken. Maar als je begint het Christusbewustzijn aan te doen, vervaagt het mysterie totdat het door kennis wordt vervangen.

Ik ben me ervan bewust dat het misschien moeilijk voor je is om de volgende ideeën te begrijpen. Daarom vraag ik jullie om af te zien van het geven van een uiterlijk oordeel over de geldigheid van deze ideeën. Sta niet toe dat je menselijke denken deze ideeën verwerpt omdat ze op de een of andere manier verder dan een uiterlijke doctrine gaan of een leer weerspreken die jij als onfeilbaar bent gaan aannemen. In plaats daarvan vraag ik je deze denkbeelden met een open geest en hart te overwegen. Sta mij toe de waarheid van deze gedachten direct in je eigen hart te laten zien.

Voor een mens is het vaak moeilijk aan te nemen dat God zowel een onpersoonlijk als een persoonlijk aspect heeft. De meeste mensen zien God als een wezen dat ver van hen verwijderd is. Daarom neigen ze ertoe te denken dat God geen persoonlijkheid of individualiteit heeft. Dit denkbeeld is tegelijkertijd goed en fout.

Wat is God

Laten we eens nadenken over de vraag, 'Wat is God'? In allerlaatste instantie is God een staat van puur Zijn. Deze staat van Zijn heeft geen vorm, geen uitdrukking, geen individualiteit of persoonlijkheid. Het is nagenoeg onmogelijk om dit pure Zijn met de woorden en ideeën te beschrijven die in het materiële heelal gevonden worden.

Lezing 7: Het begrijpen van het Christusbewustzijn

Veel geestelijke leringen hebben deze staat van God beschreven als 'de leegte', in een poging aan te geven dat je geen materiële voorstellingen op God kunt projecteren. God is boven elk woord of beeld dat in deze wereld gevonden wordt. Dat is één reden waarom het menselijke denken, dat in de woorden en beelden van deze wereld denkt, God niet kan bevatten.

Je zou kunnen zeggen dat het zuivere wezen van God eenvoudig IS. En dat is alles wat je ervan kunt zeggen.

De staat van het pure Zijn is zonder vorm. Je leeft in een wereld waarin alles een of andere vorm heeft en ik noem het 'de vormwereld'. De staat van het pure Zijn schiep niet de vormwereld. Deze wereld werd door een ander aspect van God geschapen dat je 'de schepper' zou kunnen noemen.

De schepper is een wezen dat zich bewust is van zijn eigen bestaan en van zijn scheppingsvermogen. Ik heb al gezegd, dat om te kunnen scheppen, je keuzes moet kunnen maken. God heeft een oneindig voorstellingsvermogen en voordat de vormwereld geschapen werd, kon God een oneindig aantal mogelijkheden bedenken. Waarom koos God ervoor deze wereld te scheppen en niet een van de vele andere mogelijkheden? Waarom is de wereld op deze manier vorm gegeven en niet op een andere manier? Het antwoord is, dat de Schepper de wereld geschapen heeft zoals die is omdat God eenvoudig zijn individualiteit heeft uitgedrukt. De God die optreedt als schepper verschilt van het onpersoonlijke aspect van het pure Zijn. De schepper is een individualisatie van de pure Zijn-staat. Dit betekent niet dat God een persoonlijkheid heeft die lijkt op die van een mens. Het is belangrijk dat je probeert niet terug te redeneren en menselijke kwaliteiten op God projecteert. Toch betekent het dat God individualiteit heeft en het is deze individualiteit die je in de vormwereld ziet uitgedrukt waarin je leeft.

Toen God met het scheppingsproces begon, zei God, 'Laat er licht zijn'. Gedurende dit proces onttrok de Schepper aan de pure Zijn-staat een substantie, namelijk licht, dat tot elke denkbare vorm gemaakt kon worden. Dit licht verschilde niet wezenlijk van het pure Zijn. Het pure Zijn is een vorm van bewustzijn. De Schepper is een vorm van bewustzijn. Daarom is het licht van God ook een vorm van bewustzijn, een staat van Zijn.

Wat we nu zien is dat de hele vormwereld het uitvloeisel is van een wisselwerking tussen twee wezens of twee uitdrukkingen van het bewustzijn van God. Misschien heb je gemerkt dat ik tot op dit punt God geen geslacht heb toegekend. De staat van het pure Zijn is boven elke verdeling of indeling verheven. Daarom is het zinloos te zeggen dat de pure Zijn-staat geslacht heeft.

De Schepper is een actieve staat van bewustzijn en het werkt in op het passieve element wat ik licht genoemd heb.

De meest eenvoudige, maar mooie illustratie van deze polariteit tussen een actief en passief element is het symbool dat gevonden wordt in de godsdienst van het Taoïsme. Dit symbool wordt de Tai-Chi genoemd. Het beeldt twee elementen uit, een yang, actief of mannelijk element en een yin, passief of vrouwelijk element. Het is de wisselwerking tussen deze twee elementen die de oorzaak van de gehele vormwereld is. In de joods-christelijke traditie hebben mensen van oudsher aan God het mannelijke geslacht toegekend. In werkelijkheid is God zowel mannelijk als vrouwelijk. Je zou kunnen zeggen dat de schepper de Vader is en dat de Moeder het licht is. Daarom is de wereld door de Vader-Moeder God geschapen.

God heeft individualiteit

Ik zei eerder dat de Schepper, de Vader-God, individualiteit heeft. De Moeder-God heeft ook individualiteit. Daarom kan de Vader-Moeder God gezien worden als twee geestelijke wezens met bewustzijn en individualiteit. Dus de vormwereld is geschapen door twee geestelijke wezens. De wezens worden in de bijbel omschreven als Alfa en Omega, het begin en het einde.

Alfa en Omega zijn de twee hoogste individualisaties van God. Zij begonnen met het scheppingsproces van de vormwereld, maar hebben persoonlijk niet alles in de vormwereld in het leven geroepen. Alfa en Omega stelden de basismatrix voor de wereld vast en deze matrix is een hiërarchische structuur met talrijke niveaus. Ik heb dit eerder omschreven als een continuüm van vibraties. Het continuüm kan verdeeld worden in een aantal octaven of sferen. Je kunt je dit voorstellen als een aantal concentrische sferen die vanuit het centrum van Zijn naar buiten uitstralen. Ik zeg niet dat deze voorstelling helemaal nauwkeurig is, maar geen enkel stoffelijk beeld kan Gods schepping nauwkeurig beschrijven.

In het centrum van de schepping is een sfeer waarin Alfa en Omega verblijven. Zij zijn niet de enige geestelijke wezens in die sfeer, omdat Alfa en Omega andere geestelijke wezens schiepen. Je

Lezing 7: Het begrijpen van het Christusbewustzijn

zou kunnen zeggen dat de Vader-Moeder God zonen en dochters van God schiepen.

Naast de centrale sfeer zijn er een aantal andere sferen die zich vanaf het centrum van Zijn tot het materiële universum uitstrekken, de stoffelijke wereld waarop jij woont. De centrale sfeer is geschapen uit licht van een zeer hoge vibratie. Als je vanuit dit centrum weggaat, kom je in sferen die gemaakt zijn van licht van steeds lagere vibraties.

Elke sfeer wordt bevolkt door een aantal geestelijke wezens. Elk van deze geestelijke wezens is naar het beeld en de gelijkenis van God geschapen. Met andere woorden, elk van de geestelijke wezens in Gods schepping heeft bewustzijn, individualiteit en scheppingsvermogen. Elk wezen heeft een unieke individualiteit en je zou kunnen zeggen dat het doel van het leven juist is die individualiteit uit te drukken door een deel van Gods schepping te creëren.

Het beeld dat ik wil overbrengen is dat de gehele vormwereld niet door één wezen geschapen is. De wezens op elk niveau treden op als medescheppers en helpen mee hun afzonderlijke wereld te ontwerpen. In het proces van het helpen scheppen van hun wereld, helpen deze wezens ook mee hun eigen individualiteit tot stand te brengen of op te bouwen.

Op Aarde kunnen kinderen veel overeenkomsten met hun ouders vertonen, maar zijn nog steeds unieke individuen. Daarom kunnen kinderen besluiten van hun geboorteplaats weg te gaan. Dit is ook het geval in de geestelijke werelden. De wezens op elk niveau brengen geestelijke kinderen voort. Sommige van deze kinderen besluiten hun land van geboorte te verlaten en naar andere sferen te reizen. Een ziel kan in beide richtingen reizen. Het kan besluiten naar een hogere sfeer op te stijgen of het kan in een lagere sfeer afdalen om het leven op dat niveau van Gods schepping te ervaren.

De geestelijke hiërarchie

Wat ik je hier probeer te laten begrijpen is dat de vormwereld door een hiërarchie van geestelijke wezens is geschapen die zich van hun eigen bestaan en scheppingsvermogen bewust zijn. Hoe heeft dit op jou betrekking?

Je kijkt misschien naar jezelf als een sterfelijk menselijk wezen dat op de een of andere manier van God gescheiden is. In werkelijkheid ben je een geestelijk wezen dat deel uitmaakt van de hiërarchie van geestelijke wezens die helemaal teruggaat naar de hoogste geestelijke wezens, namelijk Alfa en Omega. Jouw ziel is geschapen als een deel van deze hiërarchische keten. In één opzicht ben je de nakomeling van Alfa en Omega. Maar je ziel is niet per definitie rechtstreeks door Alfa en Omega geschapen. De meeste zielen op Aarde werden door de geestelijke wezens van een van de andere niveaus van de geestelijke wereld geschapen.

Een nieuw geschapen ziel kan met een kind vergeleken worden dat zichzelf en zijn creatieve mogelijkheden nog niet helemaal kent. Dus toen je ziel in het begin geschapen werd, zag je jezelf als nakomeling van je geestelijke ouders, maar je zag niet dat je geestelijke ouders nakomelingen van Alfa en Omega waren. Met andere woorden, je besefte niet dat je deel uitmaakte van een keten die helemaal terug naar God gaat. Je besefte niet dat je een zoon of dochter van God was.

Het is niet de bedoeling van God, noch is het de bedoeling van je geestelijke ouders, dat je ziel voor altijd onwetend over je ware identiteit zal blijven. Het is Gods voornemen dat je ziel geleidelijk aan een gevoel van identiteit opbouwt als een individualisatie van God. Hoe kan een ziel dit identiteitsbesef opbouwen? Dan kan zij alleen doen door een directe verbinding tussen zichzelf en God te zien.

Hoe kan een ziel een directe verbinding tussen zichzelf en de hoogste uitdrukking van God zien? Dat kan zij enkel doen door voorbij het niveau van de vormwereld te zien, waarop ze geschapen is. Wat geeft de ziel het vermogen om voorbij elk aspect van de vormwereld te zien en te begrijpen, dat ongeacht uiterlijke verschijnselen, alles uit het wezen van God geschapen is? Dit kan de ziel alleen maar door het Christusbewustzijn doen.

De eniggeboren Zoon

Het universele Christusbewustzijn is de eniggeboren Zoon van de Vader-Moeder God. Het wordt de eniggeboren Zoon genoemd omdat hij alléén zijn erfgoed kent. Met andere woorden, het Christusbewustzijn kan zien dat alles in de vormwereld eenvoudig een uitdrukking is van de diepere werkelijkheid van God. Het Christusbewustzijn kan aan elk uiterlijk verschijnsel voorbij zien. Het kan zelfs voorbij de vormwereld zien en de staat van het pure Zijn begrijpen. Het Christusbewustzijn is een universele bewustzijnsstaat. Daarmee bedoel ik dat het niet geïndividualiseerd is. Het wordt alleen geïndividualiseerd wanneer een geestelijk wezen (een zoon of dochter van God) een vrij wilsbesluit neemt om zich met die Christusgeest te verenigen en daardoor tot een volledige herkenning van zijn/haar geestelijke identiteit en oorsprong te komen.

Alfa en Omega schiepen zelf een aantal geestelijke wezens. Zelfs deze wezens werden niet met de volheid van het Christusbewustzijn geschapen. Zij moesten een geleidelijk proces doorlopen van het aandoen van dat Christusbewustzijn. Maar voor een geestelijk wezen dat door de hoogste individualisaties van God geschapen is, is het aandoen van het Christusbewustzijn geen moeilijk proces. Toch moet ook zo'n geestelijke wezen ervoor kiezen het Christusbewustzijn aan te doen.

Het is duidelijk dat als je naar de lagere niveaus van de geestelijke wereld gaat, de zielen die op dat niveau geschapen zijn door een moeilijker proces moeten heengaan om hun individuele Christusbewustzijn aan te doen. Toch heeft elke ziel, op elk niveau geschapen, het vermogen de volle omvang van haar persoonlijke Christusbewustzijn aan te nemen.

Naar het beeld en gelijkenis van God.

Elke ziel, elk geestelijk wezen is naar het beeld en de gelijkenis van God geschapen, wat betekent dat zij vrije wil heeft gekregen en de mogelijkheid zich iets voor te stellen en iets te scheppen. Het is duidelijk dat een nieuwe en onervaren ziel niet het volle scheppende vermogen heeft dat Alfa en Omega hebben. Als het dat wel had kon ze letterlijk het hele universum wegvagen door één verkeerde gedachte te denken. Daarom moet een nieuwe ziel een proces doorlopen waarin het geleidelijk aan tot begrip en rijpheid komt. De ziel leert haar individualiteit op een manier uit te drukken die voor haar of voor andere wezens in Gods schepping niet destructief is. Als een ziel dit proces doorloopt zullen haar creatieve mogelijkheden toenemen. Wanneer een ziel laat zien dat zij in enkele dingen trouw is, zal God haar heerser maken over veel dingen.

Dit proces is een pad waarop de ziel het Christusbewustzijn aandoet en uiteindelijk tot het volledige besef komt dat zij een zoon of dochter van de allerhoogste God is. Als die bewustzijnsstaat verkregen is, is het Universele Christusbewustzijn geïndividualiseerd door de eenheid van die ziel met de Universele Christusgeest.

De reden waarom ik je dit lange verhaal vertel is, om je er bewust van te maken dat de stoffelijke wereld niet door de hoogste individualiteit van God geschapen is. Het is geschapen door bepaalde vertegenwoordigers van God. De bijbel zegt dat de Aarde door de Elohim geschapen werd. In het oorspronkelijke Hebreeuws is Elohim een woord in het meervoud.

Met andere woorden, een aantal geestelijke wezens (zeven om precies te zijn) schiepen planeet Aarde. Maar de Elohim voltooiden de schepping van deze planeet niet (in Gods steeds uitbreidende schepping, is er niets dat ooit voltooid is). Zij schiepen planeet Aarde alleen als een platvorm. Een aantal geestelijke wezens, die jullie mensen zouden noemen, besloten om naar de Aarde af te dalen en een menselijk lichaam aan te nemen. Oorspronkelijk zouden deze geestelijke wezens medescheppers met de Elohim zijn. Met andere woorden, het was de bedoeling dat zij zouden doorgaan met de schepping van deze planeet, door de details in te vullen van het grotere beeld van de Elohim. De bewoners van de Aarde waren bedoeld onderdeel te zijn van een hiërarchie van geestelijke wezens die helemaal tot Alfa en Omega teruggaat.

Gedurende lange tijd namen de bewoners van de Aarde daadwerkelijk hun plaats in, in de keten van Zijn. Zij probeerden oprecht Christusschap te verwerven en zij gebruikten hun creatieve vermogens in overeenstemming met Gods wetten. Daarom was planeet Aarde een stralende ster in het firmament van Gods wezen. Toen kwam de val en dingen begonnen te veranderen.

Het kennen van je ware identiteit

Door het Christusbewustzijn zal iemand zijn of haar identiteit (h)erkennen. Door het Christusbewustzijn zal iemand een directe gewaarwording van de wetten en principes verkrijgen die God gebruikte om een duurzaam heelal in het leven te roepen dat zichzelf niet vernietigt. Daarom kan dat individu op een zodanige manier met God medescheppen dat het zichzelf niet zal vernietigen. Als voldoende mensen het Christusbewustzijn nastreven, zal de mensheid zichzelf niet vernietigen.

Wanneer je je geestelijke oorsprong en de wetten van God kent, heb je de perfecte basis om je individualiteit in een veilige omgeving

Lezing 7: Het begrijpen van het Christusbewustzijn

uit te drukken, een omgeving waarin je jezelf of je geestelijke broers en zusters niet zult vernietigen. Bovendien zal je het stoffelijke platform, dat door je geestelijke ouders geschapen is, niet afbreken.

Het is voor jou van wezenlijk belang om te beseffen dat het kennen en opvolgen van de wetten van God geen beperking van je individualiteit of van je creatieve uitingen is. Het kennen van je ware identiteit is juist de sleutel om je individualiteit uit te drukken. Op dit moment zou je jezelf misschien identificeren als een wezen met veel menselijke kenmerken. In werkelijkheid ben je veel meer dan het fysieke lichaam en de uiterlijke persoonlijkheid.

Achter deze uiterlijke façade bestaat een ongelooflijk mooi geestelijk wezen. Je geestelijk wezen werd door een paar spirituele ouders geschapen die zich niet anders dan schoonheid en volmaaktheid voorstelden. Je geestelijke ouders gaven je een unieke individualiteit. Je verschilt van elk ander geestelijk wezen in de vormwereld. En ik kan je vertellen dat er ontelbaar grote aantallen geestelijke wezens zijn die de vormwereld bevolken. Maar in die ontelbare menigte geestelijke wezens heb jij een unieke individualiteit. Jij kunt een facet van God voortbrengen, dat geen ander geestelijk wezen kan voortbrengen. Jij kunt planeet Aarde een geschenk geven dat niemand anders kan geven.

Ik hoop oprecht dat deze woorden je zullen aanzetten om verder te kijken dan de uiterlijke schijn van het fysieke lichaam en de menselijke persoonlijkheid. Ik hoop dat ik je kan inspireren zelfs verder dan het menselijke denken te kijken. Ik hoop dat ik je ertoe kan aanzetten een begin te maken met het aandoen van je persoonlijke Christusbewustzijn, zodat je de goddelijke individualiteit kunt zien die je in werkelijkheid bent.

Begrijp alsjeblieft dat je ware individualiteit niet iets is dat onveranderlijk is. Je geestelijke ouders schiepen je maar zij maakten dat creatieve proces niet af. Het is aan jou om dat proces van het bouwen van je individualiteit af te maken (hoewel het proces misschien nooit afgemaakt zal worden). Je geestelijke ouders gaven je eenvoudig een startpunt. Het is aan jou om te beslissen hoe jij wilt doorgaan je individualiteit als een geestelijk wezen te vormen, met de mogelijkheid om alles te worden wat God is.

Ik realiseer me dat voor sommige Christenen deze ideeën op heiligschennis lijken. Toen ik tweeduizend jaar geleden op Aarde was, legde de Joodse kerk de doodstraf op aan iedereen die zichzelf met God durfde te vergelijken of durfde te zeggen dat hij een afstammeling van God was. Maar de bijbel zelf bevat de verklaring, 'Jullie zijn Goden'. Ik herhaalde die uitspraak bij verschillende gelegenheden. De bijbel bevat ook de uitspraak, 'Zonder hem is er niets gemaakt wat er gemaakt is'.

Overweeg eenvoudig de vraag, 'Hoe kan God mogelijk iets scheppen dat van hem verschilt'? In uiteindelijke zin is God wat ik de zuivere staat van Zijn noemde. Deze Zijn-staat is alles wat er is. De staat van zuiver Zijn heeft geen vorm. Daarom heeft het in tijd en ruimte geen beperkingen. Het slaat nergens op om over tijd, ruimte of enige andere vorm van beperking te praten als je praat over de zuivere Zijn-staat. Het is niet dit of dat; het IS er eenvoudig. Met andere woorden, er is niets dat buiten de zuivere staat van Zijn is of dat er van verschilt. Zelfs als de oorspronkelijke schepper iets zou willen scheppen dat van hem verschilt, zou hij dat eenvoudig niet kunnen doen. Het is niet mogelijk om iets te scheppen dat niet van Gods substantie gemaakt is.

Het is mogelijk om iets te scheppen dat afwijkt van Gods oorspronkelijke visie en plan voor dit specifieke heelal. Het is mogelijk om iets te scheppen dat niet in overeenstemming is met de wetten van God. Dat 'iets' zou daarom verschillend of afgescheiden van God lijken te zijn. Dit is precies wat er op planeet Aarde gebeurd is.

Mensen, of liever gezegd geestelijke wezens waren oorspronkelijk bestemd om medescheppers met God te zijn. Toen mensen in een lagere bewustzijnsstaat vielen, werd dat oorspronkelijke plan niet veranderd.

Je bent een medeschepper

Hoe ben je een medeschepper? Je schept doordat je ziel voortdurend een energiestroom van de geestelijke wereld ontvangt. Je schept door deze geestelijke energie te kwalificeren door de beelden waar je lang je bewuste aandacht op blijft vestigen. Met andere woorden, de zuivere geestelijke energie van God neemt de vorm aan van elk beeld dat jij lang in je geest (gedachten) vasthoudt. Daarom ben je constant aan het scheppen.

Als je je geest op de volmaaktheid van God en de wetten van God richt, schep je binnen het raam van Gods wetten. Daardoor zal je schepping duurzaam zijn en het zal zichzelf niet vernietigen. Het zal

Lezing 7: Het begrijpen van het Christusbewustzijn

ook een geïndividualiseerde uitdrukking zijn van Gods volmaaktheid. Indien je je geest toestaat zich op onvolmaakte beelden te richten dan begin je onvolmaaktheid te scheppen.

Voor de val was de Aarde een heel andere plek dan wat je vandaag de dag ziet. Alles op deze Aarde was een uitdrukking van de volmaaktheid van God. Alles was zuiver en alles was mooi. Er was niet zoiets als armoede, ziekte, hongersnood, lijden of een van de andere beperkingen die je nu ziet. De wezens die de Aarde voor de val bevolkten gingen niet met elkaar om zoals mensen nu met elkaar omgaan. Er was geen oorlog en er was geen misdaad. Er was alleen schoonheid en volmaaktheid.

Na de val verloren een groot aantal geestelijke wezens het rechtstreekse begrip van Gods wetten. Omdat deze wezens niet met scheppen konden stoppen, begonnen ze onvermijdelijk op een manier te scheppen die niet in overeenstemming met Gods wetten was. Daardoor brachten ze onvolmaakte vormen voort.

Ik heb eerder gezegd dat God de ellende en het lijden dat op Aarde gevonden wordt, niét heeft geschapen. Ménsen hebben dit allemaal zelf in het leven geroepen. Zij hebben dat gedaan omdat ze hun gevoel van identiteit kwijtraakten.

De enige manier om Gods wetten te kennen, de enige manier om beginnen volmaaktheid te scheppen is door Christusbewustzijn te verwerven. Christusbewustzijn is letterlijk de enige oplossing voor de problemen die op planeet Aarde gevonden worden.

Toen ik tweeduizend jaar geleden verscheen, kwam ik dezelfde boodschap brengen die ik je zojuist gegeven heb. Ik was enigszins beperkt door de bewustzijnsstaat die in die duistere tijden op de planeet Aarde gevonden werd. Maar ik bracht in feite dezelfde boodschap naar voren die ik je vandaag geef. De boodschap kwam in andere woorden en ik gebruikte gelijkenissen en verhalen aangepast aan de cultuur waarin ik verscheen. Toch was het dezelfde boodschap.

Laat hen die oren hebben, horen. Laat hen die ogen hebben, zien. Laat hen die een stuk Christusbewustzijn hebben de waarheid van mijn innerlijke leringen erkennen, die nu voor de eerste keer in de menselijke geschiedenis de uiterlijke leringen geworden zijn. Laat hen die liefde voor mij hebben, mijn leringen als het levensbrood in zich opnemen, het brood dat voor jullie gebroken is. Laat hen het zaad besproeien, het Christusbewustzijn, dat ik persoonlijk in hun zielen gezaaid heb.

Toen ik op de Aarde was, was het gevaarlijk om de leringen te verkondigen die ik jullie nu geef. Het was gevaarlijk voor mensen die leringen te volgen. Je kon aan een houten kruis genageld worden of op een brandstapel verbrand worden als je durfde zeggen dat je een zoon of dochter van God was.

In de afgelopen tweeduizend jaar waren er perioden waarin het nog steeds gevaarlijk was om openlijk het Christusbewustzijn na te streven. Vreemd genoeg heeft juist de kerk, die de kerk van Jezus Christus beweert te zijn, van tijd tot tijd diegenen vervolgt die mijn ware leringen durfden op te volgen. Gelukkig zijn de tijden veranderd.

Je zult niet langer aan een houten kruis worden vastgespijkerd of op een brandstapel worden verbrand omdat je een ware volgeling van de ware leringen van de ware Jezus Christus bent.

Durf mijn leringen te volgen.

Sommige mensen kunnen je op uiteenlopende manieren vervolgen. Ze kunnen tegen je tekeer gaan en je omwille van mijn naam vals beschuldigen. Niettemin, wat gaat het jou aan: volg jij mij in het Christusbewustzijn.

Ik ben de Goede Herder en ik ben hier om mijn kudde naar huis te roepen. Mijn schapen kennen mijn stem. Durf mijn stem te herkennen en durf in te zien dat je een van mijn kudde bent.

Als je van mij houdt, onderhoud mijn geboden. Het enige gebod dat ik ooit gaf was te zijn wie je werkelijk bent: een Christus in een fysiek lichaam.

Durf alles te zijn wat ik ben. Durf mijn voorbeeld te volgen en neem je persoonlijke Christusschap aan.

Ik ben Jezus Christus en ik ben een individualisatie van de allerhoogste God. Jij bent een individualisatie van de allerhoogste God. Ik erken en bevestig wie ik ben. Jij erkent en bevestigt nog niet wie je bent. Maar het enige verschil tussen jou en mij is een besluit. Ik heb dat besluit genomen; jij hebt dat besluit nog niet genomen. Wil je dat besluit nu nemen of wil je doorgaan met het voor je uit te schuiven? Wil je kiezen om te zijn of wil je kiezen om niet te zijn?

De oplossing voor menselijke problemen

Beste vrienden, om uit te leggen waarom ik jullie dringend verzocht heb het besluit te nemen het Christusbewustzijn te zoeken, laat mij een samenvatting geven van waar we tot dusver naar hebben gekeken.

We hebben gezien dat God niet de huidige staat van lijden, beperking en ellende geschapen heeft die op planeet Aarde gevonden wordt. In plaats daarvan hebben mensen hun eigen situatie in het leven geroepen.

We hebben gezien dat er slechts één oplossing mogelijk is voor de problemen die op planeet Aarde gevonden worden. Die oplossing is het Christusbewustzijn.

Ik heb jullie verteld over het universele Christusbewustzijn. Maar de oplossing voor de problemen op Aarde is niet het universele Christusbewustzijn. De reden daarvoor is dat het universele Christusbewustzijn de Aarde eenvoudig niet kan binnenkomen.

God heeft de wet van vrije wil geschapen en geen enkel wezen in de hemel zal ooit de vrije wil van mensen schenden. Daarom kan het kosmisch Christusbewustzijn zelf eenvoudig niet in deze wereld ingrijpen.

Als gevolg daarvan is niet het universele Christusbewustzijn de sleutel voor verandering van de huidige situatie op planeet Aarde, maar het geïndividualiseerde Christusbewustzijn. Toen ik op de Aarde was toonde ik mijn geïndividualiseerde Christusbewustzijn aan deze wereld. Ik was, heel letterlijk, het licht van de wereld. Het is waar dat ik volledig één was met het universele Christusbewustzijn. Maar ik drukte nog steeds de universele Christusgeest niet uit. Ik liet mijn individuele Christusgeest zien. Het essentiële punt is dat je niet kunt verwachten dat een geestelijke kracht uit de hemel plotseling neerdaalt en alle problemen op Aarde oplost. Je kunt niet verwachten dat God of ikzelf plotseling aan de hemel zal verschijnen en alle problemen van de mensheid zal verjagen.

Dit zal eenvoudig niet gebeuren.

God kan zeker al de problemen op Aarde oplossen, maar God kan dat alleen doen door zijn zonen en dochters. God kan alleen verandering brengen als jij besluit het instrument voor die verandering te worden door het aannemen van je persoonlijke Christusschap.

Wanneer je de impact ziet die mijn korte missie op deze planeet had, denk ik dat je de mogelijke impact kunt voorstellen van de actieve aanwezigheid van duizenden Christuswezens op Aarde.

Ik houd een zeer verheven en prachtige visie voor deze planeet vast.

Ik heb de visie van tienduizend Christuswezens in een fysiek lichaam. Ik wil jullie graag een glimp van mijn visie geven.

Ik zie een grootschalige en spectaculaire verandering in het bewustzijn van mensen. Ik zie een omvangrijk ontwaken, waarbij miljoenen en miljoenen mensen tot een besef en een bewuste acceptatie zullen komen van het geestelijke aspect van het leven, hun geestelijke identiteit en hun geestelijk potentieel.

Ik zie voor mij dat miljoenen mensen inzien dat zij het Christusbewustzijn kunnen aannemen. Ik zie hen het bewuste besluit nemen om dat Christusbewustzijn aan te doen en het geestelijke pad op te gaan dat hen naar dat doel zal leiden.

Ik voorzie de mogelijkheid van een gouden eeuw van vooruitgang, vrede en groei wat deze planeet tot een heldere stralende ster zal maken, in tegenstelling tot de duistere ster die zij nu is.

Maar ik zie ook, dat om dit te laten gebeuren, mensen voorbeelden moeten hebben om na te volgen. Mijn voorbeeld heeft te lang geleden plaats gevonden. Verder maakt de intense cultus van afgoderij rondom de uiterlijke persoon van Jezus Christus het heel moeilijk voor mensen zich met mij te vereenzelvigen en mij als een voorbeeld te zien.

Dat is de reden dat ik jou nodig heb.

De roep om 10.000 Christuswezens

Ik weet dat tienduizend mensen op innerlijke niveaus zijn voorbereid om de volle maat van Christusbewustzijn in dit leven te verwerven. De meeste van deze mensen boden zich vrijwillig voor deze missie aan voordat zij incarneerden. Het merendeel van deze mensen zijn nog niet tot het bewuste besef van hun missie gekomen. Maar als die tienduizend mensen deze leringen ontvangen en mijn boodschap aanvaarden, kunnen zij snel tot een hoog niveau van Christusbewustzijn stijgen. Daardoor kunnen zij de lichtende voorbeelden worden die miljoenen andere mensen kunnen volgen.

Het merendeel van die tienduizend zielen heeft op innerlijke niveaus al een hoog niveau van Christusbewustzijn bereikt. Zij

Lezing 7: Het begrijpen van het Christusbewustzijn

moeten eenvoudig tot een bewuste acceptatie van hun innerlijke verworvenheid komen. Daarom hebben veel van deze mensen het vermogen om een heel snelle en dramatische transformatie door te maken van hun huidig bewustzijnsniveau naar een hoge graad van Christusschap.

Ik kan je verzekeren dat als tienduizend mensen een hoog niveau van Christusbewustzijn zouden manifesteren en zich naar het volle Christusbewustzijn uitstrekken, je enkele zeer spectaculaire veranderingen op planeet Aarde zou zien.

Ik weet ook dat miljoenen mensen op innerlijke niveaus voorbereid zijn om tot een bewuste acceptatie te komen van hun mogelijkheid om de Christus te worden. Deze mensen hebben al een bepaald niveau van Christusbewustzijn bereikt. Ze hebben nog een stuk te gaan om de volledige staat te verkrijgen, maar als zij zich daar bewust voor willen inspannen, kan het in dit leven bereikt worden. Ik kan je verzekeren dat als deze miljoenen mensen deze leringen zouden verwelkomen, zij een immens aandeel zouden leveren voor een positieve verandering op planeet Aarde.

Als tienduizend mensen hun Christusschap zouden aanvaarden en als miljoenen meer hun vermogen tot Christusschap accepteren, zou de planeet Aarde nooit meer dezelfde zijn. Je zou binnen een aantal decennia letterlijk zo veel veranderingen zien dat het denkbeeld van een toekomstschok een heel ander betekenis zou krijgen.

Door zulk een ontwaken zou de overgrote meerderheid van de mensheid boven hun huidig bewustzijn van materialisme, uitzichtloosheid en wanhoop uitstijgen. Mensen zouden de geestelijke kant van het leven (h)erkennen. Mensen zouden hoop krijgen door de spectaculaire veranderingen die zouden optreden. Mensen zouden een nieuw gevoel van zin en doel verkrijgen. Zij zouden beseffen dat het leven niet iets is dat hen opgedrongen wordt, noch dat het een of andere straf van een boze god is.

- Het leven is een wonder.
- Het leven is een geschenk.
- Het leven is een mogelijkheid voor groei.
- Het leven is een kans om je Godgegeven individualiteit uit te drukken.
- Het leven is pure vreugde.

Mijn visie voor de Aarde

Lieve vrienden, als je je wilt inspannen om je uiterlijke geest en je emoties tot rust te brengen en diep in je hart wilt gaan, zal ik je een deel van de visie die ik voor deze planeet houd, laten zien. Zou je slechts een glimp van dit visioen opvangen, dan zou je al zo opgetild worden dat je leven nooit meer hetzelfde zal zijn. Je zou weten dat God een oplossing voor elk probleem op Aarde heeft. Je zou weten dat God er klaar voor is die oplossing te geven zodra een aantal mensen hun niveau van bewustzijn verhogen, zodat zij de open deur kunnen zijn waardoor die oplossing in de materiële wereld gebracht kan worden.

Je zou verder weten dat jij de mogelijkheid hebt om de open deur te worden waardoor God een of meerdere oplossingen voort kan brengen voor problemen die mensen op dit moment als onoplosbaar beschouwen.

Je kunt me niet vertellen dat je hier niet opgewonden van wordt. Ik ken je, ik ken je ziel op innerlijke niveaus en ik weet dat je een diep innerlijk verlangen hebt om positieve veranderingen op planeet Aarde te zien.

Mijn dierbare vriend(in), als je deze woorden leest, ben jij een van mijn kudde. Je bent een van mijn dienaren. Je bent een van mijn broers en zusters in de geest. Je werkt nu al met mij op innerlijke niveaus. Maar ik kan zoveel meer voor je doen en dóór jou voor de mensheid, als je bewust je goddelijke oorsprong wilt beseffen en je bewust wilt worden van je mogelijkheid het Christusschap te manifesteren.

Er zijn bijna geen grenzen aan wat ik voor deze planeet kan doen wanneer ik tienduizend Christuswezens in fysieke belichaming had en miljoenen mensen die er oprecht naar zouden streven om een Christuswezen te worden. Maar we moeten ergens beginnen. Alles begint met één persoon die besluit zijn of haar bewustzijn te verhogen. Als je het verlangen hebt om mijn wensbeeld tot stand te helpen brengen, moet je beginnen op de enige plaats waar je kunt beginnen, namelijk door jezelf te veranderen. Probeer de afstemknop van het bewustzijn zo te draaien dat je mij in de stilte van je hart kunt horen spreken. Ik zal je stap voor stap je persoonlijk pad tot Christusschap laten zien.

Dit is geen loze belofte.

Lezing 7: Het begrijpen van het Christusbewustzijn

Als je met een open geest en hart wilt luisteren, zul je mijn stem horen. Je zult weten dat ik het echt ben, je broer in het licht, Jezus Christus, die tot je spreekt. Als je mijn stem door deze leringen kunt horen, kun je mijn stem in je eigen hart horen.

Durf te luisteren.

Durf te zijn.

DEEL 2:
Belangrijke vragen

LEZING 8:
Vragen die elke christen zou moeten stellen

Als je deze woorden leest neem ik aan dat je tot het besluit bent gekomen je individuele Christusschap te willen bereiken. Ik ben me er volledig van bewust dat je misschien aarzelend tot dit besluit bent gekomen; dit is acceptabel. Ik ben me er in het bijzonder van bewust dat je wellicht nog steeds veel ideeën en opvattingen hebt die het moeilijk voor je maken je goddelijke identiteit te accepteren en het vermogen je Christusschap te manifesteren. Ook dit is begrijpelijk en acceptabel, zolang je een open geest en hart hebt en bereid bent mij toe te staan jou de innerlijke waarheid te geven die je vrij zal maken.

Het volgende gedeelte is gewijd aan het brengen van een deel van die waarheid die je vrij zal maken. Ik weet dat veel mensen door een reinigingsproces moeten gaan voordat zij hun vermogen kunnen accepteren een Christuswezen te worden. Ik verwacht niet van je dat je van de een op de andere dag door dit proces gaat. Ik verwacht echter wel dat je er niet de rest van je leven voor nodig hebt dit proces te doorlopen.

Ik ben Jezus Christus. Ik ben een geestelijk wezen.

Ik ben springlevend en ik wil in nauw contact met de mijnen staan.

Het enige dat de stoffelijke wereld van de geestelijke wereld scheidt is een dunne sluier van energie. Ik sta aan deze kant van de sluier en jij staat aan de andere kant. Je denkt waarschijnlijk dat ik aan de andere kant sta. Ik kan door de sluier met je communiceren, als je dat wilt. Het moeilijkste voor jou is dat je mijn woorden niet hoort. Het moeilijkste is werkelijk naar mijn woorden te luisteren en te accepteren dat het mijn woorden zijn.

Ik ben me volledig bewust dat veel mensen het moeilijk vinden mijn ware innerlijke leringen te accepteren. Deze moeilijkheid komt

DEEL 2: Belangrijke vragen 95

voort uit het feit dat gedurende de afgelopen 2000 jaar er veel uit de uiterlijke leringen is weggenomen en dat er veel aan toegevoegd is.

De wereld is veranderd

Ik heb je al verteld dat toen ik op Aarde was, ik op twee niveaus onderwees. Ik had algemene leringen voor de massa en innerlijke leringen voor diegenen die er klaar voor waren om de volheid van mijn waarheid te ontvangen. Mijn innerlijke leringen zijn niet opgeschreven en zijn niet in een uiterlijke vorm bewaard gebleven. De reden daarvoor was dat de planeet, of beter gezegd de mensheid er eenvoudig niet voor klaar was die innerlijke leringen te ontvangen.

De situatie is nu veranderd en vandaag de dag zijn miljoenen mensen er klaar voor om deze te ontvangen.

Mijn uiterlijke leringen, waarvan er inderdaad gedeelten zijn opgeschreven, bevatten belangrijke sleutels om mijn innerlijke leringen te ontdekken. Helaas zijn de meeste van deze sleutels uit het neergeschreven verslag van mijn leven weggenomen. Tegelijkertijd zijn er aan dat geschreven verslag onjuiste ideeën toegevoegd. Mijn uiterlijke leringen waren oorspronkelijk als opstap bedoeld. Als mensen mijn uiterlijke leringen oprecht volgden en toepasten, zouden ze hun niveau van bewustzijn tot een punt verheffen waar ik kon beginnen hen mijn innerlijke leringen te geven. Ik zou dit rechtsreeks in hun hart doen.

Vanwege datgene wat uit mijn uiterlijke leringen is weggenomen en wat er aan is toegevoegd, is dit oorspronkelijke doel min of meer ondergraven. Mijn uiterlijke leringen waren bedoeld als opstap om mijn innerlijke leringen te ontdekken. De meeste mensen waren hier niet toe in staat, eenvoudig omdat de uiterlijke leringen niet langer de noodzakelijke sleutels bevatten.

Als de uiterlijke leringen in hun oorspronkelijke vorm waren bewaard, zou je dit boek nu niet lezen. Het zou eenvoudig voor mij niet nodig zijn geweest om dit boek uit te geven omdat ik je mijn innerlijke leringen rechtsreeks in je hart had kunnen geven.

Ik breng dit boek om slechts één reden uit, namelijk dat mijn uiterlijke leringen in zo'n mate verdraaid zijn dat de meeste mensen ze niet als opstap kunnen gebruiken om mijn innerlijke leringen te ontdekken. Dit boek is daarom hoofdzakelijk bedoeld als geheugensteun. Ik wil je herinnering levend maken, de innerlijke herinnering van je ziel, van je vermogen mijn innerlijke leringen te ontdekken, ze aan te nemen en ze te belichamen.

In de volgende onderdelen, zal ik een toelichting geven op wat er uit mijn ware leringen is weggenomen en wat er aan is toegevoegd. Al doende zal ik ook facetten van mijn innerlijke leringen openbaar maken. Ik heb eerder gezegd dat ik het verbazend vind dat zoveel Christenen over mij en mijn leringen niet bepaalde vragen stellen. Elk van de volgende onderdelen zal daarom gericht zijn op een van de vragen waarvan ik denk dat al mijn volgelingen deze zouden moeten stellen, ja zelfs die volgelingen van mij die niet tot een Christelijke godsdienst behoren.

Was Jezus Christus de Enige Zoon van God?

In zekere zin heb ik deze vraag al beantwoord. Alles in de vormwereld is uit, of van, het wezen van God geschapen. Zonder Hem is er niets gemaakt wat er gemaakt is. Elke levende ziel is daarom een zoon of dochter van God. Er zijn echter veel oprechte Christenen die heel sterk voelen dat ik een speciaal iemand was en deze overtuiging heeft enige geldigheids waarde. Ik zeg hiermee niet dat ik het volledig eens ben met deze opvatting; ik zeg alleen maar dat het begrijpelijk is dat zoveel Christenen zich aan dit geloof vasthouden. Laat mij het uitleggen.

Wat betekent het nu echt om een zoon of dochter van God te zijn? God heeft je een vrije wil gegeven en God heeft je het vermogen gegeven om te scheppen. Je ziel was oorspronkelijk geschapen naar het beeld en de gelijkenis van God; dit betekent dat zij een unieke individualiteit bezat. Je geestelijke ouders echter hebben je individualiteit niet als iets onveranderlijks geschapen. Je hebt de vrije wil en het scheppende vermogen om je eigen individualiteit te bouwen op het fundament dat door je geestelijke ouders is gelegd. Dit is je eigenlijke bestemming.

Het leven kan daarom als een proces worden gezien waardoor je ziel onafgebroken haar identiteitsgevoel aan het opbouwen is. In algemene zin is het de bedoeling dat je blijft bouwen aan je identiteitsgevoel totdat je het punt bereikt waar je tot het besef komt dat je een individualisatie van God bent en dat je de volledige scheppende vermogens van God zelf bezit. Daarom zei ik, 'Jullie zijn Goden'.

Wanneer een ziel echter in een lagere bewustzijnstaat valt en haar geestelijke oorsprong vergeet, begint de ziel een onjuist gevoel van identiteit op te bouwen, een pseudo-identiteit. Vanuit het standpunt van God is die valse identiteit, als een sterfelijk mens, niet werkelijk. Zolang je ziel echter dat identiteitsgevoel accepteert, wordt de pseudo-identiteit de enige werkelijkheid die je ziel kent. Dat gevoel van identiteit wordt de werkelijkheid van de ziel. Omdat de ziel niets anders kent, beseft ze niet dat de pseudo-identiteit niet echt en tijdelijk is. Voor de ziel is dit de enige identiteit die er is.

Het gezichtspunt van de ziel

Vanuit Gods gezichtspunt is een verloren ziel nog altijd een van zijn zonen of dochters. Als je echter naar het identiteitsgevoel van de ziel gaat, ziet die ziel zichzelf niet als een zoon of dochter van God. In het hier en nu handelt de ziel niet als een zoon of dochter van God. Als een ziel haar goddelijke oorsprong niet accepteert, kan het haar goddelijk potentieel niet uitdrukken. Als een ziel haar vermogen om de Christus te worden niet aanvaardt, kan de ziel niet de Christus in actie zijn.

Toen ik tweeduizend jaar geleden op Aarde verscheen, was er slechts een handjevol mensen tot het volle besef van hun Christusschap gekomen. Daarom, zou je kunnen zeggen, leek het alsof ik de enige zoon van God op Aarde was. Ik had de volheid van mijn zoonschap gerealiseerd en ik was en handelde daarom als de zoon van God. Met andere woorden, als je vanuit dit bepaalde gezichtspunt naar de situatie kijkt is het mogelijk om te zeggen dat Jezus Christus de enige zoon van God was die op die bepaalde plaats op dat gegeven tijdstip verscheen. Daarom kan ik begrijpen dat bepaalde Christenen hier een sterk gevoel over hebben. Ik zeg niet dat ik deze gevoelens deel.

De meeste mensen hebben helaas nooit begrepen dat de uitspraak dat ik de enige zoon van God was, alleen vanuit een bepaald gezichtspunt juist was. Het menselijke denken heeft de neiging om idolen te scheppen. De mensen maakten me daarom al heel snel tot een idool en begonnen te geloven dat de uitspraak dat ik de enige zoon van God was, universeel waar was.

Laat mij duidelijk maken dat elke levende ziel in werkelijkheid een zoon of dochter van God is. Als de ziel zichzelf niet als zoon of dochter van God ziet, dan kan die ziel niet de volheid van haar goddelijk potentieel tot uitdrukking brengen. De ziel heeft het vermogen als zoon of dochter van God te handelen, maar dat potentieel wordt niet gerealiseerd. Toch wil ik duidelijk maken dat ik niet de enige persoon ben om op aarde te verschijnen met een volledige erkenning van zijn of haar goddelijke identiteit en oorsprong. Ik ben niet de enige om in de volheid van het Christusschap te verschijnen. Er zijn anderen voor mij geweest en er zullen, naar ik oprecht hoop, anderen na mij komen. Ik hoop eigenlijk dat sommige lezers van dit boek onder hen geteld zullen worden.

De leer van exclusiviteit

Waarom werd het idee dat ik de enige zoon van God was ooit een officiële kerkleer van de Christelijke kerk? Ik heb jullie al een deel van het antwoord gegeven, namelijk door het menselijke denken en de neiging om idolen te maken. Laat me dit wat uitvoeriger uitleggen.

Voor het menselijke denken is alles relatief. Niets is absoluut; niets is definitief. Het gevolg hiervan is dat het menselijke denken nooit volledig de verantwoordelijkheid voor iets kan nemen. Het kan nooit tot het besef komen van, 'Ik heb een fout gemaakt, ik had ongelijk en ik ben degene die veranderen moet.'

Het menselijke denken is meester in het vinden van excuses waarom iemand niet hoeft te veranderen. Als je naar de geschiedenis van de mensheid kijkt zul je dit psychologisch mechanisme in ontelbare omstandigheden aan het werk zien. Mensen hebben een heel diepe weerstand tegen verandering. Kijk eens naar mijn incarnatie op Aarde en je zult zien hoe vaak ik niet diegenen berispte die niet bereid waren mijn leringen te verwezenlijken en hun identiteitsgevoel te veranderen. Zei ik niet, 'Wee jullie wetgevers, jullie zijn zelf niet binnengegaan (jullie waren niet bereid om je door de waarheid van God te laten veranderen) en diegenen die binnen wilden gaan, hebben jullie verhinderd (in een poging rechtvaardiging te vinden, dat als niemand anders verandert, jezelf ook niet hoeft te veranderen).'

Waarom bieden mensen weerstand aan verandering? Ik heb eerder verklaard dat alle menselijke problemen uit onwetendheid voortkomen. Als mensen werkelijk begrepen dat zij de vruchten van hun daden plukken, zouden ze hun gedrag veranderen. Het probleem is dat zolang een ziel zichzelf met het menselijke denken identificeert, de ziel nooit zal weten, nooit zal beseffen, dat een handeling haar schade berokkent. De reden daarvoor is dat de relativiteit van het menselijke denken altijd met een verklaring kan komen die de daden van de ziel en haar overtuigingen lijken te rechtvaardigen. Als alles betrekkelijk is, kan niets ooit helemaal fout zijn. Men kan daarom altijd met de een of andere rechtvaardiging voor een handeling komen. En als een daad gerechtvaardigd kan worden, waarom zou je dan moeten veranderen?

Zolang een ziel zich met het menselijke denken identificeert, zal die ziel de waarheid van God verwerpen. De ziel zal de waarheid verwerpen, omdat als het de waarheid accepteerde, ze zou moeten veranderen. Als de ziel beter zou weten, zou zij eenvoudig dienovereenkomstig moeten veranderen.

Wat gebeurt er als een ziel met een ware uitspraak wordt geconfronteerd, zoals mijn uiterlijke leringen? Omdat het menselijke denken niet wil dat de ziel aan haar controle ontsnapt, zal het menselijke denken de een of andere toepasselijke rechtvaardiging proberen te vinden waarom het idee niet waar is of niet op de ziel van toepassing is. Daarom zie je zoveel mensen, zelfs veel mensen die zichzelf als toegewijde Christenen zien, met ongelooflijk ingewikkelde argumenten komen waarom zij niet een bepaald aspect van mijn uiterlijke leringen hoeven te volgen. Uiteraard zullen zulke mensen ook voldoende redenen vinden om mijn innerlijke leringen te verwerpen en dat is de reden waarom ze die leringen gewoon niet kunnen ontdekken.

Het Zwaard van Christus

Ik hoop dat je begrijpt wat ik hier wil uitleggen. Zolang de ziel zich met het menselijke denken identificeert, ziet de ziel geen enkele reden om te veranderen. Daarom zei ik, 'Ik ben niet gekomen om vrede te brengen, maar het zwaard.' Het zwaard dat ik kwam brengen is het Zwaard van de Waarheid dat het ware van het onware scheidt. Dat zwaard is het Christusbewustzijn.

Voor het menselijke denken is er niets wat werkelijk verkeerd en niets wat werkelijk goed is. Alles is betrekkelijk. De Christusgeest kent een absolute standaard om vast te stellen wat goed en verkeerd is.

De Christusgeest vraagt eenvoudig, 'Is het van God of is het niet van God?' Als iets niet van God is, dan is het verkeerd en moet het veranderd worden, hier en nu. De Christusgeest kent geen verschillen van mening en geen valse voorwendselen en er is geen plaats voor ingewikkelde argumenten om iets goed te praten. Als iets niet van God is, zal een Christuswezen het onmiddellijk achter zich laten.

Als de ziel zich met het Christusbewustzijn begint te verenigen, is zij bereid tot verandering. Door het Christusbewustzijn kan de ziel er maximaal zicht op krijgen wat er veranderd moet worden. Zodra de ziel het inzicht ontvangt dat een bepaalde daad of een bepaald idee verkeerd is, zal die ziel onmiddellijk haar oude manier van doen achter zich laten en het nieuwe inzicht omarmen.

Je zult je misschien het verhaal herinneren hoe ik mijn discipelen bijeenbracht. Stel je voor dat jij een visser bent op het meer van Galilea. Het is een gewone dag en je bent bezig met je dagelijkse werk van het schoonmaken van je netten. Plotseling staat er een vreemdeling voor je die zegt, 'Laat je netten liggen, ik zal van jou een visser van mensen maken!'

Hoe denk je dat een ziel die zich geïdentificeerd heeft met het menselijke denken, hierop zou reageren? De ziel zou onmiddellijk beginnen het belang van de situatie te evalueren, die te verklaren en weg te redeneren. De ziel zou met allerlei excuses komen waarom ze de Christus niet hoeft te volgen of waarom ze de Christus niet direct hoeft te volgen.

Ik zeg je dat er inderdaad mensen waren die op deze manier reageerden toen ik bij hen kwam. Ik riep meer dan 12 mensen op om mijn discipel te zijn, maar niet allen beantwoordden ze mijn oproep. Zij die wel aan mijn oproep gehoor gaven hadden al een zekere mate van Christusbewustzijn bereikt en zij waren bereid hun innerlijk inzicht te volgen. Toen ik daarom aan hen verscheen, herkenden ze mij als de geïncarneerde Christus en ze waren bereid mij te volgen.

Deze gezegende zielen beredeneerden niets of probeerden niets uit te leggen. Zij herkenden mij in één oogopslag en op grond van die innerlijke herkenning besloten ze onmiddellijk uit vrije wil alles achter zich te laten om mij, de Levende (belichaamde) Christus te volgen.

Als een ziel zich met het menselijke denken identificeert, kan ze de Christus niet herkennen en ze kan daarom de Christus niet volgen. De ziel kan eenvoudig niet haar netten van verwikkeling met de omstandigheden van het leven achter zich laten. Vandaag de dag zijn meer zielen dan ooit er klaar voor hun netten achter zich te laten en de Christus te volgen. Maar 2000 jaar geleden was dat niet het geval. Alleen een heel klein aantal had dat bewustzijnsniveau en de massa was nog steeds zo vereenzelvigd met het menselijke denken dat ze eenvoudig niet lastig gevallen wilde worden met de komst van de Levende Christus. Zij wilden in onwetendheid blijven zodat ze niet gestoord werden en hun manier van leven niet hoefden te veranderen.

Deze mensen waren daarom overgelukkig het idee te accepteren dat Jezus Christus de enige zoon van God was. Waarom is dit zo? Omdat dit hen het ultieme excuus geeft om door te gaan met hun levensstijl. Als ik de enige zoon van God was, dan konden zij onmogelijk in mijn voetstappen treden. Ze konden daarom niets doen om hun eigen verlossing te bewerkstelligen. Zij moesten gewoon wachten op de komst van de uiterlijke redder, namelijk mijzelf, om hen te redden.

Als ik een voorbeeld zou zijn om te volgen, dan zouden de mensen een verantwoordelijkheid hebben om mij te volgen. Met andere woorden, als zij de mogelijkheid hadden om een Christuswezen te worden en als hiervoor een inspanning van hen vereist zou worden, dan zouden zij hun manier van leven moeten veranderen. Zij zouden hun netten moeten verlaten.

Zie je hoe het idee dat ik de enige zoon van God was het ultieme excuus kan worden dat mensen de perfecte rechtvaardiging geeft om met hun manier van leven door te gaan?

Mensen zijn psychologische wezens. Je kunt naar de geschiedenis kijken en uiterlijke verklaringen proberen te vinden waarom mensen gedaan hebben wat ze gedaan hebben. Veel moderne wetenschappers en historici hebben de geschiedenis van de mens in zulke uiterlijke termen proberen te verklaren, economisch, sociologisch of in politieke termen. De enige manier om de geschiedenis van de mens werkelijk te verklaren is door binnenin de menselijke psyche te kijken.

Alles komt voort uit een proces dat zich binnenin de menselijke psyche afspeelt. Het uiterlijke gedrag van mensen begint als een proces in de psyche. Het uiterlijke gedrag van mensen is eenvoudig het gevolg van wat er in de psyche plaatsvindt. Als je het gevolg wilt begrijpen, moet je de oorzaak kennen. Als je wilt begrijpen waarom er bepaalde beelden op een projectiescherm verschijnen, dan kun je je onderzoek niet alleen tot het filmdoek zelf beperken. Hoe kan je ooit begrijpen wat er op het filmdoek verschijnt, als je niet naar de projectiekamer gaat en onderzoekt wat er op de filmstrook staat?

De voortgaande menselijke machtsstrijd

Ik heb jullie de innerlijke verklaring gegeven waarom zoveel mensen het idee geaccepteerd hebben dat ik de enige zoon van God was. Laat me nu de uiterlijke verklaring geven.

Waarom denk je dat de Joodse autoriteiten mij wilden terechtstellen? Het was omdat ze mij als de ultieme bedreiging voor hun macht over de mensen zagen.

Was Jezus Christus de Enige Zoon van God?

Als je naar de geschiedenis van de mens kijkt, zul je zien dat er mensen waren die een onverzadigbare zucht naar macht en controle hadden. Dit verlangen naar macht is op een psychologische behoefte gebaseerd, maar daar zal ik nu niet op ingaan. Laten we gewoon het feit erkennen dat in elke tijd van de geschiedenis er mensen waren die dit verlangen naar macht hadden. Deze mensen hadden een zucht om absolute macht over anderen te krijgen.

Je moet begrijpen dat voor deze mensen godsdienst altijd een bedreiging is geweest. Wat de leden van deze machtselite willen is de uiteindelijke macht hier op Aarde te krijgen. Ze willen zichzelf als de uiteindelijke autoriteit opwerpen, een autoriteit die niet in twijfel getrokken en betwist kan worden.

Het grootste probleem waar de machtselite mee kampt, is dat de meeste mensen hardnekkig weigeren het idee los te laten dat er een ultieme autoriteit bestaat die ver boven deze Aarde staat. Zolang mensen geloven in een God die ver boven enige macht op Aarde staat, kan niemand ooit ultieme macht op deze planeet verwerven. Ongeacht wat de koningen en keizers doen, zij zullen altijd op de tweede plaats komen. Zij zullen misschien een grote macht over de mensen hebben, maar ze kunnen nooit de uiteindelijke macht verkrijgen.

De reden dat de meeste mensen op Aarde het bestaan en de methodes van zo'n machtselite niet kennen, is dat de meeste mensen geen onverzadigbaar verlangen naar macht hebben. Ze kunnen zich daarom niet voorstellen dat iemand absoluut alles wil doen om macht te krijgen.

Ik weet dat dit een moeilijk onderwerp is, waar je liever niet over wit denken. Probeer echter voor een ogenblik je voor te stellen hoe deze machtselite denkt. Hun eerste en belangrijkste wens is om godsdienst volledig op deze planeet uit te bannen. Een planeet zonder godsdienst is hun uiteindelijke droom, want op zo'n planeet hebben zij de mogelijkheid zich als de uiteindelijke autoriteit te laten gelden. Vandaag de dag zijn ze ambitieus bezig dit ideaal na te streven en ze gebruiken de wetenschap als hun belangrijkste instrument om dit doel te bereiken. Het grote publiek echter weigert hardnekkig het geloof in God los te laten.

Als je er niet in slaagt om mensen van het geloof in God af te brengen, wat zijn dan je andere mogelijkheden? Je kunt het motto volgen, 'Als je ze niet kunt verslaan, doe dan met ze mee.' Met andere woorden, als je mensen niet van hun geloof in God kunt afbrengen, probeer dan dat geloof te gebruiken als middel om macht over de mensen te krijgen.

Hoe kun je dat doen? Dat kun je doen door een georganiseerde godsdienst te gebruiken. Je begint het idee te promoten dat een bepaalde kerk de enige kerk is, wat inhoudt dat zij de enige weg naar redding heeft. De meeste mensen hebben de behoefte zich beter dan anderen te voelen, dus dit idee zal zeker wijdverspreide steun vinden. Daarna benoem je jezelf tot leider van deze kerk. Ten slotte propageer je het geloof dat de leider van deze kerk de middelaar, de enige middelaar, tussen God en de mens is en dat zijn woord onfeilbaar is.

Als je mensen kunt doen geloven dat jouw kerk het enig ware pad tot redding is en dat de leider van die kerk de enig ware middelaar is tussen hen en hun God, dan heb je in feite jezelf als de uiteindelijke autoriteit op Aarde opgezet. Hoewel mensen nog steeds in God geloven, denken ze dat ze Gods wil alleen door jou kunnen kennen en daardoor ben jij een autoriteit geworden die niet in twijfel getrokken of tegengesproken kan worden. Als je een ziel was die maximale macht nastreeft, waar had je de afgelopen tweeduizend jaar graag willen zijn? Ik zal je vertellen waar zo'n ziel graag zou willen incarneren. Zij zou graag de paus van de Katholieke kerk willen zijn. Voordien zou een op macht beluste ziel een van de tempelpriesters van de Joodse Godsdienst hebben willen zijn, omdat ook zij zich als de uiteindelijke autoriteit tussen de mensen en hun God opgesteld hadden.

Goden op Aarde

Als je mijn ware leringen wilt begrijpen, dan moet je het bestaan onderkennen van een machtselite, die bestaat uit mensen die zichzelf tussen God en de mensheid willen opwerpen. Je moet begrijpen dat het deze machtselite was die plannen maakte om mij te doden Je moet ook begrijpen dat een onderdeel van mijn missie in Galilea was om het oordeel over deze machtselite te brengen. Daarom zei ik, 'Tot een oordeel ben ik gekomen.'

God is zich er goed van bewust dat gedurende duizenden jaren een kleine groep zielen herhaaldelijk van plan was zichzelf als autoriteit op te werpen tussen de mensen en hun God. Ik kwam om een aantal zielen van deze machtselite te oordelen en door hun daad van het doden van de belichaamde Christus, hebben zij inderdaad hun

Was Jezus Christus de Enige Zoon van God?

oordeel ontvangen. Deze zielen zijn niet langer op Aarde, maar dat betekent niet dat de hele machtselite van deze planeet is verwijderd.

Waarom heeft de kerk de leerstelling gemaakt dat ik de enige zoon van God was? Het hele wezen van de boodschap die ik tweeduizend jaar geleden bracht is dat de enige ware middelaar tussen God en de mens het Christusbewustzijn is. Het universele Christusbewustzijn is de open deur die geen mens kan sluiten. Ieder mens heeft daarom de mogelijkheid het individuele Christusschap te verkrijgen en door dat individuele Christusschap kan ieder mens rechtstreeks met God in contact staan.

Wanneer mensen een bepaald niveau van Christusschap hebben bereikt hebben ze geen uiterlijke hiërarchie nodig in de vorm van een georganiseerde kerk. Ik zeg niet dat een georganiseerde of uiterlijke kerk onnodig wordt. Wat ik zeg is dat mensen geen kerkleiders nodig hebben die als verbindingsschakel tussen hen en God optreden. Ze hebben geen kerkleiders nodig die hen het Woord van God brengen of het Woord van God uitleggen. Ze kunnen het levende Woord van God rechtsreeks in hun eigen hart ontvangen en ze kunnen dat woord door hun geïndividualiseerde Christusbewustzijn begrijpen.

Dit is de ware boodschap die ik op Aarde bracht. De machtselite van de Joodse godsdienst wist dit heel goed en dat is de reden waarom ze mij bij de eerste beste gelegenheid gedood hebben. Deze machtselite hoopte dat door het doden van mijn fysieke lichaam, ze ook mij en mijn leringen vernietigden.

Deze hoop werd de grond ingeboord door het feit dat ik het vermogen had met de mijnen in contact te staan hoewel mijn fysieke lichaam niet langer op Aarde was. Enige van de vroegste Christelijke geschriften, zoals de Pistis Sophia, vermeldt dat ik gedurende een aantal jaren na mijn opstanding aan mijn discipelen verscheen. Dit is juist. Ik verscheen werkelijk aan hen en mijn leringen hielden niet op te bestaan met de dood van mijn fysieke lichaam.

Gedurende vele jaren na mijn opstanding had de Christelijke beweging geen duidelijk omschreven en georganiseerde kerk, omdat ik mijn volgelingen niet de opdracht had gegeven een officiële kerk te stichten of een officiële leer op te stellen. In plaats daarvan droeg ik mijn volgelingen op hun individuele Christusschap aan te doen en daarna naar mijn stem te luisteren als ik binnenin hun eigen hart tot hen sprak.

Gedurende enige tijd was de Christelijke beweging een los geweven netwerk van mensen die op verschillende manieren het pad van individueel Christusschap nastreefden. Tegenwoordig wordt deze beweging vaak de Gnostische beweging genoemd. De orthodoxe Christelijke kerken beschouwen deze beweging vaak als chaotisch en door valse leringen en gevaarlijke ideeën gedomineerd. De Gnostische beweging was inderdaad enigszins chaotisch en ongeorganiseerd. Binnen die beweging waren echter individuen en groepen mensen die werkelijk mijn innerlijke leringen volgden.

Na een verrassend korte tijd begon er zich iets heel eigenaardigs af te spelen. Een georganiseerde kerk begon zich te vormen. Deze kerk kreeg geleidelijk aan meer macht en begon een officiële kerkleer op te stellen en ten uitvoer te brengen, die zogenaamd de ware leringen van Christus beschreven. Die kerkleer bevatte interessant genoeg niet het idee van individueel Christusschap of een individueel pad tot redding. In plaats daarvan loopt het enige pad tot verlossing via de sacramenten en de leerstellingen die door de georganiseerde kerk werden gecontroleerd.

Als je mijn onmiddellijke persoonlijke reactie op deze ontwikkeling wilt horen, dan is het dit, 'Waar in de Hel komt dat idee vandaan? Vergeef me de onbehouwenheid van deze uitdrukking, maar ik gebruik het voor een goede reden. De reden daarvoor is dat de Hel precies de plaats is waar dat idee vandaan kwam. Ik kan je verzekeren dat het idee niet uit de Hemel kwam, omdat wij hierboven allemaal weten dat het pad tot redding, het pad van persoonlijk Christusschap is, en dat het een innerlijk pad is. Dit idee kon daarom alleen zijn oorsprong hebben in een bewustzijnstaat die gebaseerd is op ontkenning van God, ontkenning van het zelf en ontkenning van het zelf als God.

In werkelijkheid kwam dit idee van dezelfde machtselite die al duizenden jaren geprobeerd had zichzelf als de enige autoriteit op Aarde voor te doen. Aanvankelijk probeerde de gevestigde macht de Christelijke beweging op agressieve manier te vernietigen. Toen ze besefte dat dit niet lukte, besloot ze zich bij de Christelijke beweging aan te sluiten en het als middel voor het verkrijgen van macht te gebruiken.

De onderdrukkende Kerk

De ontwikkeling van een Christelijke kerk die bedoeld was als instrument voor het verkrijgen van ultieme macht nam enige tijd in beslag. Zij kwam niet echt tot bloei totdat de Romeinse keizer Constantijn besloot de Christelijke kerk te gebruiken als middel om zijn noodlijdend keizerrijk onder één godsdienst te verenigen. Het Romeinse Rijk was op een eenvoudig idee gebaseerd. Dit idee hield in dat de Romeinse Keizer de enige vertegenwoordiger van God op Aarde was. De Romeinse Keizer was daarom de hoogste autoriteitsfiguur en zijn woorden konden niet in twijfel worden getrokken noch worden tegengesproken, zelfs al beging hij daden die duidelijk krankzinnig waren.

Vind je het niet vreemd dat na de oprichting van de Rooms Katholieke Kerk de leider van die kerk plotseling de enige vertegenwoordiger van God op Aarde werd? Ik ben me ervan bewust dat de georganiseerde Christelijke kerk daarvoor het denkbeeld bevatte van een plaatsvervanger van Christus. Maar het was pas na de vorming van de Rooms Katholieke Kerk dat de paus de status verkreeg van de hoogste en enige vertegenwoordiger van God op Aarde. Evenzo duurde het tot de oprichting van de Katholieke Kerk dat de Kerk (door middel van buitengewoon agressieve middelen) de leerstelling afdwong dat Jezus Christus de enige zoon van God was.

Wat ik probeer jullie aan het verstand te brengen is dat mijn ware innerlijke leringen van de mensen zijn afgenomen. Tegelijkertijd werden die innerlijke leringen vervangen door uiterlijke leerstellingen die recht tegenover mijn innerlijke leringen staan.

Mijn innerlijke leringen geven aan dat elk mens het vermogen heeft het Christusschap te manifesteren. Jezus Christus was daarom niet de enige zoon van God. Jezus Christus was het voorbeeld dat bedoeld was om te laten zien dat alle mensen de mogelijkheid hebben hun goddelijke erfenis te claimen. Elke zoon en dochter heeft het vermogen als een Christuswezen op Aarde te leven.

Als je behoort tot een machtselite die de uiteindelijke macht hier op Aarde wil hebben, besef je dat een Christuswezen de grootste bedreiging voor je autoriteit is. Een Christuswezen erkent alleen de autoriteit van God. Een Christuswezen zal een aardse autoriteit volgen, maar alleen als die aardse autoriteit op één lijn staat met de wil van God. En omdat een Christuswezen de wil van God kent, kan het nooit voor de gek gehouden worden door de valse aanspraken van een aardse autoriteit.

Stel je nu eens voor dat een Christuswezen, namelijk ikzelf, geheel onverwacht op Aarde komt en diegenen uitdaagt die zichzelf tussen de mensen en hun God hebben opgesteld. De machtselite probeert met deze dreiging om te gaan door mijn fysieke lichaam te doden. Maar zelfs voordat ze de tijd hebben elkaar te feliciteren, begin ik tot mijn volgelingen te spreken en hen aan te moedigen te worden zoals ik.

De machtselite staat nu tegenover het ontnuchterende besef dat in plaats van met één Christuswezen, zij mogelijk met duizenden Christuswezens te maken krijgen. Ze weten dat als dit gebeuren mocht, dit het einde van hun bewind op Aarde zou betekenen. Als andere mensen de ware leringen van Jezus Christus beginnen te belichamen en hun individueel Christusschap aandoen, zou de machtselite eenvoudig niet in staat zijn de opkomende vloed te stoppen, die uiteindelijk hun machtsrijken zou wegspoelen. Door deze Christuswezens kan God de machtigen van hun troon werpen en de nederigen verhogen.

De machtselite moest daarom een vastberaden poging ondernemen om mijn ware leringen volledig uit te roeien en te verdraaien. Ze moesten er voor zorgen dat geen enkel ander mens in mijn voetstappen kon of zou durven treden.

Lieve vrienden, zien jullie dat dit precies is wat ze met mijn ware leringen hebben gedaan? Tot dusver zijn ze voornamelijk succesvol geweest andere mensen te weerhouden om in mijn voetstappen te treden. Het is mijn grootste verlangen en het is het grootste verlangen van mijn Vader in de Hemel deze situatie te veranderen. De sleutel tot verandering is dat jij de keuze moet maken je individuele Christusschap te gaan nastreven.

Wat Voor Persoon Is Jezus?

Hoe komt het dat zoveel Christenen nooit serieus hebben nagedacht over wat voor iemand ik was? Waarom hebben ze nooit overwogen welke persoonlijkheid en individualiteit ik gedurende mijn missie liet zien?

Eén onmiskenbare reden is dat ze mij als de Zoon van God beschouwen. Vanwege de intens sterke cultus van verafgoding die rondom mij is gebouwd, vinden mensen het moeilijk zich voor te stellen dat ik individualiteit en persoonlijkheid bezat. Maar ik ben uit een vrouw geboren en ik groeide op als elk ander kind. Waarom zou ik niet geboren zijn met een bepaalde individualiteit en waarom zou ik niet een duidelijke persoonlijkheid ontwikkeld hebben gedurende mijn vormingsjaren?

Wat ik jullie hier probeer te laten zien is dat de meeste mensen mij bijna niet als een persoon beschouwen. Ze denken dat de zoon van God geen persoonlijkheid of individualiteit zou hebben.

Dit is eenvoudig niet het geval.

Ik heb eerder gezegd dat het gevaarlijk is om terug te redeneren, omdat zolang de ziel door het menselijke denken gevangen wordt gehouden, de ziel menselijke kwaliteiten op God zal projecteren. Hierdoor zal de ziel een verkeerd beeld van God ontwikkelen. Er is echter niets mis mee te redeneren dat de zoon van God individualiteit heeft.

De reden dat ik dit punt naar voren breng is dat elke ziel met een afzonderlijke individualiteit geschapen is. De ziel heeft een heel diep innerlijk verlangen die individualiteit te beschermen en te ontwikkelen. Dit innerlijke verlangen is de drijfkracht achter wat mensen het overlevingsinstinct noemen. Je geestelijke overlevingsinstinct is een verlangen je ware identiteit te beschermen zodat het niet vernietigd wordt door invloed van buiten.

Vanwege dit overlevingsinstinct zal geen enkel mens Christusschap willen aandoen als je gelooft dat het aandoen van Christusschap betekent dat je je individualiteit of persoonlijkheid moet verliezen. Het is daarom belangrijk voor mij je te helpen begrijpen dat je je persoonlijkheid niet verliest door het aandoen van je Christusschap.

Door het aandoen van de nieuwe mens van je Christusschap, zul je de oude mens van het menselijke denken en je pseudo-identiteit moeten afleggen. Dus, in één opzicht zou je misschien enige van de kenmerken verliezen die je momenteel als delen van je persoonlijkheid ziet. Voor een ziel die zich sterk met het menselijke denken identificeert, kan dit een verlies lijken. Zodra de ziel echter begint haar identiteitsgevoel naar het Christusbewustzijn te verplaatsen, zal dat gevoel van verlies snel verdwijnen.

Stel je voor dat je op straat loopt en een man ontmoet die gekleed is in dure kleding. De man vraagt je of je een euro hebt en je laat hem het muntstuk zien. De man vertelt je nu dat als jij hem de euro wilt geven, hij je miljoen euro's er voor in de plaats terug geeft. Zal je iets in die transactie verliezen?

Ja, je zult inderdaad de euro verliezen, maar zou het een echt verlies zijn?

Toen ik op Aarde was, was ik de man die iedereen de waarde van een miljoen euro's van het Christusbewustzijn aanbood in ruil voor hun wisselgeld van de menselijke persoonlijkheid. Het was werkelijk een unieke transactie, maar het spijt me te moeten zeggen dat de meeste mensen mijn aanbod afwezen.

Zoveel mensen wilden zich liever aan de pseudo-identiteit van het menselijke denken vasthouden in plaats van de ware persoonlijkheid te omarmen die God hen gegeven had.

Houd je asjeblieft niet vast aan een paar euro's om daardoor het Koninkrijk van God te verliezen.

Je zult niet je ware individualiteit verliezen door je Christusschap aan te doen. Integendeel, je zult je door God gegeven persoonlijkheid vinden en je zult vrij zijn van de gevangenis van de onware individualiteit die onophoudelijk je ziel kwelt.

Hij die zijn leven (het sterfelijke gevoel van identiteit) wil verliezen om mijnentwil (voor de zaak van het verkrijgen van het Christusbewustzijn) zal het vinden. Hij zal het eeuwige leven vinden door zijn Godgegeven individualiteit.

Ik heb een uitgesproken persoonlijkheid
Ik wil graag dat je begrijpt dat ik inderdaad een uitgesproken persoonlijkheid heb. Ik liet die persoonlijkheid zien tijdens mijn missie in Galilea. Mijn leringen zijn daarom tot in zekere mate door mijn persoonlijkheid beïnvloed.

Wat Voor Persoon Is Jezus?

De waarheid van God gaat verder dan deze wereld. Die waarheid is universeel. Als je die waarheid echter door middel van woorden wil uitdrukken, kun je nooit helemaal de universele waarheid van God uitdrukken. Woorden zijn niet erg geschikt om er geestelijke waarheid mee uit te drukken. Elke uitdrukking van de waarheid zal daarom onvermijdelijk worden beïnvloed door de persoonlijkheid, de individualiteit en de kennis van de persoon die de waarheid spreekt.

Dit betekent niet dat er iets niet goed was aan de waarheid die ik onder woorden bracht. Echter, de manier waarop ik mijn versie van de waarheid duidelijk maakte is niet de enige manier waarop de waarheid van God onder woorden gebracht kan worden.

Wat ik jullie hier probeer te laten zien is dat vanuit een hoger gezichtspunt er slechts één waarheid is. Er zijn echter vele manieren waarop deze universele waarheid hier op Aarde onder woorden gebracht kan worden. Dit is om verschillende redenen belangrijk:

- Het Christendom is niet de enige ware leer of de enige ware godsdienst die op planeet Aarde gevonden wordt. Er zijn vele manieren om Gods waarheid te verwoorden. Ik zal later op deze vraag wat meer ingaan, maar ik wil graag dat je inziet dat er meer dan één manier is om Gods universele waarheid onder woorden te brengen. Ik zei eerder dat er geen manier bestaat waarop het universele Christusbewustzijn op Aarde zichtbaar kan worden gemaakt. Het kan alleen tot uitdrukking komen wanneer het geïndividualiseerd wordt. Dit is ook van toepassing op Gods waarheid, die het universele Christusbewustzijn is. Elke uitdrukking van waarheid heeft een individueel karakter gekregen en is daarom niet de enig mogelijke wijze om waarheid te verwoorden.

- Er bestaat geen bewoording van waarheid die zuiver en volledig Gods universele waarheid beschrijft. Er bestaat geen automatisch pad tot redding. Om het pad naar redding te bewandelen, moet je je Gods waarheid eigen maken. Je kunt echter die waarheid niet in je opnemen door eenvoudig een uiterlijke leer uit het hoofd te leren. Als je naar mijn leven kijkt zul je zien dat ik herhaaldelijk diegenen berispte die de uiterlijke leerstellingen van buiten kenden, maar nooit een poging hadden gedaan om een innerlijk begrip van de waarheid achter die leer te verkrijgen. Je moet daarom altijd verder dan de uiterlijke leringen kijken. Je moet de uiterlijke leer alleen gebruiken als een opstap voor het verkrijgen van een innerlijk begrip van de universele waarheid achter die speciale uitdrukking van waarheid.

Mijn persoonlijke uitdrukking van waarheid werd beïnvloed door mijn individualiteit en persoonlijkheid. Je kent misschien de uitdrukking, 'Schiet niet de boodschapper dood.' Ik zou dat gezegde graag als volgt willen omschrijven, 'Gebruik niet de persoonlijkheid van de boodschapper als een excuus om de leringen te verwerpen.'

Toen ik op Aarde was, waren er inderdaad mensen die mijn leringen verwierpen omdat ze mijn persoonlijkheid niet mochten. Opnieuw is het menselijke denken voortdurend bezig een excuus te zoeken om zijn manier van leven niet te veranderen. Ik herhaal, de waarheid van God kan in deze wereld alleen uitgedrukt worden door iemand in een fysiek lichaam. Dus, die persoon zal onvermijdelijk persoonlijkheid en individualiteit hebben. Het menselijke denken kan daarom altijd een onvolkomenheid in de persoonlijkheid of in het gedrag van de persoon vinden en dat als excuus gebruiken om de leringen af te wijzen. Er waren veel mensen die iets hadden aan te merken op mijn persoonlijkheid en daden. Denk eens aan wat voor kritiek ik kreeg voor het genezen van een zieke op de Sabbat. Sommige mensen gebruikten letterlijk dat ene voorval als excuus om mijn hele leer af te wijzen.

Wat is het droevig om een ziel te zien die bereid is haar plaats in Gods koninkrijk te verliezen vanwege een waargenomen onvolkomenheid in de persoonlijkheid van een boodschapper van God.

Ik wou dat ik de mensen had kunnen helpen die mijn leringen vanwege mijn uiterlijke persoonlijkheid afwezen. Ik wou dat ik ze had kunnen helpen verder dan die persoonlijkheid te kijken. Maar ze hadden hun vrije wil en ik respecteerde die vrije wil. Ik hoop dat jij mijn leringen niet zult verwerpen vanwege mijn persoonlijkheid of de persoonlijkheid van de boodschapper die dit boek schrijft.

Ik wil dat je weet dat mijn persoonlijkheid niet onveranderlijk is. Zoals elke andere zoon en dochter van God ben ik voortdurend aan het leren en groeien. Ik ben heel blij met de opkomst van de zelfhulpbeweging die mensen in recente decennia aangespoord heeft zich als nooit tevoren met persoonlijke groei bezig te houden.

Ik wil je laten weten dat er veel meer is in het koninkrijk van onze Vader dan op een roze wolk te zitten en harp te spelen. De vormwereld is een gigantisch schoollokaal dat de student een bijna oneindige mogelijkheid biedt om te leren en te groeien. De afgelopen tweeduizend jaar heb ik niet op mijn lauweren gerust. Ik heb me actief met de mogelijkheden voor groei bezig gehouden die in de geestelijke wereld bestaan.

In bepaalde opzichten ben ik een zachtaardiger en meer begripvolle leraar geworden. Ik ben niet meer zo snel om mijn studenten met hun onvolmaaktheden en ongeloof te confronteren.

Laat je dat echter niet misleiden om te denken dat ik een halfzacht, een week persoon ben geworden.

Ik ben een zeer directe Meester. Ik draai nergens omheen. Ik kom aan niemand zijn menselijk bewustzijn of menselijk denken tegemoet. Ik geef je de zware kost van het Christusbewustzijn dat Ik ben. Toen ik op Aarde was ergerden veel mensen zich aan mijn directheid. Ze gebruikten het als excuus mij en mijn boodschap af te wijzen.

Ik ben niet halfzacht.

Ik ben bezorgd over het feit dat zoveel Christenen een beeld van Jezus Christus hebben opgebouwd als zijnde een overdreven gevoelige Meester. Ik begrijp eenvoudig niet waar dit beeld vandaan komt. Het kan niet uit een studie van mijn leven gekomen zijn, zelfs niet uit het fragmentarische verslag van de bijbel.

Kijk eens opnieuw naar de bijbel en zie hoe vaak ik open en direct was als ik mensen confronteerde met de dwaasheid van hun wijze van doen. Ik kwam het Zwaard van Waarheid brengen om het werkelijke van het onwerkelijke te scheiden zodat mijn volgelingen de betrekkelijkheid van het menselijke denken konden doorzien en de Levende Waarheid van het Christusbewustzijn konden omarmen. Ik ben hier vandaag om datzelfde Zwaard van Waarheid te brengen en in de afgelopen tweeduizend jaar is dat alleen nog maar scherper geworden.

Ik hoop dat je niet mijn directheid als excuus zult gebruiken voor het afwijzen van mijn boodschap. Ik ben Jezus Christus en ik ben al heel lang bij deze planeet betrokken. Ik heb elk mogelijk excuus gehoord om zich niet met het Christusschap bezig te houden. Ik heb deze excuses keer op keer gehoord.

Laat mij de situatie duidelijk maken. Ik ben opgevaren in mijn Vaders koninkrijk en daardoor ben ik een permanente bewoner van dat koninkrijk geworden. Gods koninkrijk blijft altijd bestaan en daarom heb ik alle tijd van de wereld. Ik kan hier nog wel tweeduizend jaar zitten en naar jullie geweldig mooie excuses luisteren waarom je niet je Christusschap kunt aandoen. Persoonlijk zou het voor mij geen enkel verschil maken, want ik ben al gered.

Jij bent nog niet opgevaren in het Koninkrijk van onze Vader.

Jij bent nog niet gered. God is een genadige God en Hij zal een verloren ziel heel ruim de tijd geven om haar manier van leven te veranderen en het pad van persoonlijk Christusschap te gaan bewandelen. Mijn Vader is in feite veel geduldiger dan ik ben.

Maar God geeft je niet voor altijd de tijd. Daarom heb je eenvoudig niet de tijd om door te gaan met het bedenken van excuses in plaats van al je energie en aandacht op het bezig zijn met je Christusschap te richten.

Ik ben een directe Meester. Ik wil je van de bank afhebben, je de TV laten uitzetten en je met je Christusschap bezig laten zijn in plaats van je energie te verspillen aan een zinloze jacht naar vermaak en plezier. Laten diegenen die oren hebben, mijn woorden horen.

Als je diep in je ziel wilt kijken, zul je zien dat je ziel al lange tijd moe is van het najagen van de dingen van deze wereld. In de diepere lagen van je ziel ben je klaar voor iets meer.

Je bent klaar voor je persoonlijk Christusschap en niets anders zal het innerlijke verlangen van je ziel bevredigen. Erken daarom dat verlangen en laat alles los wat je in de weg staat als je het pad naar persoonlijk Christusschap bewandelt.

Ik roep jullie om hogerop te komen. Begin gewoon te lopen en ik zal je de weg laten zien. Zolang jij aan de kant staat, kan ik niets voor je doen.

Welke Godsdienst Volgde Jezus?

Weinig mensen denken eraan deze vraag te stellen, omdat ze aannemen dat ik als Jood opgroeide en toen Christen werd. Dit is echter niet het geval.

In werkelijkheid zag ik mijzelf niet als behorend tot een officiële of uiterlijke godsdienst. Ik was, en ben nog steeds, een volgeling van de universele godsdienst van God en ik behoor tot de levende Innerlijke kerk van God.

Ik zeg hiermee niet dat er iets verkeerds is aan uiterlijke godsdiensten of uiterlijke kerken. Niet elk mens is er klaar voor om het innerlijke pad te volgen. Veel mensen hebben daarom een uiterlijke organisatie nodig die hen geleidelijk naar het ontdekken van de innerlijke mysteries van God kan leiden. Maar Gods bedoeling achter het inspireren van een uiterlijke godsdienst is dat mensen het alleen als een opstap zullen gebruiken. De uiterlijke godsdienst en zijn leerstellingen moeten nooit een mentale gevangenis worden die je denken gevangen houdt. Met andere woorden, een uiterlijke godsdienst is bedoeld je de ware innerlijke godsdienst te helpen ontdekken.

De ware innerlijke godsdienst is een universele godsdienst. Om dit te begrijpen moet je beseffen dat er in de Hemel geen (af)scheidingen, geen verdelingen zijn. Je kunt alleen naar de Hemel opvaren als je weet dat alles en iedereen uit Gods substantie is gemaakt. Door dit besef zie je heel duidelijk dat alles uit dezelfde bron voortkwam. Individuele verschillen worden daarom niet gezien als een bron van afscheiding en conflict.

In de Hemel zijn we allemaal één.

De afscheidingen die op Aarde gevonden worden komen niet van God. Ze komen uit het menselijke denken voort en uit de betrekkelijkheid en het gevoel van (af)scheiding ervan. Het menselijke denken is niet in staat om eenheid achter verscheidenheid te zien, Voor het menselijke denken moeten verschillen daarom onvermijdelijk tot afscheiding en conflicten leiden. Voor het menselijke denken zijn verschillen ook de bron van waardeoordelen. Met andere woorden, het menselijke denken probeert altijd vast te stellen dat iemand beter is dan een ander of dat één kerk beter is dan een andere kerk.

Vanwege de identificatie van de mensen met hun menselijke denken hebben ze de wens, om één kerk te bestempelen als de enige ware kerk. Vanuit het gezichtspunt van God is dit een volledig verkeerd en onnodig verlangen.

Een ware kerk is in werkelijkheid de kerk die mensen leidt naar de ontdekking van het innerlijke pad van Christusschap. Veel kerken op Aarde dragen het kenmerk van de ware kerk. Helaas, gold dit voor een aantal ervan alleen in de beginjaren; ze degenereerden later en werden gebruikt in de onophoudelijke menselijke machtsstrijd. Het is heel belangrijk voor je te weten dat het idee van één ware kerk eenvoudig niet van God komt.

Er zijn geen Katholieken, Joden, Protestanten, Boeddhisten, Moslims of Taoïsten in de Hemel. In de Hemel vind je alleen zonen en dochters van God, omdat als je er eenmaal bent, het weinig verschil maakt welk pad je gevolgd hebt om hier te komen. Als je eenmaal de nauwe poort bent gepasseerd, laat je alle uiterlijke menselijke afscheidingen achter je. Of misschien moet ik zeggen dat voordat je door de nauwe poort kan stappen, je vrijwillig alle menselijke afscheidingen achter je moet hebben gelaten.

Ik ben een Christelijke mysticus

In de afgelopen tweeduizend jaar hebben een aantal mensen de moed gehad verder te gaan dan de leerstellingen die door de orthodoxe Kerk opgesteld waren. Deze mensen zijn vaak aangeduid als de Christelijke mystici. Als ik mijzelf een stempel moest opplakken, zou ik de term 'mysticus' gebruiken. Ik was een leerling van de verborgen geheimen van God.

Ik ben nog steeds een leerling van de verborgen geheimen van God. Ik wil dat je weet dat toen ik geïncarneerd was, ik een aantal verschillende godsdiensten bestudeerd en toegepast heb. Je herinnert je wellicht dat de bijbel niets verteld over wat ik deed tussen mijn twaalfde en dertigste levensjaar. Ik verdween uit de bijbel en de reden is dat ik uit Galilea verdween. Ik ging naar Egypte en naar het Midden Oosten. Op beide plaatsen bestudeerde ik de mystieke godsdiensten die je daar vindt en ik paste ze toe in mijn leven.

Er zijn in feite historische gegevens bekend die mijn reizen naar het Oosten documenteren. Ik reisde naar Perzië, India, Tibet en

Welke Godsdienst Volgde Jezus?

Kasjmir. Waar ik ook ging, ik bestudeerde en beoefende de locale godsdienst. Echter, getrouw aan mijn persoonlijkheid en opdracht, volgde ik niet de orthodoxe godsdienst. Ik volgde en beoefende de innerlijke mystieke variant van de uiterlijke godsdienst.

Op verschillende plaatsen begon ik dezelfde universele waarheid te vertellen die ik later in Galilea verkondigde. Op bepaalde plaatsen wilden de orthodoxe priesters mij uiteindelijk het zwijgen proberen op te leggen en verschillende keren moest ik vluchten voor mijn leven.

India heeft een heel oude traditie van geestelijke leraren of guru's. Gedurende mijn reizen in dat land, ontmoette ik inderdaad een geestelijke leraar die kort als mijn persoonlijke Guru diende. Hij was deel van een aloude traditie en afkomst die ontelbare millennia teruggaat. Deze traditie had zijn ontstaan in God en het is bedoeld op Aarde de uitwerking te zijn van een proces dat in de hemel plaatsvindt. Dat proces is de Guru-chela relatie (Meester-discipel relatie).

Als een nieuwe ziel wordt geschapen, wordt ze niet zo maar aan haar lot overgelaten. Haar wordt een geleidelijk pad aangeboden dat haar naar groter geestelijk inzicht en volwassenheid zal leiden. Onderdeel van dat pad is dat een ziel een persoonlijke leraar of Guru wordt toegewezen. Elke ziel heeft een persoonlijke Guru. Elk mens op Aarde heeft een persoonlijke Guru in de vorm van een geestelijke leraar die in de geestelijke wereld verblijft. Sommige mensen ontmoeten ook een geïncarneerde geestelijke leraar die als hun persoonlijke Guru op Aarde dient. Veel mensen echter hebben geen uiterlijke Guru nodig; zij moeten hun innerlijke geestelijke Guru ontdekken.

India is een van de weinige plekken op Aarde waar de Guru-chela relatie in fysieke vorm bewaard is gebleven. Het idee echter van een geestelijke leraar die een aantal leerlingen onderwijst is een universeel principe dat helemaal tot God teruggaat.

Ik ben deel van die universele afkomst. Ik dien als persoonlijke Guru voor miljoenen zielen op deze planeet. Er zijn andere Guru's en daarom is niet iedere ziel op deze planeet mijn persoonlijke leerling of chela.

Toch is elk mens mijn discipel in de zin dat zij bedoeld zijn het pad van persoonlijk Christusschap te bewandelen, een pad dat ik voor alle mensen op Aarde duidelijk kwam maken.

Ik bekleed ook een geestelijk ambt als vertegenwoordiger van de universele Christus voor alle mensen op Aarde. Alle mensen, ongeacht tot welke godsdienst ze behoren, moeten door mijn Heilig Hart gaan om het Hemels koninkrijk binnen te komen.

Het punt dat ik wil overbrengen is dat ik mijzelf zie als behorend tot een universele, innerlijke godsdienst. Ik heb geen enkele wens je te vertellen welke uiterlijke godsdienst je al of niet moet volgen. Ik heb echter wel een wens je het innerlijke pad achter alle uiterlijke godsdiensten te helpen herkennen. Ik wil je ook laten begrijpen dat, om mij te volgen je geen lid van een uiterlijke Christelijke kerk hoeft te zijn. Mijn discipel te zijn, zelfs mijn persoonlijke chela (=discipel) te zijn is niet iets uiterlijks. Ik heb discipelen uit elke godsdienst op Aarde. Vreemd zoals het wellicht mag lijken, heb ik veel discipelen die niet tot een uiterlijke godsdienst behoren. Ik heb zelfs een aantal discipelen die zichzelf als atheïsten beschouwen. Helaas vinden de meeste van deze discipelen het moeilijk om boven een bepaald niveau van geestelijk inzicht uit te stijgen.

Ik hoop dat jij je geest en hart wilt openen voor het idee van een universele, innerlijke godsdienst. Als je dat wilt doen, zul je het innerlijke pad ontdekken. Als je de moed hebt dat innerlijke pad te volgen, zul je gaan beseffen dat godsdienst bedoeld is een persoonlijke wandel met God te zijn. Godsdienst is een pad van zelfontdekking. Uiteindelijk zal het pad je leiden tot de ontdekking van je ware zelf, het door God geïndividualiseerde zelf.

Is er slechts Eén Ware Godsdienst?

Ik heb al op deze vraag gereageerd als onderdeel van het antwoord op de vorige vraag. Maar ik wil je graag een dieper inzicht geven.

Het antwoord op de vraag of er slechts één ware godsdienst is, is 'ja en nee'.

Er is slechts één ware godsdienst, maar die godsdienst is de universele, innerlijke godsdienst van God. Op planeet Aarde is er niet zoiets als één ware godsdienst. Er zijn vele ware godsdiensten, omdat er veel godsdiensten zijn die elementen van het ware pad onderwijzen.

Ik zei eerder dat er vele wegen zijn om de waarheid van God te laten zien. Daarom kunnen er vele godsdiensten zijn die allemaal een bepaalde versie van de waarheid van God en van het universele pad naar Gods koninkrijk leren.

Geen enkele godsdienst kan je een volledig begrip van God geven. Dit begrip kan eenvoudig niet in woorden gevat worden. Als je hierover gaat nadenken, zul je beseffen waarom. De bijbel zegt dat als alles wat ik gezegd of gedaan heb, opgeschreven zou moeten worden, de wereld zelf de boeken niet zou kunnen bevatten, die erover geschreven hadden moeten worden. Dit is een lichte overdrijving van de schrijver van dit bepaalde gedeelte; niettemin is die uitspraak van toepassing op de waarheid van God.

God heeft de gehele vormwereld geschapen, een wereld zo onmetelijk dat geen enkel mens de grootsheid van Gods schepping zou kunnen bevatten. Als men een volledige beschrijving van alles wat God is, zou opschrijven, zou de planeet Aarde de boeken die er geschreven zouden worden, niet kunnen omvatten. Het zou echter onmogelijk zijn de totaliteit van Gods Wezen in menselijke woorden uit te drukken. De innerlijke mysteriën van God kunnen eenvoudig niet in woorden worden uitgedrukt.

Geen enkele godsdienst zou een nauwkeurige beschrijving van God kunnen geven. Het belang van deze uitspraak is dat de enige manier om God te kennen is door voorbij de uiterlijke leringen en theorieën te kijken die in elke godsdienst aanwezig zijn. De enige manier om God te kennen is het universele innerlijke pad achter elke godsdienst te ontdekken.

Eén waarheid, vele godsdiensten

Waarom zijn er zoveel godsdiensten in de wereld? Ik heb eerder gezegd dat God geen godsdienst nodig heeft. God is een onafhankelijk geestelijk wezen. God hoeft niet aanbeden te worden; God hoeft niet gevreesd te worden. God brengt daarom niet een bepaalde godsdienst voort omdat God die godsdienst nodig heeft. God brengt een bepaalde godsdienst in de wereld omdat een bepaalde groep mensen die godsdienst nodig hebben.

Kijk eens naar planeet Aarde van dit moment en kijk dan naar de geschiedenis van de mensheid. Als je de menselijke ervaring in een woord zou moeten kenschetsen, dan zou dat woord 'verscheidenheid' moeten zijn. Deze kleine planeet heeft een ongelooflijke diversiteit laten zien in de vorm van veel verschillende groepen mensen. Uitgaande van mijn persoonlijke ervaring als geestelijke leraar, is het voor mij duidelijk dat het eenvoudig niet mogelijk zou zijn om één godsdienst te ontwerpen die alle mensen voor altijd zou aanspreken. God heeft daarom een bepaalde uiterlijke godsdienst gegeven in een poging een bepaalde groep mensen aan te spreken die in een bepaalde tijd leven. In sommige gevallen is een godsdienst bedoeld om kortstondig te bestaan. In andere gevallen hoopt God dat de godsdienst een meer tijdloze en langdurige kwaliteit zal hebben. Maar je moet begrijpen dat God absoluut geen enkel verlangen heeft dat één godsdienst alle andere godsdiensten vervangt of onderdrukt.

Godsdienstige conflicten zijn zinloos

Ik heb een diep verlangen je te helpen begrijpen dat de meest zinloze van alle menselijke conflicten een onenigheid over godsdienst is. Elke ware godsdienst, elke godsdienst die van Boven is geïnspireerd, heeft één doel en ook maar één doel. Godsdienst is bedoeld om als ladder dienst te doen die mensen zal helpen naar het koninkrijk van onze Vader op te stijgen. Met andere woorden, ware godsdienst is bedoeld je zo snel mogelijk te helpen afstuderen aan de Aardse school.

Zoals ik al heb gezegd, is de sleutel tot het binnengaan van het koninkrijk der Hemelen de herkenning van eenheid achter alle verscheidenheid en daardoor alle gevoel van afscheiding en verdeling te overwinnen. Niets is daarom meer bedroevend dan mensen godsdienst te zien gebruiken als bron van verdeling en conflicten.

Wanneer men toestaat dat de betrekkelijkheid van het menselijke denken de houding van mensen tegenover godsdienst perverteert, dan wordt godsdienst onvermijdelijk de bron van onenigheid. Die strijd bindt de mensen zelfs nog sterker aan het lagere bewustzijn en dat lagere bewustzijn verhindert hen om terug naar de Hemel op te varen. Religieuze conflicten staan daarom altijd lijnrecht tegenover de bedoelingen van God. Religieuze strijd werkt altijd de reden van God om godsdienst op deze planeet te brengen tegen.

Als je jezelf beschouwt als een religieus of spiritueel iemand, dan moet je eenvoudig alle gevoel van verdelingen en conflicten over godsdienst overwinnen. Je moet een onbuigzaam respect hebben voor het recht van andere mensen een godsdienst te volgen die verschilt van de jouwe.

Het is volkomen acceptabel je godsdienstige overtuigingen en ervaringen met andere mensen te delen in een poging hen te inspireren. Ik wil echter niet dat mijn volgelingen iemand tot een bepaalde uiterlijke godsdienst proberen te bekeren, ook niet tot een Christelijke godsdienst. Je herinnert je wellicht dat ik mijn discipelen vertelde de wereld in te gaan en alle mensen tot mijn discipelen te maken. Ik wilde echter niet dat alle mensen leden van een bepaalde uiterlijke Christelijke kerk zouden worden.

Ik ben Jezus Christus en ik ben een volgeling van het innerlijke, mystieke pad tot God. Ik wil dat alle mensen dat innerlijk pad volgen.

Ik wil dat alle mensen mijn discipelen worden, maar enkel in de zin dat zij het universele pad tot individueel Christusschap volgen. Dat pad is een innerlijk pad en je kunt dat pad volgen ongeacht tot welke uiterlijke godsdienst je behoort, zelfs al is het geen Christelijke godsdienst. Omdat het pad een innerlijk pad is, is er geen lidmaatschap vereist van een bepaalde uiterlijke godsdienst.

Laat me dit gedeelte afsluiten door één ding absoluut duidelijk te maken. God is zich wel bewust van de omstandigheden die op Aarde aanwezig zijn. God weet hoe het menselijke denken een ware uitspraak tot een relatief leerstuk kan maken. God weet van de machtselite die alles zal doen om absolute macht te krijgen. God is zich daarom geheel bewust van het risico dat verbonden is aan het voortbrengen van godsdienst op deze planeet. Vanwege dat risico verleent God eenvoudig geen monopolie aan één enkel mens of één enkele menselijke organisatie. Geen enkele godsdienst heeft ooit het alleenrecht op God gehad en geen enkele godsdienst zal ooit zo'n recht gegeven worden.

De reden dat zoveel Christenen geloven dat het Christendom de enig ware godsdienst moet zijn is omdat ze geloven dat ik de enige zoon van God was. Als ik de enige zoon van God zou zijn, dan zou uiteraard de kerk die ik stichtte de enig ware kerk moeten zijn. Ik hoop dat je nu inziet dat het idee dat ik de enige zoon van God zou zijn, onjuist is. Daarom moet het makkelijk te accepteren zijn dat het Christendom niet de enige ware godsdienst op planeet Aarde is.

Ik wil nog één ding duidelijk maken. Iedereen die zich laat betrekken in religieuze conflicten is niet een van mijn ware volgelingen. Niets is meer bedroevend dan een mens te zien die godsdienst gebruikt om het doden van een van zijn broeders of zusters te rechtvaardigen. Ik hoop dat je beseft dat er niet zo iets is als een heilige oorlog. Het idee dat er mogelijk rechtvaardiging bestaat voor het ombrengen van iemand in de naam van God kan enkel voortkomen uit de relativiteit en zelfzuchtigheid van het menselijke denken.

Het heeft geen enkele werkelijkheid in God.

Als je jezelf beschouwt als een van mijn ware volgelingen, maak dan vrede met die broeders en zusters van je die een godsdienst volgen die verschilt van de jouwe. Als je geen vrede met je broeders en zusters kunt of wilt maken, hoe kun je dan hopen vrede met je God te maken? Als je geen vrede met je God gemaakt hebt, hoe kun je dan hopen zijn koninkrijk binnen te komen?

Is Jezus helemaal alleen in de Hemel?

Deze vraag lijkt misschien naïef, maar ik zou graag willen dat je erover nadenkt. De reden hiervoor is dat zoveel christenen lijken aan te nemen dat ik hierboven alleen met God ben. Vanwege de blinde verering die rondom mijn uiterlijke persoon is opgebouwd, geloven veel mensen in ideeën die er op duiden dat ik op de een of andere egotrip ben. Als ze denken dat ik de enige zoon van God ben, dan volgt hieruit dat ze denken dat ik het meest belangrijke wezen in de hemel ben en dat ik wil dat alle mensen mij als zodanig zien. Dit is een totaal foutieve gedachte.

De bijbel zelf bevat de uitspraak: 'God maakt geen onderscheid tussen mensen.' De betekenis van deze uitspraak is dat God geen ontzag heeft voor de hogen en machtigen der aarde, maar het is ook van toepassing op de wezens in de hemel.

In de hemel zijn geen favoriete personen. Geen enkel geestelijk wezen is belangrijker dan enig ander geestelijk wezen. God heeft geen favoriete zoon. Voor God zijn al zijn zonen en dochters favoriet. Hoe kan er bevoorrechting en rivaliteit in de hemel zijn wanneer wij allen erkennen dat iedereen een individualisatie van God is? Hoe kan één individualisatie van God mogelijk belangrijker zijn dan een andere individualisatie van God? Dit is gewoon onzinnig.

Het probleem is opnieuw dat mensen terugredeneren en menselijke kwaliteiten op God projecteren, namelijk bevoorrechting en de waardeoordelen die uit het menselijke denken voortkomen.

Ik wil er absoluut zeker van zijn dat je beseft dat ik niet alleen in de hemel ben. Ik wil ook dat je begrijpt dat ik niet het enige geestelijke wezen ben die met planeet Aarde werkt. Ik ben niet de enige geestelijke leraar die ooit tot de mensheid kwam.

Ik ben een teamspeler

Ik zie mijzelf als onderdeel van een team en ik ben niet de leider van dat team. Wij zijn een groep geestelijke wezens die voortdurend werken om mensen (die wij niet- opgevaren geestelijke wezens noemen) te inspireren om hun staat van bewustzijn te verhogen. Dit is een geestelijk broeder- en zusterschap. Er bestaat geen concurrentie of rivaliteit onder ons. We zijn werkelijk één in ons verlangen om

God te dienen en te helpen al zijn zonen en dochters naar huis terug te brengen.

In de bijbel wordt naar dit geestelijke team verwezen als ' De heiligen gekleed in het wit'. Hiermee wordt geen witte kleding bedoeld, maar wit licht. Door de eeuwen heen heeft ons geestelijk team met mensen uit vele verschillende culturen gewerkt. Ons team heeft alle ware godsdiensten geïnspireerd die op planeet Aarde worden gevonden en vandaag de dag gaan we door met iedereen te inspireren, die bereid is te luisteren en zijn of haar bewustzijn te verhogen.

Enkele geestelijke wezens uit ons team zijn nooit naar planeet aarde afgedaald en hebben nooit een fysiek lichaam aangenomen. De meeste van onze teamleden zijn echter wel naar de aarde gekomen, zoals ik dat deed, en droegen hetzelfde soort lichaam dat jullie nu dragen. Ik vertel jullie dit omdat ik je wil laten begrijpen dat wij die jullie geestelijke leraren zijn niet van jullie verschillen.

Mensen zijn er zo snel mee om iedereen die boven de massa uitstijgt tot idool te maken. We hebben geen enkel verlangen menselijke idolen te worden, maar we hebben een wens als voorbeelden te worden gezien om door allen te worden nagevolgd. Wanneer een geestelijk wezen naar de aarde komt neemt dat wezen hetzelfde fysieke lichaam aan dat jullie nu dragen. Dat geestelijke wezen staat voor dezelfde uitdagingen waar jullie nu voor staan.

Veel van de geestelijke wezens die nu met mij in de hemel zijn, zijn door hetzelfde proces gegaan, waar jullie doorheen gaan. Zij vielen in een lagere bewustzijnstaat en raakten hun herinnering aan hun goddelijke oorsprong kwijt. Ze volgden een systematisch pad dat hen in staat stelde om geleidelijk naar een staat van bewustzijn terug te klimmen waarin ze uiteindelijk terug naar de hemel konden opvaren.

Wat één heeft gedaan, kunnen allen doen

Ik vertel jullie dit want ik wil dat jullie beseffen dat wat één mens heeft gedaan, voor alle mensen mogelijk is om te doen. Ik daalde af in een fysiek lichaam en ik moest door een proces heengaan voordat ik in aanmerking kwam voor mijn hemelvaart. In tegenstelling tot wat men aanneemt was mijn hemelvaart niet gegarandeerd. Het was afhankelijk van mijn vrije wil en ik had inderdaad de mogelijkheid het niet te halen.

Is Jezus helemaal alleen in de Hemel?

Ja, ik wil dat jullie weten dat de Jezus Christus die jullie als ver boven jullie verheven zien, inderdaad de mogelijkheid had om te falen. Ik had kunnen weigeren het geestelijke pad te bewandelen om het Christusbewustzijn te bereiken. Ik had kunnen weigeren om de kruisiging te ondergaan en ik heb in feite God gevraagd om die beker van mij weg te nemen. Maar ik zei ook, 'Niet mijn wil maar de uwe geschiede.'

Door de genade van God en de keuzes van mijn vrije wil, heb ik het pad bewandeld, heb ik het Christusbewustzijn verkregen en ik ben weer naar het koninkrijk van onze Vader opgevaren. Maar om dat te doen, moest ik precies hetzelfde pad volgen dat jullie nu volgen (of je nu al of niet beseft dat je het geestelijke pad volgt). Ik moest een fysiek lichaam aannemen en ik moest keuzes maken evenals jullie nu keuzes maken.

Ik wil dat jullie beseffen dat er vele wezens in de hemel zijn en ik wil graag dat jullie hen zien als opgevaren wezens of opgevaren meesters. Deze wezens verschillen niet fundamenteel van jullie. Zij waren eens op planeet Aarde geïncarneerd en zij zagen dezelfde problemen en uitdagingen onder ogen die jullie nu onder ogen zien. Ik kan jullie verzekeren dat een aantal van deze wezens dezelfde, en in veel gevallen zelfs ernstiger fouten maakten dan die jullie hebben gemaakt. Zij stonden voor dezelfde situaties die net zo moeilijk waren als de situaties waar jullie nu voor staan. Maar juist het feit dat deze mensen in staat waren om weer terug naar huis te komen, laat zien dat jullie ook weer thuis kunnen komen.

Sta me toe gewoon een paar mensen uit de bijbel op te noemen die nu opgevaren wezens zijn en deel zijn van het team waar ik ook toe behoor. Mijn geliefde moeder, Maria, is tegenwoordig een opgevaren meester, die de vrouwelijke tegenhanger van Aartsengel Rafaël is. Mijn geliefde vader, Jozef, is tegenwoordig een opgevaren meester en zijn naam is Saint Germain. Mijn geliefde Magda is een opgevaren meester en zo is mijn dierbare Paulus. Hetzelfde geldt voor Johannes de Doper en Johannes de Geliefde. Tijdens de afgelopen 2000 jaar zijn een aantal mensen opgevaren en sommigen van hen waren inderdaad Christenen. De meest bekende is mijn dierbare Franciscus van Assisi, die nu de opgevaren meester Kuthumi is.

Er zijn ook veel opgevaren meesters die geen Christen waren. De meest bekende is zonder twijfel mijn dierbare broeder van licht,

Gautama Boeddha. Ja, er is inderdaad geen rivaliteit tussen mij en de stichter van de prachtige religie Boeddhisme genaamd. Een van de andere broeders van licht stichtte het filosofische systeem van Taoïsme en weer een ander die van het Confucianisme. Ik ben ook een broer van Heer Krishna, die mijn oosterse tegenhanger is. Krishna bracht de kennis van het Christusbewustzijn naar het oosten, zoals ik het naar het Westen bracht.

In de hemel zijn we allemaal broeders en zusters. Op Aarde hebben mensen toegestaan dat de relativiteit van het menselijke denken hen onderling verdeelt. Ik spreek voor al mijn broeders en zusters als ik zeg dat wij allen graag de vorming van een universeel broeder- en zusterschap op planeet aarde willen zien.

Dat betekent niet dat we willen dat alle mensen lid van een bepaalde uiterlijke godsdienst worden. In tegendeel, wij willen graag dat mensen van elke godsdienst, besluiten het universele innerlijke pad te volgen, dat ik in deze leringen beschreef. Wij willen mensen van elke maatschappelijke klasse laten inzien dat iemand die dat universele pad volgt een van hun broeders en zusters in de geest is. Wij willen dat jullie deze broeders en zusters liefhebben als jezelf.

Ik ben Jezus Christus en ik wil dat jullie je broeders en zusters liefhebben zoals ik jullie heb liefgehad en zoals ik nog steeds van jullie houd. In de hemel is alle omgang met elkaar op liefde gebaseerd. Als Gods koninkrijk op aarde moet worden gemanifesteerd, moet iemand beginnen die goddelijke liefde te belichamen. Iemand moet beginnen om iedereen met goddelijke liefde te behandelen. Die iemand moet een persoon zijn die het innerlijke pad erkent en dat pad durft te volgen.

Mijn dierbare, die iemand kan jij zijn.

Wist Jezus van Reïncarnatie af?

Deze vraag kan voor veel orthodoxe Christenen schokkend overkomen, maar ik heb een goede reden om je te vragen hem te overwegen. Laten we beginnen met historische feiten. Het denkbeeld van reïncarnatie is onderdeel van het godsdienstige leven op deze planeet geweest dat even ver teruggaat als wij een opgeschreven geschiedenis hebben (en nog veel verder terug). Toen ik op Aarde was, bestonden er vele groepen en sekten in Israël die in reïncarnatie geloofden. Recente archeologische ontdekkingen hebben aangetoond dat ik was aangesloten bij de Esseense gemeenschap in Qumran. De Essenen geloofden in reïncarnatie.

Ik heb je verteld dat ik naar het Verre Oosten ben gereisd en de godsdienst van het Hindoeïsme en Boeddhisme bestudeerd en in praktijk gebracht heb. Deze godsdiensten leren reïncarnatie. Ik denk daarom dat de meeste orthodoxe Christenen in staat moeten zijn het idee te accepteren dat Jezus Christus inderdaad bekend was met het denkbeeld van reïncarnatie. Laten we nu onze vraag een beetje uitbreiden door te overwegen of er passages in de bijbel zijn, die op reïncarnatie wijzen. Kijk naar het gedeelte dat beschrijft hoe ik een man genas die vanaf zijn geboorte blind was. Na de genezing vroegen mijn discipelen mij, 'Wie heeft gezondigd, deze man of zijn ouders?'

Denk er eens over na waarom mijn discipelen zo'n vraag zouden stellen? Het is duidelijk dat mijn discipelen geloofd moeten hebben dat het mogelijk was dat deze man zich zelf deze blindheid had aangedaan. Maar de man was blind geboren. Wanneer kon hij dan gezondigd hebben? Ik weet dat er theologen zijn die redeneren dat hij in de baarmoeder gezondigd moet hebben, maar lijkt je dit eerlijk gezegd logisch toe? Hoe kan een ongeboren kind zo'n ernstige zonde begaan dat het de straf van blindheid rechtvaardigde? Zou een rechtvaardige en liefdevolle God ooit zo'n straf opleggen? Als je de Oudtestamentische wet van 'oog om oog' overweegt, zou daar uit volgen dat blindheid een straf zou zijn voor het vernietigen van het gezichtsvermogen van een ander mens. Hoe zou een ongeboren kind, blindheid aan iemand anders kunnen toebrengen?

Een eenvoudiger verklaring

In plaats van zulke gekunstelde theologische argumenten zou het niet eenvoudiger zijn te zeggen dat de man in een vorig leven had gezondigd? Hij is blind geboren op grond van daden die hij in dat vorige leven had begaan. Ik laat het aan jou over hierop een antwoord te geven.

Bekijk nu eens een andere passage uit de bijbel. Ik verklaarde dat Johannes de Doper inderdaad Elia was die was weer gekomen. Als Johannes Elia was, hoe kan hij dan zijn weer gekomen? Johannes verscheen niet plotseling als gevolg van het een of ander wonder. Johannes was verwekt en gedragen door een vrouw zoals elk ander kind dat ooit op deze planeet is geboren. Zou het daarom niet logisch zijn dat Johannes de Doper de reïncarnatie van de profeet Elia was?

Het was duidelijk dat Johannes nauw bij mijn missie betrokken was. Lijkt het onmogelijk dat het geestelijke wezen dat de profeet Elia was ervoor gekozen zou hebben om te reïncarneren om mijn missie in Galilea te ondersteunen? Vandaag de dag is Johannes de Doper inderdaad een Opgevaren meester en hij maakt deel uit van ons team. Dat team heeft al heel lang bestaan en een aantal van de leden ervan kwam lang voor mijn komst als Jezus Christus op Aarde. Ze kwamen om de basis voor mijn missie te leggen.

Ik heb jullie deze gedachten gegeven omdat ik weet dat veel orthodoxe Christenen geprogrammeerd zijn tegen het idee van reïncarnatie. Daarom wilde ik je een voorzichtige introductie voor de volgende vraag geven.

Leerde Jezus Reïncarnatie?

Laten we beginnen om naar de historische feiten te kijken. Iedereen die de moeite neemt om in de historische gegevens van de vroege Kerk te duiken, zal zien dat tussen de vierde en zesde eeuw, de Rooms Katholieke Kerk een aantal decreten heeft uitgevaardigd die het denkbeeld van reïncarnatie effectief als ketterij uitbande. Deze kennis is beschikbaar voor iedereen die de moeite wil nemen om wat onderzoek te doen. Sommige theologen weten in feite dat de verordening om reïncarnatie als ketterij te verbannen geen pauselijke goedkeuring verkreeg. Sommigen stellen daarom dat deze verordening geen officiële kerkleer is. Ik wil echter niet ingaan op deze argumenten over de kerkpolitiek.

Het feit dat de Kerk een besliste poging deed om reïncarnatie als ketterij te verbannen laat zien dat het denkbeeld van reïncarnatie deel was van het vroege Christendom. Dit is gewoon een historisch feit dat niemand, tenminste niemand die bereid is de werkelijkheid onder ogen te zien, kan ontkennen.

Als reïncarnatie inderdaad deel was van het vroege Christendom, hoe kon dit idee dan in het Christelijk geloof zijn gebracht? Is het mogelijk dat het idee deel was van het vroege Christendom, omdat het bekend gemaakt is door dezelfde persoon die het Christendom stichtte, namelijk ikzelf?

Voordat ik deze vraag beantwoord, laten we eens kijken waarom er zoveel weerstand tegen het idee van reïncarnatie bestaat. Zoals het geval was met het denkbeeld dat ik de enige zoon van God zou zijn, is ook hier weer een innerlijke en uiterlijke reden aanwezig.

Innerlijk verzet tegen reïncarnatie

De innerlijke reden om reïncarnatie te verwerpen is het menselijke denken en de volledige weigering ervan om verantwoordelijkheid voor iets te nemen. Zolang iemand zich met het menselijke denken identificeert, zoekt die persoon wegen om zijn of haar wijze van doen te rechtvaardigen. Dit kan nogal een moeilijk probleem worden.

Je leeft in een universum dat door een natuurlijke wet bestuurd wordt, die de moderne wetenschap de Wet van Oorzaak en Gevolg noemt. Met andere woorden, je leeft in een universum waar al je handelingen gevolgen hebben in enige vorm. Elke bestaande godsdienst beschrijft in de een of andere vorm, deze universele wet. De bijbel is hierop geen uitzondering want zij leert dat, zoals een mens zaait, zal hij ook oogsten.

Het is een vaststaand feit dat je handelingen gevolgen voortbrengen en dat die gevolgen op de een of andere manier van invloed op je zijn. Als daarom het menselijke denken een bepaalde daad wil rechtvaardigen, moet het een manier vinden om de Wet van Oorzaak en Gevolg te ontkennen of weg te redeneren. Als je het denkbeeld accepteert dat elke daad gevolgen heeft, dan kun je niet zonder meer bepaalde daden rechtvaardigen, omdat je beseft dat je de gevolgen niet kunt ontlopen.

Het menselijke denken kent echter een uitweg uit dit dilemma. De meeste mensen ervaren dat zij wel een verkeerde daad kunnen plegen en daarvan niet de consequenties hoeven te dragen. Als je een verkeerde daad begaat en als niemand er achter komt dat die door jou werd gepleegd, dan kun je er (ogenschijnlijk) ' mee wegkomen'. Het menselijke denken gebruikt deze veel voorkomende ervaring om te bewijzen dat het mogelijk is een verkeerde daad te bedrijven en de gevolgen van die daad te ontlopen. Met andere woorden, als je slim genoeg bent om ontdekking te vermijden, dan kun je ook de gevolgen van je daden vermijden. Het menselijke denken heeft het idee dat dit een volkomen logische en gezonde manier van redeneren is. Miljoenen zielen zijn zo door de relativiteit van het menselijke denken in beslag genomen dat zij serieus in deze manier van redeneren geloven. Hoe reageert zo'n ziel als zij geconfronteerd wordt met het idee van reïncarnatie?

Het wezenlijke van het idee van reïncarnatie is dat je nooit aan de gevolgen van je daden kunt ontsnappen. Je kunt misschien een verkeerde daad voor andere mensen verbergen zodat je geen enkel gevolg van die daad in dit leven hoeft te ondergaan. Maar je kunt nooit iets voor God verbergen en daarom zul je onvermijdelijk de gevolgen van je daden ondervinden. Als je deze gevolgen niet in dit leven voelt, dan zul je ze in een toekomstig leven voelen.

Het denkbeeld van reïncarnatie is een gevoelige klap voor de redenering van het menselijke denken dat het mogelijk is de gevolgen van je handelingen te ontlopen. Iemand die zijn of haar leven daarom gebaseerd heeft op het idee dat het mogelijk is straf te ontlopen, zal niet gauw positief tegenover het idee van reïncarnatie staan. Dit idee legt alle verantwoordelijkheid bij het individu en dat kan voor sommige mensen angstaanjagend zijn.

Wat ik probeer hier duidelijk te maken is dat veel mensen het slachtoffer worden van een psychologisch mechanisme dat hen ertoe brengt het denkbeeld van reïncarnatie te negeren, af te wijzen of weg te redeneren.

Uiterlijk verzet tegen reïncarnatie

Laten we nu eens naar de uiterlijke reden kijken om reïncarnatie af te wijzen. Het is een historisch feit dat een van de personen die een grote rol speelde in het gebeuren dat de Kerk het denkbeeld van reïncarnatie verbood, de vrouw van de Romeinse keizer Justinius was. Haar naam was Theodora en ze hield niet van het idee dat ze in een toekomstig leven gestraft kon worden voor haar daden. Ze gebruikte daarom haar vooraanstaande invloed om het proces in gang te zetten dat uiteindelijk de Rooms Katholieke Kerk alle sporen, of bijna alle sporen van reïncarnatie uit het Christendom deed verwijderen. Theodora was een levend voorbeeld van hoe een machtselite op het denkbeeld van reïncarnatie reageert. In de eerste plaats houden leden van deze machtselite niet van het idee dat zij geen straf kunnen ontlopen. Maar buiten die persoonlijke zorg hadden ze een andere reden waarom ze niet willen dat mensen in het idee van reïncarnatie geloven.

Het idee van reïncarnatie houdt in dat je in een toekomstig leven voor je daden gestraft kunt worden. De andere kant van de medaille echter is dat je meer dan één leven hebt om je redding uit te werken. Dit idee spreekt een machtselite niet aan, die godsdienst wil gebruiken om absolute macht over mensen te krijgen.

De modus operandi van de machtselite is een georganiseerde kerk op te richten en te beweren dat deze kerk het enige pad tot redding biedt. Dit idee werkt het beste als mensen geloven dat ze slechts één leven hebben om hun redding veilig te stellen. Als mensen geloven dat het nu of nooit is, volgen ze veel gemakkelijker de verordeningen van de uiterlijke kerk.

Als je gelooft dat je meer dan één kans hebt om voor redding in aanmerking te komen, verdwijnt er iets van de urgentie ervan. Je zult niet zo gauw de uiterlijke kerk naar de letter volgen en je zult minder gauw de beweringen die door de kerk gedaan zijn, blindelings aannemen.

Laat me dit illustreren door je te vragen een historisch feit te overwegen. Toen het Christendom zich door Europa begon te verspreiden, had Europa een heel oude cultuur die zijn middelpunt had in het in bezit hebben van land. De eigenaar van een stuk land zou dat stuk land aan zijn kinderen doorgeven om hun voortbestaan veilig te stellen. Toen de Roomse Katholieke Kerk zijn invloed in heel Europa begon te verspreiden, bezat de Kerk niet veel land. Maar slechts na enkele eeuwen was de Rooms Katholieke Kerk de grootste eigenaar van land in Europa geworden. De Kerk kocht geen land en over het algemeen gebruikte ze geen militaire middelen om met geweld land in bezit te krijgen. Hoe kwam het dat de Kerk de grootste grondbezitter in Europa werd?

Stel je voor dat je landeigenaar bent die een goed leven heeft geleden en daardoor een aantal daden heeft begaan die de Kerk als zondig bestempelde. Tijdens je jonge jaren maakte je je niet erg bezorgd hierover. Maar je bent nu oud en je ligt op je sterfbed. In die situatie maken de meeste mensen zich natuurlijk zorgen over wat er met hen na de dood zal gebeuren. Je laat daarom de katholieke priester bij je bed komen. Je bent met het idee grootgebracht van Hel en eeuwige verdoemenis en je hebt een natuurlijk verlangen om dit te vermijden. De priester vraagt je om je zonden te belijden en na dit gedaan te hebben, besef je duidelijk dat de zaken er niet goed voor staan. De priester echter bied je een uitweg. Als je een deel van je land aan de Kerk wilt schenken, zal de Kerk je je zonden vergeven zodat jij aan de eeuwige verdoemenis kunt ontkomen. De onmiddellijke noodzaak om aan eeuwige verdoemenis te ontkomen weegt plotseling zwaarder dan je gevoel van verantwoordelijkheid tegenover je kinderen. Als je aan de andere kant geloofde dat je meer dan één leven had om je verlossing uit te werken was er geen noodzaak om die redding van de Kerk 'te kopen'.

De meeste mensen weten dat de middeleeuwse Kerk inderdaad aflaten verkocht. Zulke brieven van vergeving stelde iemand in staat vergeving voor zijn zonden te kopen en sommigen kochten zelfs vergeving voor zonden die ze niet hadden bedreven.

Ik wil niet zeggen dat dit voorbeeld de enige verklaring is voor het feit dat de Katholieke Kerk de grootse grondbezitter in Europa werd. Ik zeg dat het een deel van de reden is, maar wat ik werkelijk wil laten zien is dat een machtselite, die absolute macht wil, mensen niet kan toestaan in het denkbeeld van reïncarnatie te geloven. Dit idee plaatst de vraag van straf in de handen van God, een autoriteit die ver boven de mensen staat. De machtselite wil zelf het idee van straf controleren. Met andere woorden, om absolute macht over mensen te krijgen moet de machtselite het denkbeeld van reïncarnatie uitroeien. Ze moet jou doen geloven dat zij de sleutel tot redding in handen hebben en dat het nu of nooit is. Als je niet doet wat zij zeggen, dan zul je naar de Hel gaan en is er geen mogelijkheid tot ontsnapping.

Waarom is reïncarnatie belangrijk?

Ik breng het onderwerp van reïncarnatie aan de orde omdat ik wil dat al mijn volgelingen over dit onderwerp nadenken. Laat me je de redenen geven waarom ik dit onderwerp als belangrijk beschouw.

Het denkbeeld van reïncarnatie kan veel van de vragen verklaren die Christenen tot nu toe niet hebben kunnen beantwoorden. Als je dit denkbeeld onder ogen wilt zien en overweegt hoe het op een aantal vragen van toepassing is die je over het leven en over God hebt, zul je veel antwoorden in je hart vinden.

Als ik naar het moderne Christendom kijk, zie ik zoveel mensen die een oprechte en toegewijde poging gedaan hebben om mijn leringen via de uiterlijke geschriften en de uiterlijke kerken te volgen. Maar omdat de uiterlijke geschriften niet de sleutel tot mijn innerlijke leringen bevatten, zitten mensen met talrijke vragen die ogenschijnlijk geen antwoorden hebben. Vanwege deze onbeantwoorde vragen hebben veel Christenen een zeer diepe en vaak niet herkende boosheid en wrok tegen mij en tegen God.

Veel Christenen voelen dat de missie van Jezus Christus min of meer een klap in het gezicht van de mensheid was. De reden hiervoor is dat het orthodoxe Christendom een doel stelt, maar geen duidelijk omschreven pad beschrijft om dat doel te bereiken. Het doel dat het orthodoxe Christendom hoog houdt is eeuwig leven, maar ze voorziet niet in een logisch opgebouwd pad om dat eeuwig leven te verkrijgen.

Ik hoop dat je nu kunt zien dat de belangrijkste reden waarom het orthodoxe Christendom niet een pad tot eeuwig leven geeft is dat de leringen over individueel Christusschap verwijderd zijn. De enige sleutel om eeuwig leven te krijgen is individueel Christusschap.

Om terug te keren naar het denkbeeld van reïncarnatie, wil ik zeggen dat dit idee je kan helpen veel van je onbeantwoorde vragen te beantwoorden. Bijvoorbeeld, veel mensen hebben kinderen gezien die met een zware handicap zijn geboren, hetzij verstandelijk, emotioneel of lichamelijk.

Als je niet in reïncarnatie gelooft is je enige mogelijkheid te redeneren dat God wilde dat die ziel zo geboren werd. Je blijft dan zitten met de vraag waarom God zou willen dat een ziel met zo'n zware handicap in de wereld zou komen, in wat zogenaamd het enige leven van de ziel is. Als je daarbij het denkbeeld van straf toevoegt dat door de orthodoxe kerk gepropageerd wordt, blijf je achter met de redenering dat God die ziel wel moet hebben willen straffen. Maar waarom zou een rechtvaardige en liefdevolle God een ziel willen straffen die zelfs niet de mogelijkheid gehad heeft om te zondigen?

Als je het denkbeeld van reïncarnatie accepteert, zie je een verklaring. Elk mens heeft eerder geleefd. De omstandigheden die je in dit leven ervaart zijn de gevolgen van oorzaken die je persoonlijk in voorgaande levens in beweging hebt gezet. In zijn zuivere vorm houdt het denkbeeld van reïncarnatie niet het idee van straf in. Laat me dat wat duidelijker uitleggen.

Toen God de wereld schiep, zei God, 'Laat er Licht zijn.' Licht is eenvoudig energie. Alles in de hele vormwereld is gemaakt van Gods energie. Alles wat je doet is daarom met Gods energie gedaan.

God heeft je vrije wil gegeven en jij kunt beslissen wat te doen met Gods energie. Het zou echter eenvoudig niet juist zijn een wereld te scheppen waarin wezens met vrije wil alles konden doen wat ze wilden, ongeacht de gevolgen die dit voor anderen had. God heeft daarom de Wet van Oorzaak en Gevolg in het leven geroepen. Deze wet bepaalt dat de energie die je in de wereld uitzendt onvermijdelijk aan je terug zal worden gezonden.

De Wet van Oorzaak en Gevolg is een volledig onpersoonlijke wet. Het is even onpersoonlijk als de wet van de zwaartekracht. Als je uit een vliegtuig springt zonder parachute, zal de zwaartekracht ervoor zorgen dat je naar beneden valt en omkomt. Jouw dood is niet de straf van een boze God. Jouw dood is het onpersoonlijke gevolg van een natuurlijke wet die alle voorwerpen naar beneden doet vallen. De Wet van Oorzaak en Gevolg, of de Wet van Karma zoals het in het Oosten genoemd wordt, is niet gemaakt omdat God een verlangen had mensen te straffen. Het werd gemaakt als een veiligheidsmechanisme om het misbruik van vrije wil te voorkomen.

In werkelijkheid is de Wet van Oorzaak en Gevolg een plaatsvervangende leraar.

Ik heb je al verteld dat de Hof van Eden als een schoollokaal was bedoeld om je ziel voor te bereiden voor een leven in de stoffelijke wereld. De god in de Hof van Eden was niet God in de ultieme zin van het woord. Het was een vertegenwoordiger van God, namelijk een geestelijk wezen dat vrijwillig had aangeboden om als leraar dienst te doen. Ik heb je ook verteld dat een aantal zielen, nadat ze van de verboden vrucht hadden gegeten, besloten zich voor hun leraar te verbergen.

Toen God het universum schiep, was het Gods verlangen dat zielen altijd deel zouden uitmaken van de keten van hiërarchie, de Guru-chela (Meester-discipel) relatie. Met andere woorden, geen enkele ziel zou aan haar lot worden overgelaten; alle zielen zouden de liefdevolle begeleiding van een geestelijke leraar krijgen. God gaf alle zielen ook een vrije wil en daarom besefte God dat sommige zielen die vrije wil zouden kunnen gebruiken om zich van de geestelijke leraar af te wenden. Als een ziel zich van de geestelijke leraar afkeert, dan moet er een soort mechanisme zijn dat kan werken als een vervangende leraar.

Als een ziel de geestelijke leraar afwijst, hoe kan de ziel dan nog leren? Het kan leren door de Wet van Oorzaak en Gevolg. Deze wet stelt dat de stoffelijke wereld eenvoudig een spiegel is die alles wat je uitzendt naar je terugkaatst.

Als je haat de wereld inzendt zal die energie van haat op je eigen stoep teruggelegd worden. Als je liefde de wereld inzendt zal het universum liefde naar je terugzenden. De Hof van Eden was de school van liefdevolle, geestelijke begeleiding. De Wet van Oorzaak en Gevolg is de harde leerschool van het leven. Daarom vereiste het Oude testament een oog voor een oog en een tand voor een tand. Deze wet werd gegeven aan mensen in zo'n lage bewustzijnstaat dat zij niet in staat waren een hogere wet te begrijpen.

De Wet van Oorzaak en Gevolg

De Wet van Oorzaak en Gevolg is ontworpen om jou je lessen te laten leren, door je de gevolgen van je daden te laten ervaren. Wanneer je een actie onderneemt, veroorzaakt die actie een kettingreactie. Jouw actie zendt een energie-impuls naar het universum en die energie-impuls zal onontkoombaar naar je terug worden gezonden. Echter, vanwege het mechanisme van de stoffelijke wereld, dat de moderne wetenschap op een dag zal verklaren, verstrijkt er tijd voordat de energie bij je terugkomt. Stel je voor dat iemand een ander mens ombrengt, maar nooit als de moordenaar wordt geïdentificeerd. Die persoon ontvangt dus geen aardse straf voor zijn daden. De persoon sterft aan ouderdom zonder de gevolgen van zijn daden te ervaren. Als er geen reïncarnatie zou bestaan, zou hij ongestraft blijven.

Met andere woorden, als mensen slechts één leven op Aarde hadden, zou God hen die bereid waren te liegen en te bedriegen, op een oneerlijke manier bevoordeeld hebben. Als je een leugenaar was, zou je straf kunnen ontlopen voor de meest verschrikkelijke daden, zolang je niet door andere mensen ontdekt werd. Door het instellen van de Wet van Oorzaak en Gevolg heeft God deze schijnbare onrechtvaardigheid gecorrigeerd. God heeft verzekerd dat geen enkel mens ooit aan de gevolgen van zijn daden zal kunnen ontsnappen. In de meeste gevallen echter zullen mensen die gevolgen niet eerder dan in een toekomstig leven ervaren.

Je zou kunnen redeneren dat het uitstel van de gevolgen het moeilijker maakt je lessen te leren. Zou het niet beter zijn als het universum je op de een of andere manier met een bliksemstraal zou treffen op het moment dat je een zonde begaat? Maar deze lijn van redeneren is enkel toepasselijk als je geen kennis hebt van de Wet van Oorzaak en Gevolg. Zulke onwetendheid was nooit Gods bedoeling. God wilde dat mensen zouden weten dat zij nooit de gevolgen van hun daden kunnen ontlopen. Bovendien, als je slechts één leven op Aarde had en als je een daad beging waarvoor het universum je dood zou eisen, dan zou je je mogelijkheden om te leren hebben afgebroken. Daarom heeft God een uitgestelde reactie ontworpen en in werkelijkheid is dit een daad van barmhartigheid.

Zie je, de uitgestelde terugkeer van je karma opent de mogelijkheid dat God, door zijn barmhartigheid en genade, kan voorkomen dat jij de gevolgen van je daden ondergaat.

Om dit volledig te begrijpen moet je het eeuwenoude idee loslaten dat God een boze God is die jou voor elke overtreding van zijn wet wil straffen. In werkelijkheid is God een liefhebbende God die jou alleen maar in je Christusschap wil zien groeien. Daarom heeft God maar één wens en dat is te zien dat jij je lessen in het leven leert.

Door de terugkeer van de gevolgen van je daden te vertragen, opent God de mogelijkheid dat als jij je les werkelijk leert en de staat van bewustzijn verlaat die je die verkeerde daad deed begaan, dat je dan niet de gevolgen van die daad hoeft te ondergaan.

Op het moment dat je een verkeerde daad pleegt, zend je een energie-impuls naar het universum. Als je echter volledig beseft dat je daad verkeerd was en daardoor naar een hogere bewustzijnstaat stijgt, waarin je die daad nooit zou hebben kunnen plegen, dan heeft het geen nut dat je de gevolgen van die daad ondervindt. God wil je niet straffen; God wil dat je je lessen leert.

Als je je les hebt geleerd, heeft het geen zin je groei tegen te houden door van je te eisen dat je de onaangename gevolgen ondergaat. Met andere woorden, als je je les hebt geleerd voordat de energie-impuls door het universum aan je is teruggezonden, kan God, door zijn barmhartigheid en genade, die energie-impuls verteren voordat het je in een toekomstig leven treft. In veel gevallen staat God een van je geestelijke broeders en zusters toe die last, dat karma, voor je te dragen.

Als je echter je les niet leert, zal God het universum de energie-impuls naar je terugzenden. Zodoende ontvang je een tweede mogelijkheid om te leren (op de moeilijke manier).

Ik ben me bewust dat veel mensen zullen zeggen, 'Nu dan, hoe kunnen mensen van een ramp leren als ze geen idee hebben dat die het gevolg van hun eigen daden is?' Dit is een geldige bedenking, maar het staat werkelijk los van God en Gods ontwerp van het universum. God schiep de Wet van Oorzaak en Gevolg en God heeft talrijke godsdiensten voortgebracht die mensen over die wet onderricht geven. Het feit dat sommige mensen besloten hebben Gods leringen over de Wet van oorzaak en Gevolg te negeren is werkelijk Gods verantwoordelijkheid niet. Het is een onontkoombaar gevolg van het feit dat sommige mensen doorgaan hun vrije wil te misbruiken.

God wilde dat iedereen altijd de liefdevolle begeleiding van een geestelijk leraar had. Toen mensen de geestelijke leraar hun rug toekeerden en afdaalden in de stoffelijke wereld, liet God hen niet zonder troost achter. God maakte geestelijke leringen bekend die de omstandigheden verklaren waar mensen in deze wereld voor komen te staan. Als mensen besluiten deze leringen te negeren of zelfs te verdraaien, dan is er voor God geen andere mogelijkheid om de wet hun leraar te laten zijn.

God kan alleen maar hopen dat mensen op een gegeven moment zich beginnen af te vragen waarom hen bepaalde dingen overkomen. Misschien zullen ze op een dag bedenken dat het hun eigen daden zijn die leiden tot de toestand die ze ervaren. Misschien zal de mensheid op een dag beseffen dat ze bezig zijn zichzelf te vernietigen en dat het aan hen is deze neerwaartse spiraal te veranderen. God kan niets doen om de situatie te veranderen zonder inbreuk te maken op de vrije wil van mensen en God respecteert die vrije wil.

De leerschool van het leven

Een andere reden dat de Wet van Oorzaak en Gevolg een effectieve leraar is, is dat mensen die het rechtstreekse contact met een geestelijk leraar hebben verloren vaak alleen door ervaring leren. Bijvoorbeeld, stel je iemand voor die geboren is om koning te zijn van een land in het Europa van de Middeleeuwen. De koning misbruikt zijn macht en behandelt zijn onderdanen zeer slecht. Hij leeft in een overdadige weelde terwijl zijn onderdanen in troosteloze armoede leven. De koning leeft in zijn mooie paleis en heeft geen idee hoe zijn onderdanen lijden. De ziel van de koning zal daarom niets leren van de gevolgen van zijn daden. Maar de Wet van Oorzaak en Gevolg zal vereisen dat de ziel van de koning in een toekomstig leven de situatie van de tegenovergestelde kant moet ervaren. Met andere woorden, de ziel moet geboren worden als een onderdaan van een andere tirannieke koning. Door de gevolgen van zijn vorige daden rechtsreeks zelf te ondergaan heeft de ziel de mogelijkheid te leren en zou daardoor kunnen kiezen de staat van bewustzijn te verlaten die leidt tot egoïsme.

Kennelijk vinden sommige zielen het heel moeilijk om deze eenvoudige les te leren. Daardoor blijven ze keer op keer in dezelfde uiterlijke omstandigheden incarneren voordat ze uiteindelijk de les leren en doorgaan naar betere omstandigheden. Maar als zo'n ziel bereid is zich tot een geestelijke leer en een geestelijke leraar te wenden, kan de ziel heel snel de les leren dat egoïsme nooit tot groei leidt. De ziel kan zelfs de beslissende les leren dat zij het hele bewustzijn van het menselijke denken moet opgeven en het bewustzijn van de Christusgeest moet omarmen.

Leerde Jezus Reïncarnatie?

Ik ben Jezus Christus en ik gaf mijn leven om de leringen van het Christusbewustzijn bekend te maken. De geestelijke leraren die mijn broeders en zusters zijn, hebben ook geprobeerd dezelfde leringen in verschillende bewoordingen te brengen. Eigenlijk heeft geen enkel mens ooit op planeet Aarde geleefd zonder toegang te hebben tot de een of andere vorm van geestelijke leringen.

Ik geef toe dat vanwege het bestaan van een machtselite en vanwege de relativiteit van het menselijk denken, veel mensen geen toegang tot een zuivere geestelijke leer hadden. Maar er was altijd iets wat de ziel als opstap kon gebruiken om tot een hoger begrip van leven te komen. Als de ziel bereid zou zijn geweest om datgene te gebruiken wat beschikbaar was, en dan voorbij de uiterlijke leringen te zien, dan zou de ziel zeker hogere leringen van binnenuit hebben ontvangen.

De wezenlijke boodschap die ik in dit onderdeel wil overbrengen is dat God al het mogelijke gedaan heeft om het jou gemakkelijk te maken de ene les te leren die je in het leven moet leren. Maar de betrekkelijkheid van het menselijke denken kent geen einde. Het kan een oneindige verscheidenheid aan excuses bedenken voor het niet aannemen of het niet volgen van ware geestelijke leringen.

God heeft je vrije wil gegeven en het is aan jou te kiezen of je de ware weg wilt volgen die afkomstig is van de geestelijke hiërarchie van Licht of dat je de verkeerde weg wilt volgen, de weg die het menselijke denken goed toe schijnt.

Voordat ik het onderwerp reïncarnatie beëindig, laat me je nog een reden geven waarom ik graag wil dat mijn volgelingen dit denkbeeld overwegen.

Ik wil graag dat je reïncarnatie in overweging neemt, omdat het werkelijkheid is. Toen ik op Aarde verscheen, kende ik de wet van mijn Vader, en ik onderwees die wet aan mijn volgelingen. Ik heb nooit gewild dat de latere Christelijke kerken de sleutel tot kennis zouden wegnemen. Daarom zeg ik tot die autoriteiten in de orthodoxe kerken die het denkbeeld van reïncarnatie hebben weggenomen, 'Wee jullie wetgevers, want jullie hebben de sleutel van kennis weggenomen. Jullie zijn zelf niet binnengegaan en diegenen die binnen wilden komen, hebben jullie verhinderd. Daarom ken ik jullie niet.'

Nam Jezus de Zonden van de Wereld Weg?

De vraag van het plaatsvervangende zoenoffer is oorzaak geweest van veel verwarring onder Christenen. Ik wil jullie graag een beter begrip van dit denkbeeld geven.

De enige manier om dit idee helemaal goed te begrijpen is door de Wet van Oorzaak en Gevolg te begrijpen, met inbegrip van de ideeën van reïncarnatie en karma. Wanneer het universum je karma aan je terugzendt, zal dat karma zwaar op je drukken. Terugkerend karma kan zich op veel verschillende manieren kenbaar maken, maar al deze manieren zullen een last voor je betekenen. Je karma zal vaak je mogelijkheid belemmeren het geestelijke pad te lopen en je bewustzijn verhinderen boven het niveau van het menselijke denken uit te stijgen.

Toen ik tweeduizend jaar geleden op Aarde kwam ging de mensheid zwaar gebukt onder terugkerend karma dat in voorgaande eeuwen gemaakt was. Het werd mij duidelijk dat mensen weinig kans zouden maken mijn ware leringen te volgen als ze zo zwaar door dit karma belast werden. Daarom verzocht ik mijn Vader in de Hemel om het terugkerende karma van de mensheid voor de komende tweeduizend jaar te mogen dragen. Dat verzoek werd mij toegestaan en daarom heb ik de last van het karma van de mensheid de afgelopen tweeduizend jaar gedragen.

Het dragen van iemands karma is niet hetzelfde als het permanent verwijderen van dat karma. Daarom is het niet juist om te zeggen dat Jezus Christus de zonden, of het karma, van deze wereld op zich genomen heeft. Ik heb mensen een tijdelijk uitstel verleend van de last van hun karma. Ik heb niet gezorgd dat ze blijvend aan dat karma konden ontkomen.

Als je het idee van het plaatsvervangende zoenoffer overweegt zoals het door sommige Christelijke kerken verkondigd wordt, is het niet moeilijk te zien dat bepaalde aspecten van dit denkbeeld eenvoudig niet kloppen. Allereerst is er het idee dat ik niet alleen de zonden op mij heb genomen die tot het moment van mijn komst op Aarde als Jezus waren begaan, maar ook alle zonden die ooit na die tijd gepleegd zouden kunnen worden.

Hoe kan ik nu zonden op mij nemen die nog niet begaan zijn? Omdat ik niet in het menselijke denken verstrikt ben, ontgaat het mij volkomen hoe iemand überhaupt iets zinnigs aan zo'n idee kan ontdekken. Dit zou mensen de vrije hand geven hen alles toe te staan wat ze maar willen doen zonder ooit de gevolgen onder ogen te hoeven zien. Hoe kunnen mensen hier nu iets van leren?

Ik ben een geestelijk leraar. Ik wil mensen helpen hun lessen zo snel mogelijk te leren. Maar het hele wezen van 'het leraar zijn' is dat je niet iemands lessen voor hem of haar kunt leren. Het is eenvoudig niet voldoende dat ik onderwijs dat menselijke daden gevolgen hebben. Jij moet die les zelf leren, want anders zal die les geen invloed op je leven hebben. Mensen moeten hun eigen lessen leren en ze moeten dat doen door tot een innerlijk besef van de waarheid van die les te komen. Een leraar kan mensen helpen hun lessen te leren, de leraar kan hen de juiste richting wijzen, maar de leraar kan de les niet voor de leerling leren. Dit wordt uitgedrukt in de uitspraak, 'Je kunt iemand naar het water leiden, maar je kunt hem niet doen drinken.'

Als ik de zonden van de wereld op mij zou nemen en daardoor die zonden wegneem, zou ik ook van mensen hun mogelijkheid wegnemen hun lessen in het leven te leren. Ik ben een ware geestelijk leraar en ik zou daarom mijn leerlingen nooit de mogelijkheid tot leren ontnemen.

Je schulden aan het leven betalen

Laat me je een korte gelijkenis vertellen om dit punt te illustreren. Twee mensen gingen naar de bank en ieder ontving een lening van 10.000 euro. Beide personen hoefden de komende vijf jaar geen afbetalingen te doen, maar de lening moest in zijn geheel worden terugbetaald. De ene persoon besteedde het geld aan een losbandig leven en toen de vijf jaren voorbij waren was er geen geld meer over. Hij kon de lening niet terugbetalen en moest daarom de gevangenis in. De ander investeerde zijn geld in een zakelijke onderneming en na vijf jaren had hij 100.000 euro verdiend. Daarom betaalde hij de lening in zijn geheel terug en bemerkte zelfs nauwelijks het bedrag dat van zijn rekening werd afgeschreven.

Dit is de goddelijke bedoeling voor het uitstel van de terugkeer van je karma. Het idee is dat in de tijd die ligt tussen het begaan van een verkeerde daad en het oogsten van het karma ervan, je je vermogen kunt vermeerderen. Wanneer je een verkeerde daad begaat, loop je een schuld op aan het leven. Op een bepaald tijdstip in de toekomst zul je die schuld moeten terugbetalen. Wanneer je een rechtvaardige daad doet, maak je goed karma en je verzamelt schatten in de Hemel. Als je goed gebruik maakt van je mogelijkheden kun je miljonair worden voordat je je schuld hoeft terug te betalen. In dat geval zal het terugbetalen van je schuld geen enkel probleem zijn.

Evenzo, toen ik aanbood de last van de mensheid op mij te nemen, was het mijn bedoeling dat mensen hun tijd goed zouden gebruiken, dat ze mijn innerlijke leringen zouden toepassen en daardoor hun schatten zouden vermeerderen die ze in de Hemel hadden verzameld. Als mijn volmacht voorbij was (van het tijdelijk dragen van de last van de zonden van de mensheid), zouden de mensen hun eigen karma weer moeten dragen en hun schulden aan het leven moeten terugbetalen. Als ze echter de mogelijkheid gebruikt hadden om zich schatten in de Hemel te verzamelen, zou het een eenvoudige zaak zijn om de schuld in zijn geheel terug te betalen.

Helaas is mijn oorspronkelijke bedoeling niet uitgekomen. Omdat mensen de sleutel tot mijn innerlijke leringen afgenomen is, zijn de meeste mensen in de afgelopen tweeduizend jaar geen geestelijke miljonairs geworden. Tegelijkertijd hebben de meeste mensen zich niet echt ingespannen om boven het menselijke denken uit te stijgen en persoonlijk Christusschap aan te doen.

Ik moet nu het feit onder ogen zien dat de tweeduizend jaar voorbij zijn en God me niet zal toestaan om nog langer het karma van de mensheid te dragen. Daarom zal dat karma onvermijdelijk beginnen neer te komen en je ziet nu al vele tekenen hiervan op Aarde. God verschaft de mogelijkheid dat ik, of een van mijn geestelijke broeders en zusters, zich kan aanbieden om het karma van iemand die nog in een fysiek lichaam is op zich te nemen. Dit wordt alleen toegestaan wanneer die persoon werkelijk zijn of haar lessen in het leven geleerd heeft, het menselijke denken achter zich heeft gelaten en een oprechte poging heeft ondernomen om persoonlijk Christusschap te verwerven. In zulke gevallen kunnen wij als geestelijke hiërarchie toestemming krijgen om blijvend een deel van iemands karma weg te nemen. Dat hebben we in het verleden voor veel individuen gedaan en we doen dat vandaag de dag nog steeds. Dit kan echter alleen op individuele basis gebeuren en het wordt uitsluitend gedaan als iemand recht heeft op deze genade.

Wat ik jullie hier vertel is dat om wat er de afgelopen tweeduizend jaar is gebeurd, of liever gezegd, wat er niet is gebeurd, de mensheid niet het recht op de blijvende verwijdering van haar karma heeft verworven. Ik mag dit alleen in individuele gevallen doen. Het terugkerende karma van de mensheid is een serieuze aangelegenheid die veel ontreddering op deze planeet kan veroorzaken. Je hebt wellicht gemerkt dat in de afgelopen decennia er een dramatische stijging in het aantal voorspellingen is geweest, die door verschillende bronnen naar voren zijn gebracht. Hoewel niet al deze voorspellingen waar zijn, moet alleen al het aantal voorspellingen een aanwijzing voor je zijn dat je in een ongewone tijd leeft. De reden voor de stijging in het aantal voorspellingen is de terugkeer van het karma van de mensheid.

Wij als Opgevaren Schare zijn bezorgd over deze situatie, maar Gods genade is oneindig. God heeft voor dit probleem een oplossing gegeven die ik in het laatste deel van dit boek zal beschrijven.

Is de Bijbel het Woord van God?

Ik breng dit onderwerp ter sprake omdat zoveel van mijn meest toegewijde volgelingen zich zo sterk aan de bijbel hebben gehecht dat ze niet open staan om andere geestelijke leringen te overwegen. In feite staan velen niet open voor het horen van mijn Levende Woord. Het spreekt vanzelf dat ik niet gelukkig ben met een situatie die verhindert dat ik met de mijnen kan communiceren. Ik weet dat veel van deze Christenen waarschijnlijk dit boek niet zullen lezen. Toch wil ik deze vraag aan de orde stellen.

Ik ben Jezus Christus en ik ben een opgevaren wezen. Alles wat ooit op Aarde is gebeurd, is opgeschreven en ik heb de volledige toegang tot die informatie. Als ik kijk naar de geschiedenis van de bijbel kan ik eerlijk zeggen dat de bijbel het meest complexe literaire werk op de planeet is.

De oorsprong van de bijbel gaat zo ver terug dat zowel de orthodoxe Christenen als de materialistische wetenschappers onwillig zouden zijn het aan te nemen. Het Oude Testament komt voort uit een oude mondelinge traditie die gedurende ontelbare generaties steeds opnieuw is verteld. Ik weet zeker dat je begrijpt dat gedurende zo'n lang proces sommige dingen verloren zijn gegaan, sommige dingen verdraaid zijn en er sommige dingen aan toegevoegd zijn.

Delen van het Oude Testament zijn inderdaad als gevolg van goddelijke inspiratie ontstaan. Veel dingen zijn aan het oorspronkelijke verhaal toegevoegd en deze toevoegingen waren ook het Woord van God door middel van goddelijke inspiratie. Daarom zijn delen van het Oude Testament inderdaad goddelijke inspiratie. Maar gedurende haar lange geschiedenis is het Oude Testament door mensen veranderd die geen respect voor het Woord van God hadden en die geen gewetenswroeging hadden om dingen toe te voegen, weg te laten en te verdraaien als dat hen zo uit kwam.

Het beste daarom wat je van het Oude Testament kunt zeggen is dat het inderdaad fragmenten van het Woord van God bevat, maar dat veel ervan niet langer het zuivere Woord van God is. Tezelfdertijd moet je ook zien dat sommige delen van het Oude Testament nooit bedoeld waren om het Woord van God te zijn. Het waren eenvoudig

Is de Bijbel het Woord van God?

historische verslagen die het verhaal van een bepaalde groep mensen vertellen in een poging die informatie voor het nageslacht te bewaren.

Wat het Nieuwe Testament betreft heb ik je de redenen al verteld waarom ik persoonlijk het opschrijven van mijn leringen niet heb georganiseerd. Ik wilde geen uiterlijke leer voortbrengen omdat ik wist dat het onvermijdelijk verdraaid zou worden. En waarom zou ik een officiële uiterlijke leer voortbrengen als ik nog steeds het Levende Woord bracht? Verder heb ik je laten zien dat het mijn bedoeling was dat Levende Woord voor onbepaalde tijd te blijven verkondigen.

Daarom zou ik graag willen dat je begrijpt dat toen de oorspronkelijke evangelieschrijvers het Nieuwe Testament opschreven, zij niet een volledig verslag van mijn leven of mijn leringen probeerden te geven. Hun bedoeling was een historische optekening van enige hoogtepunten van mijn leven te bewaren zodat de groeiende Christelijke beweging geen onenigheid zou hebben over wat ik gedaan of gezegd heb. Dit was een nobel streven maar ik moet je wel weer zeggen dat als mensen het gewild zouden hebben, zij die informatie rechtstreeks van mij hadden kunnen ontvangen.

Ik moet je ook vertellen dat de enige manier om geschillen tussen verschillende groepen Christenen op te lossen, dit door het Levende Woord en het Christusbewustzijn is. Als je naar de hedendaagse Christelijke sekten kijkt, die elk voor zich beweren de juiste interpretatie van de schriften te hebben die tweeduizend jaar geleden gegeven zijn, weet ik zeker dat je het met me eens zult zijn dat geen enkel geschreven verslag de geschillen onder de Christenen zal kunnen oplossen. Het menselijke denken kan onenigheden in het leven roepen waar die niet bestaan en je kunt die onenigheden nooit oplossen door het gebruik van datzelfde menselijke denken. Vandaar dat geen enkel geschreven verslag, ongeacht hoe veel autoriteit dit ook mag hebben, ooit de onenigheden en verschillen kan oplossen tussen mensen die in het menselijke denken verstrikt zijn.

Ik wil je laten weten dat de oorspronkelijke evangelieschrijvers inderdaad een bepaalde mate van Christusschap hadden en dat veel van wat ze schreven geïnspireerd was. Het boek Openbaringen kwam onmiskenbaar uit directe openbaring voort. Het is daarom niet onjuist te zeggen dat het Nieuwe Testament, in zijn oorspronkelijke vorm, het Woord van God was. Je moet echter weten wat er bedoeld wordt met de uitdrukking, 'het Woord van God.'

Wat is het Woord van God?

Het is voor God niet onmogelijk om zijn woorden rechtsreeks in deze wereld te spreken. Niets is onmogelijk voor God. God sprak inderdaad de woorden, 'Dit is mijn geliefde zoon, in wie ik welbehagen heb, luister naar hem.' Maar ik moet je vertellen dat dit niet vaak gebeurt. Meestal geeft God het Levende Woord door iemand die zijn of haar bewustzijn tot het niveau van het Christusbewustzijn opheft. Daardoor wordt die persoon de open deur waardoor het Levende Woord deze wereld kan binnenkomen. Ik was zo'n open deur en ook mijn apostelen en vele andere mensen zijn zowel voor als na mijn komst een open deur geweest.

Je moet ook begrijpen dat wanneer God het Levende Woord door een persoon voortbrengt dat woord geïndividualiseerd wordt. In zijn zuiverste vorm is het Woord van God het Christusbewustzijn. Ik heb je al verteld dat het universele Christusbewustzijn niet in zijn zuivere vorm in de wereld kan komen. Om in deze wereld te komen moet het universele Christusbewustzijn geïndividualiseerd worden.

Ik wil je laten weten dat de verpersoonlijking van het Christusbewustzijn, of het Woord van God, niet noodzakelijk een degradatie van dat Woord is. De verpersoonlijking van het Woord zal echter onvermijdelijk beïnvloed worden door de geest van de persoon die als open deur dient. Ik heb je al verteld dat mijn leringen op vele manieren door mijn persoonlijkheid beïnvloed zijn.

Ik wil graag dat je begrijpt dat het Woord van God op veel verschillende manieren gebracht kan worden, die allemaal geldig zijn en die alle eer bewijzen aan de universele waarheid waaruit zij voortkwamen. Als ik daarom zeg dat mijn leringen het Woord van God waren, wil ik je laten inzien dat het één versie van het Woord van God was en niet de enig mogelijke versie van het Woord van God. Ik wil dat je afziet van elke vorm van fanatisme betreffende de bijbel.

Ik zou ook willen dat je inziet dat door de hele geschiedenis heen er voorbeelden te vinden zijn, waarin iemand uitgekozen werd om het Woord van God voort te brengen, maar dat die persoon niet in staat was een volledig zuiver instrument te zijn. Daarom kun je geestelijke leringen op deze planeet vinden die door God geïnspireerd werden maar toch een aantal onjuiste denkbeelden of begrippen bevatten. Ik wil niet met de vinger wijzen naar een bepaalde leer. Ik wil je eenvoudig laten inzien dat hoewel een lering door God geïnspireerd is, het mogelijk is dat iets van Gods oorspronkelijke boodschap in het proces van het in de stoffelijke wereld brengen verloren kan gaan. Ik moet je in alle eerlijkheid vertellen dat het 'instrument zijn' voor het brengen van het Woord van God geen gemakkelijk proces is.

Toevoegen en wegnemen

Ik hoop dat je wilt zien dat het Nieuwe Testament in zijn oorspronkelijke vorm voor een groot gedeelte door God geïnspireerd was en dat het daarom niet onjuist is te zeggen dat het het Woord van God is, zolang je begrijpt wat ik hiervoor uiteen heb gezet. We moeten nu gaan bezien wat er met de oorspronkelijke evangeliën is gebeurd in de bijna tweeduizend jaar die voorbij zijn gegaan sinds ze in deze wereld gebracht zijn.

Nogmaals, ik heb toegang tot de volledige historische optekeningen en niets is voor mij verborgen. Hoeveel het je misschien ook pijn doet, ik moet je vertellen dat de evangeliën die jullie nu hebben slechts fragmenten zijn van wat oorspronkelijk is uitgegeven. Ze bevatten daarom eenvoudig niet de volheid van wat ik wil dat jullie over mij, mijn leven en over mijn leringen weten.

Ik weet dat veel Christenen dit feit niet willen accepteren, maar je zou de bijbel moeten lezen waarvan je beweert dat dit het Woord van God is. De bijbel zelf zegt dat als alles wat ik gedaan en gezegd heb, zou zijn opgeschreven, de wereld zelf de boeken niet zou kunnen bevatten die dan geschreven hadden moeten worden. Is dit geen duidelijke aanwijzing dat de oorspronkelijke geschriften niet de volheid van mijn boodschap bevatten?

Ik moet jullie vertellen dat ik in het geheel niet begrijp hoe zoveel Christenen deze voor de hand liggende waarheid kunnen negeren. Hoe kunnen ze nu redeneren dat ik, Jezus Christus, hen niets meer over mijn Vaders koninkrijk kan vertellen dan wat in de hedendaagse bijbel is opgeschreven? Voor mij is dat verbazingwekkend.

Wat zelfs nog moeilijker voor mij te begrijpen is, is dat zoveel Christenen zich aan de geschreven bijbel vastklemmen en aan een bepaalde uitleg van die bijbel hechten, terwijl zij hun geest en hart totaal hebben afgesloten voor mijn Levende Woord dat ik bijna onophoudelijk in de afgelopen tweeduizend jaar via veel verschillende bronnen verkondigd heb.

Ik moet je vertellen dat progressieve, verdere openbaring mijn waar verlangen is. Wat denk je dat ik bedoelde toen ik zei, 'Ik zal altijd met je zijn?' Waarom denk je dat ik na mijn opstanding aan mijn discipelen verscheen? Het was nooit mijn bedoeling jullie in een duistere wereld alleen te laten waar alles wat je als leidraad had, een stel geschreven geschriften waren die een fragmentarisch verslag van mijn leven en leer gaven. Ik wilde je bemoediging en begrip blijven geven door het Levende Woord van God dat ik ben. Daarom zei ik, 'Ik heb jullie nog veel te vertellen, maar jullie kunnen het nu niet verdragen.' Waarom wijzen diegenen die zichzelf als mijn volgelingen beschouwen mijn Levende Woord af?'

Het brengen van het Levende Woord

In de afgelopen tweeduizend jaar heb ik mijn Levende Woord door talrijke mensen gegeven die de moed hadden hun hart en geest voor mij te openen. Sommigen onder hen werkten inderdaad binnen de context van de orthodoxe Christelijke kerken. In veel gevallen echter dwong het fanatisme van de orthodoxe Kerk mij buiten die Kerk te gaan om opnieuw een deel van mijn verdere openbaring te geven. Deze tendens heeft zich tot op de huidige dag voortgezet en het boek dat je in je hand houdt is slechts één in een lange reeks van deze openbaringen van mij.

Het Nieuwe Testament vertegenwoordigt niet de totaliteit van de overdracht van mijn Woord. Je zult dat Woord in veel andere bronnen vinden. Dit boek moet ook niet gezien worden als het geheel van de overdracht van mijn Woord. Het maakt deel uit van een traditie die helemaal teruggaat tot waar ik voor het eerst na mijn opstanding aan mijn discipelen verscheen. Het is deel van de traditie waarbij de Levende Meester Jezus Christus het Levende Woord aan diegenen brengt die zijn levende discipelen durven te zijn.

Kies het Leven. Kies het Levende Woord van Christus boven het woord van een orthodoxe leer die met doodsbeenderen gevuld is.

De bijbel is onvolledig

Ik wil graag dat je beseft dat de geschreven bijbel die je momenteel hebt veel te wensen overlaat. Veel dingen zijn er om politieke redenen uit gehaald, waarvan de leer over reïncarnatie niet de minste is. Andere dingen zijn eraan toegevoegd, opnieuw om politieke redenen. Verder zijn er veel dingen door fouten in vertalingen en bewerkingen verloren gegaan.

Ik zeg hiermee niet dat de huidige bijbel geen waarde heeft. Zij heeft inderdaad waarde en zij bevat inderdaad sleutels die sommige zielen hebben gebruikt om mijn innerlijke leringen te ontdekken. Voor de meeste mensen echter kan de huidige bijbel eenvoudig niet als opstap dienen voor het ontdekken van mijn innerlijke leringen. Daarom wil ik je laten weten, dat ik, Jezus Christus, niet wil dat je je studies tot de huidige bijbel beperkt. Ik wil dat je je geest en hart openstelt en waarheid zoekt overal waar die gevonden kan worden. Beperk Gods mogelijkheden niet om waarheid in je hart en geest te brengen, zelfs uit onverwachte bronnen.

Vergeet niet vreemdelingen gastvrij te ontvangen, want daardoor hebben sommigen, zonder het te weten engelen ontvangen. De waarheid van God verschijnt vaak verhuld. Verwerp de waarheid niet omdat haar uiterlijke verschijning je niet zint. Diegenen die de waarheid van God zoeken moeten voorbij alle uiterlijkheden naar de innerlijke waarheid kijken die deze wereld overstijgt.

De wet en de profeten

Ik zou graag de ware betekenis willen uitleggen achter de uitspraak dat ik kwam om de wet en de profeten te vervullen. Ik weet dat sommige Christenen deze uitspraak gebruikt hebben om te redeneren dat de vervulling van de traditie van de profeten, namelijk het brengen van het Woord van God door een mens, met de komst van mijn dienst aan de mensheid ten einde kwam. Ik kan begrijpen waarom mensen deze conclusie trekken en ik veroordeel niemand voor het geloof in dit idee. Maar ik moet je vertellen dat het idee onjuist is.

Toen ik over 'de wet en de profeten' sprak, bedoelde ik een bijzondere periode, een speciale geestelijke periode in de geschiedenis van de Aarde.

Die geestelijke periode begon in de tijd van Abraham. De geestelijke leer die als leidraad voor die periode diende, was de Wet van Mozes. Deze wet werd gegeven in de hoop dat door het toepassen van de wet mensen hun bewustzijn zouden verhogen. Aan het eind van die periode zouden mensen er klaar voor zijn om een hogere wet te ontvangen. Daarom, de vervulling van die periode waarnaar ik verwees als 'de wet en de profeten' was het brengen van een hogere wet, die ik inderdaad met de Bergrede en andere leringen bracht. Met andere woorden, door het vervullen van de wet en de profeten, heb ik de volgende 2000 jaarperiode ingewijd. Dit betekende niet dat ik een eind aan de overdracht van het Levende Woord kwam brengen.

Het brengen van het Levende Woord van God is al aan de gang zolang er mensen op deze planeet zijn. Zolang mensen bereid zijn hun bewustzijn te verhogen zodat zij de open deur voor het brengen van dat Woord kunnen zijn, zal het brengen van het Levende Woord voor onbepaalde tijd doorgaan. Ik heb geen enkele bedoeling het brengen van het Levende Woord stop te zetten. Ik denk dat het bewijs hiervoor het feit is dat ik juist na mijn opstanding aan mijn discipelen bleef verschijnen.

Ik hoop dat deze woorden gehoor vinden en dat mijn volgelingen, zij die beweren Christenen te zijn, hun geest en hart willen openen voor het Levende Woord zoals het vandaag de dag wordt gebracht en zal worden gebracht in de toekomst.

Zoals ik tegen Saulus op de weg naar Damascus zei, zeg ik nu tegen jullie, 'Houd op achteruit tegen de prikkels te slaan.'

Is God een Boze en Veroordelende God?

Een van de grootste problemen op Aarde tegenwoordig is dat zoveel mensen een onjuist beeld van God hebben geaccepteerd. Er zijn vele onjuiste voorstellingen, maar het beeld dat me het meest verontrust is het idee dat God een boze en veroordelende God is die klaar staat om zelfs de kleinste overtreding van zijn wet te straffen.

Ik heb me de nodige moeite getroost, je de Wet van Oorzaak en Gevolg uit te leggen, waaronder karma en reïncarnatie. Als je mijn uitleg met een open hart wilt overwegen, zul je gaan inzien dat God niet weloverwogen of actief de zonden van mensen bestraft.

De werkelijkheid van de situatie is dat God, omdat Hij mensen een vrije wil had gegeven, voor een veiligheidsmechanisme moest zorgen, zodat een ziel niet verloren zou gaan door het verkeerde gebruik van die vrije wil. Het was Gods oorspronkelijke bedoeling dat alle zielen hun individualiteit zouden uitdrukken en hun vrije wil zodanig gebruiken dat de wetten die God gebruikt heeft om dit heelal te scheppen, niet zouden worden overtreden. Het is duidelijk dat als je in dit universum leeft en inbreuk maakt op de wetten waarop dit heelal gebaseerd is, je onvermijdelijk jezelf vernietigt.

Het is belangrijk voor je dat je inziet dat Gods wetten je scheppende uitdrukkingsmogelijkheden niet beperken. Kijk bijvoorbeeld naar de situatie op planeet Aarde. Er is een prachtige planeet aan jullie gegeven die het volledig mogelijk maakt een groot aantal mensen in leven te houden. We zien nu echter een verontreiniging van het milieu, dat uiteindelijk dat milieu zou kunnen vernietigen en jou daardoor verhinderen om elke vorm van scheppende kracht en vrijheid uit te drukken. Evenzo hebben mensen nucleaire wapens ontwikkeld en een nucleaire oorlog op grote schaal zou die leefwereld kunnen vernietigen en je scheppende uitdrukkingsmogelijkheden kunnen beperken. Het spreekt voor zich dat milieuverontreiniging en oorlog niet in overeenstemming met Gods wetten zijn. Het is heel goed mogelijk voor mensen op planeet Aarde te leven zonder hun leefwereld te vernietigen. En het is absoluut mogelijk om dat op zo'n wijze te doen dat ze ruim voldoende uitdrukkingsmogelijkheden hebben om scheppend bezig te zijn.

Het is niet Gods bedoeling om je scheppende mogelijkheden te beperken en zijn wetten zijn geen beperking voor je vrijheid. Als je Gods wetten zou kennen, zou je vanzelfsprekend besluiten je creativiteit op zo'n manier uit te drukken dat jezelf niet zou vernietigen. Het probleem is natuurlijk, dat mensen Gods wetten niet meer kennen doordat zij in het lagere bewustzijn zijn terechtgekomen dat door het menselijke denken gedomineerd wordt. Dit is niet wat God voor ogen had, maar omdat God je een vrije wil heeft gegeven, kon hij niets doen om je tegen te houden.

Wat zou God anders met een groep zielen gedaan kunnen hebben, die in een lagere bewustzijnstaat terecht waren gekomen en hun goddelijke oorsprong vergeten hadden? Nu, God had deze zielen kunnen vernietigen en dat is precies wat een boze en veroordelende God gedaan zou hebben. Juist het feit dat je leeft, laat zien dat jouw God geen boze en veroordelende God is. Jouw God is een vergevingsgezinde en meelevende God en daarom heeft hij de mens een tweede kans gegeven. Hij heeft mensen in feite veel tweede kansen gegeven.

God straft je niet

Mijn punt hier is, dat God je niet voor je fouten straft. Toen God je vrije wil gaf, stelde hij eenvoudig een veiligheidsmechanisme in werking, zodat als je misbruik maakt van je vrije wil, jij jezelf niet automatisch en onmiddellijk vernietigt. God schiep een onpersoonlijke wet die alle energie met dezelfde kwaliteit naar je terug laat komen die het had toen jij die energie uitzond. Dus, je zult oogsten wat je gezaaid hebt.

Het ligt voor de hand dat als alle huidige omstandigheden het gevolg zijn van je eigen handelingen en als al je acties, nu en in het verleden, het gevolg zijn van keuzes (besluiten) die je met je vrije wil gemaakt hebt, dat het dan eenvoudig onzinnig is om te zeggen dat de huidige toestand op planeet Aarde het gevolg is van de straf van God.

Deze omstandigheden zijn niet door God in het leven geroepen en ze zijn niet wat God voor zijn kinderen wil. De huidige omstandigheden op deze planeet zijn door mensen geschapen. Ik geef direct toe dat de meeste mensen deze omstandigheden uit onwetendheid schiepen. In feite zijn mensen voor een groot deel verleid om de huidige ellende op Aarde in het leven te roepen. Zij zijn door een kleine groep zielen misleid tot het voortbrengen van deze ellende, een machtselite, die doelbewust en opzettelijk tegen Gods wet rebelleerden.

De sombere realiteit echter is dat mensen zichzelf straffen en zichzelf blijven straffen omdat ze zichzelf toestaan onwetend van Gods wetten te blijven. God heeft veel profeten, geestelijke leraren en boodschappers gezonden om te proberen mensen hun leven te laten veranderen. Maar tot op dit moment is Gods boodschap door zoveel mensen genegeerd dat God geen belangrijke veranderingen op planeet Aarde kan bewerkstelligen. God moet eenvoudig wachten totdat meer mensen voorbij het menselijke denken gaan reiken en hun persoonlijk Christusschap beginnen aan te doen.

Elk mens heeft de mogelijkheid deze neerwaartse spiraal te stoppen en naar het Christusbewustzijn uit te reiken. Ik geef toe dat deze mogelijkheid niet algemeen bekend was. Het is echter niet mijn bedoeling met dit boek te klagen over wat er had kunnen gebeuren. Het is mijn bedoeling je te laten zien wat er kan gebeuren, zowel nu als in de toekomst.

Als hetgeen je in je persoonlijke leven ziet je niet aanstaat, neem verantwoordelijkheid voor je situatie en herschep jezelf naar het beeld en de gelijkenis van God. Als hetgeen je op deze planeet ziet, je niet aanstaat, neem verantwoordelijkheid voor die situatie en herschep de Aarde naar het beeld en de gelijkenis van het Koninkrijk van God.

Ik ben Jezus Christus en ik zit in een team van geestelijke wezens die een gelofte gedaan hebben om mensen boven hun huidige ellende te helpen uitstijgen. Wij willen Gods koninkrijk en het leven in overvloed op Aarde gemanifesteerd zien. We hebben geweldige macht en we staan klaar je op elk moment te helpen. Maar we moeten de Wet van Vrije Wil van onze Vader respecteren. Als je besluit onwetend te blijven, als je besluit geen verantwoordelijkheid voor je eigen leven en voor de planeet als geheel te nemen, dan moeten wij eenvoudig wachten totdat je een beter besluit neemt.

Ik ben gekomen om je te vertellen dat het tijd is om dat besluit te nemen. Als zelfs een klein aantal mensen het besluit zou nemen om het pad van individueel Christusschap te volgen, kunnen wij als Opgevaren Schare onmiddellijk drastische veranderingen op deze planeet tot stand brengen. Wij staan klaar en wachten: we hebben alleen je oproep nodig. Ik zal je later leren hoe die oproep te doen.

Maak vrede met God

Ik ben zelf op Aarde geweest en ik weet hoe het is om onder het intense gewicht van het karma van de mensheid te leven. Ik leef nu echter in de hemel en daarom ken ik het ongelofelijke verschil tussen de bewustzijnstaat in de Hemel en de bewustzijnstaat die momenteel op Aarde heerst. Ik weet ook dat God wil dat ieder mens stijgt tot de bewustzijnstaat die we in de Hemel hebben, namelijk het Christusbewustzijn. Om deze staat van bewustzijn te verwerven, moet je je relatie met God helen. Hoe kun je immers Gods koninkrijk ontvangen en Christusbewustzijn verkrijgen zolang je nog angst voor God hebt en boos op hem bent. Als je bereid bent je relatie met God te gaan helen, als je het idee wilt overwinnen dat God een boze en veroordelende God is, dan moet je je bewustzijn boven dat van het menselijke denken verheffen. Als je je hiervoor wilt inspannen, beloof ik je dat het voor je mogelijk is, de vrede, de blijdschap en de liefde te ervaren die er in de Hemel is.

Als je bereid bent dit proces van heling te beginnen, stel ik voor dat je enkele van de vele geïnspireerde boeken gaat lezen die je in de boekwinkel of bibliotheek vindt. Enkele van deze boeken beschrijven bijnadood-ervaringen waar mensen het fysieke lichaam achterlieten en naar de geestelijke sferen reisden. Zulke boeken kunnen veel inspiratie geven als je ze met een open hart leest.

Er zijn ook veel andere geestelijke en religieuze boeken van elke grote godsdienst of van geen speciale godsdienst, die spirituele en mystieke ervaringen beschrijven die je een indruk geven van de staat van bewustzijn die wij hier in de Hemel hebben.

In de Hemel vind je niets van de beroering die jullie op Aarde ervaren.

Je vindt er vrede.

Je vindt er liefde en die liefde is anders dan de liefde die de meeste mensen op Aarde ervaren. De liefde van God is werkelijk onvoorwaardelijk. Ik weet dat zolang iemand in het menselijke denken zit, hij of zij eenvoudig niet het denkbeeld van onvoorwaardelijke liefde kan bevatten. Als je echter begint het pad van persoonlijk Christusschap te lopen, zul je, vroeg of laat, een glimp van Gods onvoorwaardelijke liefde ervaren.

Je moet begrijpen dat wij als Opgevaren Schare niets anders verlangen dan dat jij de onvoorwaardelijke liefde gaat ervaren en accepteren die wij voor je voelen. Je kunt je misschien herinneren dat ik over de volmaakte liefde sprak die alle angst verdrijft. De volmaakte liefde waarvan ik sprak is de onvoorwaardelijke liefde van God. Zou je slechts een glimp van die onvoorwaardelijke liefde ervaren, dan zou je leven blijvend veranderen.

Ik zeg daarmee niet dat je ogenblikkelijk een volmaakt mens wordt. Ik zeg dat je zou beseffen dat er een alternatief voor de staat van bewustzijn is die je op Aarde ervaart. Deze ervaring zou je motivatie en de aandrang geven om je persoonlijk Christusschap met alle toewijding en passie van je hart na te streven. Als je eenmaal Gods onvoorwaardelijke liefde hebt ervaren, zul je eenvoudig geen enkele menselijke omstandigheid, binnen of buiten je eigen psyche, je in de weg laten staan om je innerlijke pad naar het Christusbewustzijn te volgen.

Christusbewustzijn is de middelaar tussen Hemel en Aarde. Het is de middelaar tussen de bewustzijnstaat die door de geestelijke wezens hier in de Hemel wordt ervaren en het bewustzijnsniveau dat door mensen wordt beleefd die verloren zijn in de relativiteit van het menselijke denken.

Mijn grootste verlangen is dat ik jou de ervaring van Gods onvoorwaardelijke liefde kan geven en je werkelijk kan helpen geloven dat de schepper van dit heelal een oneindige liefde voor jou persoonlijk heeft.

Zoveel mensen denken dat ze Gods liefde niet waard zijn. Zoveel mensen zijn bang om God te benaderen, omdat zij zichzelf hebben toegestaan te geloven dat, tenzij zij voldoen aan de norm die door een religieuze autoriteit is vastgesteld, zij door God zullen worden afgewezen. Het is een simpele waarheid dat je ziel nooit door God zal worden afgewezen. God wil dat jij, zijn zoon of dochter, de volheid van zijn koninkrijk van onvoorwaardelijke liefde ervaart.

Naar God uitreiken

Je moet echter begrijpen dat het vlees en bloed van het menselijke denken niet het Hemelse koninkrijk kan beërven. Je kunt Gods liefde niet door het menselijke denken ervaren. Omdat mensen niets over het individuele Christusschap is geleerd, bestaat het probleem dat zoveel oprechte en goedbedoelende mensen God vanuit het niveau van het menselijke denken proberen te benaderen. Als je je vanuit die bewustzijnstaat tot God wendt, is God zich niet bewust dat hij benaderd wordt, omdat zijn ogen niet de ongerechtigheid van het menselijke denken kunnen zien. Daardoor voelen mensen zich door God afgewezen. Laat me je een allegorie vertellen die de situatie duidelijk maakt. Stel je voor dat je probeert iemand te bereiken die in New York leeft. Je hebt een telefoon en een telefoonboek. Mocht je ooit een telefoonboek van New York gezien hebben dan weet je dat het miljoenen telefoonnummers bevat. Je hebt niet de volledige naam en adresgegevens van de persoon die je wilt bereiken en daarom is er geen enkele manier om zijn of haar telefoonnummer te vinden. Maar je weet dat als je niet het juiste nummer intoetst, je die persoon niet zult bereiken.

Wat kun je doen? Je kunt vanaf het begin beginnen en elk nummer in het boek bellen. Maar als je dit doet zul je ongetwijfeld bijna alle pogingen zien mislukken en het zal heel veel tijd kosten om de juiste persoon te vinden. Het eenvoudige feit doet zich voor dat veel godsdienstige mensen God proberen te bereiken zonder zijn telefoonnummer te hebben. Daarom krijgen ze geen contact en ze voelen zich ontmoedigd en afgewezen.

Ik ben hier om je te vertellen dat het niet moeilijk is Gods telefoonnummer te vinden. Om het te vinden hoef je slechts naar het Christusbewustzijn uit te reiken. Ik heb je al verteld dat als je dit boek leest je een zeker niveau van Christusbewustzijn hebt gemanifesteerd. Daarom heb je al de mogelijkheid die bewustzijnstaat te ervaren. Je kunt Gods onvoorwaardelijke en zeer persoonlijke liefde voor jou ervaren. Ik zal je later een meer systematisch proces voor het ervaren van het Christusbewustzijn geven. Denk in de tussentijd na over het idee van onvoorwaardelijke liefde.

De God van de Bijbel

Ik ben me bewust dat sommige Christenen zullen denken dat de ideeën waar ik hier mee kom, het beeld tegenspreken dat de bijbel van God geeft. Daarom zou ik je graag mee willen laten doen in een klein gedachte-experiment. Ik zou graag willen dat je je voorstelt hoe het zou zijn als je een geestelijk leraar bent die hier in de geestelijke wereld verblijf houdt. Je kijkt nu naar de mensheid en de vraag waarover je moet nadenken is hoe je mensen mogelijk naar een hoger bewustzijnsniveau kunt laten stijgen.

Het is niet moeilijk om te zien dat veel mensen in een zeer lage en 'dichte' staat van bewustzijn verkeren. Ze zijn zo door de relativiteit van het menselijke denken in beslag genomen dat ze werkelijk

Is God een Boze en Veroordelende God?

geloven dat ze het recht hebben alles met andere mensen te doen wat ze maar willen. Ze geloven ook dat ze met alles wat ze doen kunnen wegkomen.

Vanuit je hoge positie als geestelijk wezen kun je duidelijk zien dat vanwege de Wet van Oorzaak en Gevolg deze mensen op weg zijn zichzelf snel te vernietigen. Ze scheppen eenvoudig een grote berg karma en het is enkel een kwestie van tijd dat een vloedgolf van die berg naar beneden komt en hen zal begraven. Deze mensen zijn echter zo stevig in hun bewustzijnstaat verankerd dat het onmogelijk is ze met een geestelijke boodschap te bereiken.

Wat kun jij nu doen om zulke mensen te bereiken? Hoe kun jij ze uit hun huidige bewustzijnstaat halen en hen laten beseffen dat tenzij ze hun manier van leven veranderen, zij zichzelf zullen vernietigen? Ik weet zeker dat je beseft dat een zeer strenge en directe boodschap de enige manier is om zulke mensen te bereiken. Sommige mensen zijn werkelijk in zo'n lage bewustzijnstaat terecht gekomen dat de enige manier om hen uit dat bewustzijn te halen is om angst te gebruiken. Deze mensen zullen hun manier van leven niet veranderen tenzij ze bang voor de gevolgen van hun daden gaan worden. Met andere woorden, sommige mensen zullen alleen om angst voor straf veranderen.

Wanneer je tot dit inzicht komt, besef je het dilemma waar wij als Opgevaren Schare ons in bevinden. We willen niet dat mensen bang voor ons worden. Maar we willen ook niet dat onze broeders en zusters zichzelf vernietigen. Als angst het enige is dat mensen ertoe zal aanzetten hun manier van leven te veranderen, wat moeten wij dan doen?

Wij als Opgevaren Schare vatten onze taak van het redden van mensen en het thuisbrengen van elke ziel serieus op. We gaan erg ver om een ziel wakker te schudden en die ziel bewust te maken dat het haar manier van leven moet veranderen. Als een ziel alleen door middel van angst kan veranderen, dan zullen wij de verschijning van een boze God aannemen. Als het nodig is dat een ziel door straf gemotiveerd wordt, dan zullen wij proberen mensen de dreiging van zo'n straf te laten inzien. Omdat de Wet van Oorzaak en Gevolg mensen zichzelf laat straffen, is deze bedreiging heel werkelijk.

Het is belangrijk voor je te begrijpen dat wat je in de bijbel ziet niet de hoogste geestelijke leer is die God op deze planeet wil brengen. Wat je zowel in het Oude als Nieuwe Testament ziet is een weloverwogen reactie die bedoeld is met de bewustzijnstaat te werken die mensen hadden in de tijd dat deze leer uitkwam. Ik heb je al verteld over progressieve openbaring. De Wet van Mozes werd aan mensen gegeven in een zeer lage staat van bewustzijn. Ze hadden daarom een zeer strenge boodschap nodig.

Mijn Bergrede was natuurlijk een wat vriendelijker boodschap. Het was echter nog steeds zeer direct. Het is altijd de hoop van de Opgevaren Schare geweest dat de mensheid naar een bewustzijnsniveau zal toegroeien waar ze de ware leringen van God kunnen ontvangen, namelijk de leringen over Gods onvoorwaardelijke liefde.

Dit betekent niet dat de Bijbel uit de tijd is. Zelfs vandaag zijn er veel mensen die nog steeds in de bewustzijnstaat verkeren die in de Wet van Mozes werd aangesproken. Maar vandaag zijn ook veel mensen klaar voor de hogere leringen van liefde. Als je dit boek leest, moet je jezelf als een van hen rekenen. Het was mijn oorspronkelijke hoop dat mensen mijn leringen zouden gebruiken om het pad van persoonlijk Christusschap te bewandelen. Als een voldoende aantal mensen dat pad zou bewandelen en een bepaalde mate van Christusschap bereiken, zou het voor mij mogelijk zijn de hoogste leringen over Gods liefde vrij te geven.

Ik geloof dat we nu de tijd naderen dat deze leringen naar voren moeten komen. Als een voldoende aantal mensen naar mijn aanwijzingen in dit boek wil luisteren en naar hun persoonlijke Christusschap gaan uitreiken, dan zal het niet lang duren voordat ik de ware leringen van Gods onvoorwaardelijke liefde kan gaan verkondigen.

Schuldgevoel is niet nodig

Ik wil je laten begrijpen dat God je naar zijn beeld en gelijkenis geschapen heeft. God gaf je vrije wil en God gaf je het recht met die vrije wil te experimenteren. God besefte dat het onvermijdelijk was dat sommige van zijn zonen en dochters hun vrije wil zouden gebruiken om zich niet aan zijn wetten te storen. Uiteraard wil God niet dat je keuzes maakt die tot zelfvernietiging leiden. Maar God is niet boos op je als je zulke besluiten neemt en God veroordeelt je niet voor het maken van dergelijke keuzes. Daarom wil God niet dat jij je schuldig voelt of jezelf veroordeelt voor het maken van zulke keuzes. God wil je niet een heel leven zien leven, of zelfs meerdere levens, met het gevoel dat je een ellendige zondaar bent die het niet waard is om naar God te gaan.

God wil niet dat jij je slecht voelt over het maken van een fout. God wil dat jij je vrij voelt om toe te geven dat je een fout begaan hebt en dat je vervolgens Gods vergeving aanvaardt en stopt met het maken van meer fouten.

Het probleem op planeet Aarde is tegenwoordig dat zoveel mensen het idee hebben dat zij arme zondaars zijn en daarom niet tot God mogen gaan om vergeving te vragen. Als gevolg daarvan blijven ze keuzes maken die op het menselijke denken gebaseerd zijn en zodoende gaan ze door met een muur te bouwen tussen henzelf en Gods vergeving en liefde. Dit is niet wat God wil zien gebeuren. God wil dat al zijn zonen en dochters uit de negatieve spiraal stappen, die hen steeds verder van zijn koninkrijk afbrengt.

Ik ben me bewust dat er mensen zijn die het idee van Gods vergeving zullen misbruiken. Het soort mensen dat aflaten kocht en dan met een schoon geweten zondigden zijn eenvoudig niet klaar voor de leer dat Gods vergeving oneindig is. Maar ik geloof niet dat dat soort mensen ooit dit boek zullen lezen. Daarom wil ik jullie de leer geven dat Gods barmhartigheid en vergeving inderdaad oneindig zijn. Bovendien is Gods vergeving onmiddellijk.

God wil eenvoudig dat je het relatieve bewustzijn achter je laat dat je Gods wetten doet overtreden. Vanwege vrije wil moet jij de keuze maken die bewustzijnstaat los te laten. Maar op het moment dat je dat besluit neemt zijn al je overtredingen, al je fouten, al je zonden je onmiddellijk vergeven.

God wil eenvoudig dat je thuis komt en je kunt niet naar huis komen zolang je je nog een ellendige zondaar voelt die onwaardig is om naar God te gaan. God wil dat je dat gevoel overwint zodat je je waardig kunt voelen om zijn koninkrijk binnen te gaan. God wil dat jij je welkom voelt en door Hem geaccepteerd voelt. Het opnemen van jou in Gods koninkrijk is niet afhankelijk van de daden die je al of niet hebt gedaan. Het opnemen van jou in Gods koninkrijk is afhankelijk van slechts één ding, namelijk je staat van bewustzijn. Om Gods koninkrijk binnen te gaan, moet je het menselijke denken achter je laten en je met de Christusgeest verenigen. Het proces van het afleggen van de oude bewustzijnstaat en het aandoen van de nieuwe staat van bewustzijn is voldoende om voor Gods vergeving in aanmerking te komen. Dus, nadat je de beslissing hebt genomen je met je persoonlijke Christusschap te gaan bezighouden, moet je bewust proberen het geloof los te laten dat je een ellendige zondaar bent die niet waard is Gods koninkrijk binnen te gaan.

De Wet van Karma

God schiep je naar (in) zijn beeld en gelijkenis Daarom was je vanaf het allereerste begin waard Gods koninkrijk te ontvangen. Vanaf het allereerste begin was je waard Gods onvoorwaardelijke liefde te ontvangen. Niets wat je ooit zou kunnen doen zal je onwaardig maken Gods onvoorwaardelijke liefde te ontvangen. Als dat wel zo was, dan zou Gods liefde niet onvoorwaardelijk zijn.

Ik zou graag willen dat je over deze ideeën nadenkt totdat je gaat accepteren dat je het inderdaad waard bent naar God te gaan en dat je door het aandoen van de volle maat van je persoonlijke Christusschap waardig wordt om Gods koninkrijk binnen te gaan.

Maar ik moet je ook vertellen dat de vergeving van God niet je persoonlijke karma weg neemt. Om volledig aan de neerwaartse trekkracht van planeet Aarde te ontsnappen, moet je je persoonlijke karma oplossen. Wat ik probeer je hier te laten zien is dat wanneer je een verkeerde daad begaat, er twee dingen kunnen gebeuren:

- Je maakt een bepaalde hoeveelheid persoonlijk karma. Je kunt hierbij denken aan het oplopen van een schuld aan het leven. Dit karma is verkeerd gekwalificeerde energie en omdat de energie verkeerd in de stoffelijke wereld werd gebruikt, schep je een bepaalde naar beneden trekkende kracht die je ziel aan het materiële heelal blijft binden. Dat is de reden dat je moet blijven incarneren totdat je je persoonlijke karma oplost. Met andere woorden, zolang je nog onopgelost karma in de stoffelijke wereld hebt, ben je niet vrij om naar de geestelijke wereld op te varen.

- Je schept afstand tussen jou en God. Die afstand bestaat alleen in je geest, maar het vond zijn oorsprong toen je ziel voor de eerste keer besloot zich van God af te keren. Elke verkeerde daad die je begaat, versterkt de muur die je tussen jezelf en God hebt gebouwd. Om in Gods koninkrijk terug te kunnen keren, moet je deze psychologische barrière afbreken en je kunt dat enkel doen door Gods vergeving aan te nemen en daardoor je gevoel een zoon of dochter van God te zijn opnieuw op te bouwen, een zoon of dochter die het waard is het koninkrijk van de Vader binnen te gaan. Zolang je ook maar het geringste gevoel van onwaardigheid blijft vasthouden, kun je niet het vrije wilsbesluit nemen de poort door te gaan die leidt naar Gods koninkrijk.

Alle verkeerde daden zijn het resultaat van een bepaalde bewustzijnstaat, een bepaalde staat van onwetendheid. Op het moment dat je die bewustzijnstaat verlaat is je fout door God vergeven. Je moet jezelf toestaan Gods vergeving te voelen en te accepteren, omdat het een grote stimulans voor je zal zijn als je het pad naar Christusschap bewandelt. Maar tegelijkertijd moet je niet vergeten dat Gods vergeving het karma niet wegneemt dat je door je verkeerde daden hebt gemaakt. Dat karma moet goedgemaakt worden voordat je vrij van die daden bent. Ik wil je graag herinneren aan wat ik eerder over karma heb gezegd als een schuld aan het leven. Als je serieus het pad van persoonlijk Christusschap bewandelt, zul je schatten in de Hemel verzamelen die het veel makkelijker voor je maken je karma uit het verleden te vereffenen. Met andere woorden, als je een geestelijke miljonair wordt, zal het gemakkelijk voor je zijn je schulden aan het leven terug te betalen. In het laatste deel van dit boek zal ik je over een spirituele techniek vertellen die je geweldig zal helpen in het vereffenen van je persoonlijke karma.

Voor dit moment wil ik graag dat je de ideeën van vergeving en onvoorwaardelijke liefde in gedachten neemt. Ik wil dat je beseft en accepteert dat je het inderdaad waard bent om je Vaders Koninkrijk te beërven. Omdat Gods liefde onvoorwaardelijk is, hoef je inderdaad niets te doen om Gods liefde te verdienen. Je hebt die liefde verdiend op het moment dat God je ziel schiep. Je moet daarom eenvoudig Gods liefde accepteren.

Als je Gods onvoorwaardelijke liefde niet aanneemt, komt dat niet omdat God die liefde voor je verbergt. Het komt doordat jij je voor Gods liefde verbergt. Houd er gewoon mee op Gods liefde af te wijzen. Het doet de Vader inderdaad veel plezier jou zijn liefde te geven.

Waarom is er Kwaad in de Wereld?

Het denkbeeld van kwaad heeft voor veel verwarring gezorgd, niet alleen onder Christenen, maar bij alle spiritueel geïnteresseerde mensen in de hele wereld. De belangrijkste reden van deze verwarring is de wijdverbreide ontkenning van het belang van vrije wil.

Als je mijn vorige opmerkingen over een machtselite overweegt, zul je zien dat een machtselite, die absolute macht over mensen probeert te krijgen, alles zal doen wat zij kunnen om via godsdienst en wetenschap onjuiste opvattingen te verspreiden, door te verklaren dat vrije wil of niet bestaat, of niet belangrijk is. Wat deze machtselite probeert te doen is jou je Godgegeven mogelijkheid om Christusschap op Aarde te manifesteren, te laten ontkennen.

Als je het bestaan van vrije wil ontkent, dan wordt het uitermate moeilijk het onmiskenbare feit te verklaren dat er kwaad op deze planeet bestaat. Als je een wetenschappelijke materialist bent, heb je nauwelijks een verklaring voor het kwaad; dus het merendeel van dit soort mensen is geneigd het te negeren. Ik zou hier aan kunnen toevoegen dat het negeren van een kwaadaardige tumor niet de beste manier is om ermee om te gaan.

Als je een religieus iemand bent, dan moet je uiteindelijk met een aantal uitgedachte argumenten komen, die op de een of andere manier het probleem moeten zien op te lossen, dat als mensen geen vrije wil hebben, God het kwaad geschapen moet hebben. Het idee dat God het kwaad geschapen zou hebben, klinkt de meeste mensen niet goed in de oren. Het klinkt niet goed, omdat het niet juist is.

De werkelijkheid van de zaak is dat God het kwaad niet geschapen heeft. In tegenstelling tot wat sommige godsdiensten leren, is kwaad niet de tegenpool van God. God is een geheel op zichzelf staand wezen en God heeft geen tegenpool. Ik heb je eerder verteld dat toen God de vormwereld begon te scheppen, God twee polariteiten schiep, zoals je ziet in de Tai-Chi. Kwaad vormt echter niet het tegenovergestelde van God en het vormt zelfs niet het tegenovergestelde van goed.

De polariteiten van de Tai-Chi sluiten elkaar onderling niet uit. Ze vullen elkaar aan en door hun wisselwerking brengen ze een nieuw aspect van de vormwereld voort. Dat zal in harmonie met Gods wet zijn en zal daarom duurzaam zijn. Het zal zichzelf niet vernietigen.

Het wezen van het kwaad is dat het niet in overeenstemming met Gods wet is. Daarom vormt kwaad geen scheppende polariteit met goed. Kwaad kan niets scheppen; het kan enkel vernietigen. Niets dat door kwaad beïnvloed is, is blijvend, omdat het inbreuk maakt op Gods wet. Daarom zal alles wat door kwaad beïnvloed is, tijdelijk zijn en het zal uiteindelijk zichzelf vernietigen.

Kwaad als gevolg van keuzes

Waarom is er kwaad in de wereld? De aanwezigheid van kwaad is het gevolg van een vrij wilsbesluit, of liever gezegd talrijke vrije wilsbesluiten. Het oorspronkelijke vrije wilsbesluit dat het kwaad op deze planeet bracht is niet door mensen genomen. Het werd gemaakt door de leider van een groep Engelen en Lucifer was zijn naam. Lucifer maakte de keuze dat hij niet bereid was één van Gods opdrachten uit te voeren.

Lucifer nam dit besluit uit trots. Hij wilde de belangrijkste engel in de Hemel zijn en toen God weigerde hem deze gunst toe te staan, rebelleerde Lucifer. Je moet begrijpen dat in de Hemel alle wezens vrije wil hebben. Omdat ze echter duidelijk de wetten van God kennen, gebeurt het zeer zelden dat een hemels wezen deze vrije wil zal gebruiken om tegen de wetten van God in te gaan. Dit gebeurde echter wel met Lucifer.

In de Hemel hebben alle geestelijke wezens onbeperkte mogelijkheden om hun individualiteit en creativiteit binnen de context van Gods wet uit te drukken. Als een wezen echter besluit tegen de wet van God in te gaan, kan dat wezen niet in de Hemel blijven. Wat moet God met zulke wezens doen? God heeft twee mogelijkheden:

- God kan deze wezens verteren alsof ze nooit bestaan hadden. Onze God is een verterend vuur en God kan elk willekeurig deel van de vormwereld verteren zonder ook maar een spoor achter te laten.
- God kan deze wezens een tweede kans geven om vrijwillig te kiezen, terug naar de wetten van God te komen. Maar als God hiertoe besluit, kunnen deze wezens niet in de Hemel blijven. God moet daarom een andere plek maken waar deze wezens

kunnen verblijven. Die andere plaats is de stoffelijke wereld, zoals de planeet Aarde.

In de stoffelijke wereld zijn de energieën zo compact dat het niet direct duidelijk is dat alles in deze wereld uit Gods licht geschapen is. Deze wereld kan daarom als een tijdelijk verblijf dienen voor die wezens die zich buiten Gods wet hebben opgesteld en daarom zichzelf niet langer als Gods nakomelingen zien. Ik wil dat je inziet dat dit niet Gods oorspronkelijke plan voor de stoffelijke wereld was. Dit was, om een populaire uitspraak te gebruiken, plan B.

Ik wil je laten weten dat tijdens mijn leven op Aarde, ik en al mijn naaste metgezellen een oude bijbelse tekst bestudeerden, genaamd het *Boek van Henoch*. Dit boek beschrijft het proces waarin gevallen engelen uit de Hemel uitgewezen werden en menselijke lichamen aannamen. De tekst suggereert dat deze gevallen engelen in menselijke lichamen bleven komen. Ik beschouw het Boek van Henoch als een belangrijk werk en ik zou willen dat al mijn volgelingen zich dit boek eigen maken. Als ik het bestudeerd heb, waarom zou jij het niet bestuderen? Ik zou er aan kunnen toevoegen dat het Boek van Henoch later uit de bijbel is genomen en je zou je kunnen afvragen waarom dit gedaan is.

De oorsprong van kwaad

Het fundamentele punt dat ik duidelijk wil maken is dat kwaad een vrij wilsbesluit was van een groep zeer krachtige geestelijke wezens die besloten tegen God te rebelleren. Vanaf die tijd hebben ze, wat ik genoemd heb, de machtselite gevormd. Veel van deze zielen hebben tot dusver een absolute overtuiging laten zien om bij hun oorspronkelijk besluit te blijven om tegen God te rebelleren. Ze hebben daarom geprobeerd om planeet Aarde in een wereld te veranderen waar God niet bestaat. Met andere woorden, ze willen God buiten deze wereld sluiten om te bewijzen dat ze zonder God kunnen leven. Ook willen ze zich als plaatsvervangende of valse goden op Aarde profileren. Ze geloven dat werkelijk elk denkbaar middel hun doel kan rechtvaardigen. Deze zielen zullen alles doen om macht over de mensen op Aarde te krijgen en te behouden.

Het in stand houden van deze macht is helaas niet erg moeilijk. De gevallen engelen hebben een machtig wapen in hun zucht naar macht, namelijk de relativiteit van het menselijke denken. Elk mens in de greep van het menselijke denken is een willig slachtoffer voor de manipulators van deze Aarde. Als alles relatief is, dan kan alles door een autoriteit hier op Aarde bepaald worden, inclusief goed en kwaad, waarheid en leugen. De gevallen engelen hebben ontelbare levensbeschouwingen voortgebracht in een poging om zulke relatieve ideeën te verspreiden.

Je moet begrijpen dat de machtselite alles in het werk zal stellen om te voorkomen dat jij de waarheid van God ontdekt. Bijvoorbeeld, de afgelopen tweeduizend jaar hebben ze geprobeerd de orthodoxe Christelijke Kerk te gebruiken om het verspreiden van kennis tegen te gaan. Eeuwenlang was deze kerk een zeer efficiënt instituut om zeggenschap over de geest te krijgen, zoals het verbranden van boeken en de oprichting van de Inquisitie duidelijk bewijzen. Vandaag de dag staat de machtselite tegenover het probleem dat de technologie het gemakkelijker gemaakt heeft dan ooit tevoren om informatie te verspreiden. Zij proberen hiermee om te gaan door de markt met onjuiste informatie te overspoelen, in elke denkbare vorm. Daarom zie je zoveel boeken en websites die de meest ongeloofwaardige theorieën verkondigen (waaronder een aantal boeken die onjuiste theorieën over mij en mijn leringen bevatten). De hoop van de machtselite is dat je door al deze informatie overstelpt wordt, zodat je of je geest zult afsluiten (en weigert nieuwe ideeën te overwegen) of zo verward raakt dat je niet meer weet wat je moet geloven (en daarom aan alles gaat twijfelen).

De enige manier waarop je aan deze subtiele manipulatie kunt ontsnappen is voorbij het menselijke denken te reiken en persoonlijk Christusschap aan te doen. Het wezen van persoonlijk Christusschap is onderscheidingsvermogen, de mogelijkheid te onderscheiden wat van God is en wat niet van God is. Een Christuswezen is daarom de ultieme bedreiging voor de gevallen engelen die planeet Aarde als hun territorium beschouwen. Ze zullen er alles aan doen om te voorkomen dat een Christuswezen op Aarde is. Ze zullen alles doen om te voorkomen dat een groot aantal Christuswezens op Aarde zijn. Ze zullen er daarom alles aan doen om mensen te verhinderen het pad van persoonlijk Christusschap te ontdekken en aan te nemen.

Wees wijs als slangen

Toen ik tweeduizend jaar geleden verscheen, vertelde ik mijn volgelingen om wijs als slangen en argeloos als duiven te zijn. Je moet wijs als een slang zijn zodat je de leugens en de beïnvloedingen kunt doorzien die elk aspect van het leven op deze planeet verontreinigen. Je moet wijs als een slang zijn zodat je kunt voorkomen in de neerwaartse spiraal te worden getrokken die de gevallen engelen op deze Aarde in het leven hebben geroepen. Je moet begrijpen dat de zielen van deze duistere engelen zich in een bewustzijnstaat bevinden die door ultieme ontkenning beheerst wordt. Ze ontkennen God, ze ontkennen zichzelf (hun goddelijke zelf) en ze ontkennen zichzelf als individualisaties van God. Daarom leven ze in een bewustzijnstaat van ultieme geestelijke blindheid. Ze erkennen niet de Wet van Oorzaak en Gevolg, de Wet van Karma. Ze zien niet in dat ze een neerwaartse spiraal hebben geschapen die onvermijdelijk tot hun eigen ondergang zal leiden.

De gevallen engelen zijn in zo'n lage bewustzijnstaat afgedaald dat zelfs een kosmisch wezen zoals ik het vrijwel onmogelijk vindt ze te bereiken. Je zult je herinneren dat ik na mijn kruisiging in de Hel afdaalde en gedurende drie dagen predikte tegen de zielen die daar vastzaten. De Hel is niets anders dan een staat van bewustzijn. Ik werd naar deze zielen gestuurd in een poging een beroep te doen op diegenen die zichzelf in dit bewustzijnsniveau hadden opgesloten. Ik moet je eerlijk vertellen dat ik weinig succes had met het bereiken van deze zielen.

Maar ik zal je vertellen dat het geen hopeloze roeping was. Zoals de bijbel beschrijft, zijn vele engelen van mijn Vader tegelijk met Lucifer gevallen. Velen van hen hebben sinds die tijd een beter besluit genomen en zijn begonnen aan de weg terug omhoog naar het koninkrijk van onze Vader. Sommigen van hen hebben inderdaad de weg naar huis helemaal afgelegd. Maar ik moet je ook vertellen dat diegenen die nog over zijn, heel moeilijk te bereiken zijn. Ik adviseer je daarom, niet je tijd en energie te besteden aan het helpen van hen, die niet bereid zijn zichzelf te helpen.

In plaats daarvan raad ik je aan om wijs te worden t.a.v. de wijze van doen van de gevallen engelen, zodat je kunt voorkomen in hun negatieve spiraal naar beneden te worden getrokken. Het denkbeeld van je af te scheiden om een onafhankelijk en uitverkoren volk te zijn, is gebaseerd op de parabel van het onkruid dat tussen het koren is gezaaid. Zolang de twee niet van elkaar gescheiden zijn, kan God het onkruid er niet uittrekken zonder ook het koren er bij uit te trekken.

Maar als het koren, te weten diegenen die zichzelf als zonen en dochters van God durven te zien, zichzelf willen afscheiden van hen die in een lagere bewustzijnstaat verkeren, dan kan God inderdaad sommige van deze zielen van planeet Aarde verwijderen. God kan ze naar een andere plaats sturen waar ze nog een kans krijgen om de keuze te maken aan de terugtocht naar huis te beginnen.

Hoe wordt je Gods uitverkoren en gekozen volk? Ik heb je al verteld wat er voor nodig is om gekozen te worden. Je moet besluiten de oproep te beantwoorden om persoonlijk Christusschap te manifesteren. Je moet besluiten Gods oproep te accepteren.

Het los of onafhankelijk worden betekent meer dan iets anders het loskomen in bewustzijn. Je moet een vastberaden besluit nemen om persoonlijk boven het menselijke denken uit te stijgen. Je moet ook proberen de leugens en de beïnvloedingen te doorzien die over deze hele planeet worden verspreid door diegenen die proberen je te verstrikken en je in hun zelfgeschapen Hel op Aarde te trekken. Door naar het Christusbewustzijn uit te reiken kun je snel wijs worden betreffende de manieren van de gevallen engelen. Tegelijkertijd kun je het tweede deel van mijn opdracht vervullen, namelijk onschuldig als een duif te zijn.

Wees onschuldig als de duiven

Wanneer je een zekere mate van het Christusbewustzijn bereikt, onderken je duidelijk wat van God en wat niet van God is. Je kunt daarom datgene achter je laten wat niet van God is.

We zijn nu op een heel belangrijk punt gekomen dat door de eeuwen heen veel oprechte Christenen (en veel andere godsdienstige mensen) verward heeft. De vraag is, 'Hoe kun je kwaad van deze planeet verwijderen?'

Veel mensen beginnen hun leven niet bepaald religieus. Ze ervaren dan een bekering of een ontwaken en daarna zijn ze vervuld van een grote (soms alles verterende) godsdienstige ijver of geestdrift. Dit enthousiasme komt voort uit een waarachtig verlangen om Gods wil te doen en Gods koninkrijk op Aarde te helpen brengen. Als deze geestdrift echter niet getemperd wordt door de onschuldigheid van de duif, wordt het al te gemakkelijk misbruikt door de subtiele logica van de gevallen engelen zelf. Zie je, de modus operandi van de gevallen engelen die tegen God rebelleerden is, dat de middelen het doel rechtvaardigen. Dit is een volledig onjuist denkbeeld, dat helemaal niets met God te maken heeft.

In de Hemel kunnen de middelen het doel nooit rechtvaardigen. Veel godsdienstige mensen echter raken zo gehecht aan het idee van het vechten tegen het kwaad, dat ze plotseling bereid zijn Gods wet geweld aan te doen om zijn koninkrijk op Aarde te brengen. Deze godsdienstige mensen kijken naar de vele afschuwelijke dingen die op planeet Aarde gebeuren en op de een of andere manier redeneren ze, dat als ze slechts het kwaad kunnen verwijderen, Gods koninkrijk dan automatisch zal verschijnen. Dit is het onjuiste redeneren dat uit het menselijke denken voortkomt.

Zie je, beste vrienden, je kunt kwaad eenvoudig niet van planeet Aarde verwijderen. Om te begrijpen waarom dat zo is, ga 's avonds als het donker is eens een kamer in en doe het licht uit. Je bent nu in een donkere kamer. Ik wil graag dat je nu nadenkt over hoe je die duisternis uit die kamer kunt verwijderen. Kun je de duisternis in zakken stoppen en uit het raam gooien? Uiteraard werkt dit niet en de reden is dat duisternis totaal geen substantie, wezen of werkelijkheid heeft. Duisternis is de afwezigheid van licht. Breng licht in de kamer en de duisternis verdwijnt.

Wanneer je naar de geschiedenis van de mensheid kijkt, zul je zien dat er meer wreedheden in de naam van godsdienst zijn begaan dan om enig andere reden. Ik moet je vertellen dat al deze gruweldaden tegen de wil en de bedoeling van God zijn. Er bestaat niet zoiets als een heilige oorlog. God houdt van religieuze bezieldheid, maar God wil niet dat die bezieldheid in fanatisme wordt omgezet.

Alle strijd – of die nu bloedvergieten tot gevolg had of met andere wapenen werd gestreden – die door godsdienstige mensen is gestreden om de een of andere duisternis van planeet Aarde te verwijderen, heeft niets gedaan om Gods koninkrijk op Aarde te brengen. Ja, ik realiseer me dat dit een zeer radicaal standpunt is dat veel mensen zal verontwaardigen. Toch moet ik jullie de waarheid vertellen. Het eenvoudige feit is dat als je kwaad bestrijdt, je de duisternis probeert te verwijderen. Ik besef dat aan veel mensen op Aarde het kwaad heel werkelijk kan toeschijnen. Het lijkt echter alleen werkelijk omdat je er door het filter van het menselijke denken naar kijkt.

Breng het licht

Als je werkelijk Gods koninkrijk op Aarde wilt brengen, dan moet je je aandacht richten op het brengen van het licht van het Christusbewustzijn. Je moet jezelf niet laten vangen in de val van proberen het kwaad te verwijderen. Richt je eenvoudig op het brengen van licht en uiteindelijk zal dat licht het kwaad verteren.

Onze God is een verterend vuur. Echter vanwege de vrije wil kan God de duisternis op Aarde alleen verteren als sommige mensen op Aarde de open deur worden voor het verterende vuur van God. Om de open deur voor Gods vuur te worden, moet je het individuele Christusschap aandoen. Begrijp me goed dat ik hiermee niet bedoel dat ik wil dat mijn volgelingen alles negeren wat verkeerd op deze planeet is. Uiteraard wil ik dat mijn volgelingen zich tegen alles uitspreken dat niet van God is. Je kunt je echter niet tegen iets wat niet van God is uitspreken, totdat je een zekere mate van Christusbewustzijn hebt bereikt en daardoor het innerlijke onderscheidingsvermogen hebt verworven, dat je vertelt wat van God is en wat niet van God is.

Mijn punt hier is dat teveel godsdienstige mensen zichzelf toestaan te denken dat zij in feite Gods werk kunnen doen, terwijl ze nog steeds in het menselijke denken vastzitten. Als gevolg daarvan kiezen deze mensen al te vaak een zondebok en besluiten dat een andere groep mensen de vijand is. Zulke mensen redeneren dat het belangrijkste probleem op Aarde een andere groep mensen is. Daarom wordt het hun religieuze plicht die mensen te dwingen hun manier van doen te veranderen. Als deze mensen weigeren te veranderen, dan moeten ze uit de weg geruimd worden. Dit is precies de manier van redeneren die Adolf Hitler zes miljoen mensen in concentratiekampen deed vermoorden. Het is precies deze redeneertrant die een groep mensen deed besluiten, vliegtuigen in het World Trade Center en op het Pentagon te laten vliegen. Het is precies deze manier van redeneren die meer bloedvergieten veroorzaakte dan elke andere factor op planeet Aarde.

Wanneer je het Christusbewustzijn bereikt, verwerf je de wijsheid en het onderscheidingsvermogen om de leugens van de gevallen engelen te doorzien. Je verkrijgt tezelfdertijd echter ook een volledige betrokkenheid bij de wil en de volmaaktheid van God. Daardoor raak je onthecht aan de dingen van deze wereld. Deze onthechtheid is wat ik de onschuld van duiven noemde. Wanneer je niet gehecht bent aan de dingen van deze wereld, zie je duidelijk de dwaasheid van het idee dat het doel de middelen kan rechtvaardigen. Je ziet heel duidelijk dat de enige manier om Gods koninkrijk op Aarde te brengen is door middel van Gods eigen wetten. Proberen Gods koninkrijk op een wijze te brengen die tegen Gods wet ingaat, zal eenvoudig niet werken.

De meest fundamentele Wet van God is de Wet van Liefde. Ik onderwees die wet toen ik op Aarde kwam. Elk aspect van mijn leer is doordrongen van de wet van liefde. Waarom denk je dat ik je vertelde anderen te behandelen, zoals je wilt dat jij door de ander behandeld wordt? Waarom denk je dat ik je vertelde je naaste lief te hebben als jezelf? Waarom denk je dat elke andere godsdienst op deze planeet diezelfde boodschap verkondigt?

Het is omdat liefde juist de essentie van Gods wezen is.

God is liefde.

De enige manier om Gods koninkrijk op Aarde te brengen is door onvoorwaardelijke liefde. Met haat en fanatisme zal het eenvoudig niet lukken. Om Gods koninkrijk te realiseren, moet je Gods liefde belichamen. Er bestaat geen andere manier. De vele andere wegen die mensen volgen, zijn de wegen die mensen (die in het menselijke denken verstrikt zijn) goed toe lijken, maar het einde daarvan, is de dood – de weg van diegenen die God en hun eigen Goddelijkheid ontkennen.

Breng het koninkrijk

Ik wil dat je een instrument wordt voor het brengen van Gods koninkrijk op Aarde. Maar om zo'n instrument te worden moet je het menselijke denken en de neiging om andere mensen als vijanden te zien, overwinnen. Je moet iedereen met liefde behandelen.

Er is niets mis met het gebruiken van het onderscheidingsvermogen van je Christusschap om ideeën of opvattingen die niet van God zijn, aan het licht te brengen, zolang je er zeker van bent dat het inderdaad het onderscheidingsvermogen van de Christus is. Ik wil heel graag dat mijn volgelingen de open deur zijn waardoor de waarheid van God aan de mensen op Aarde gebracht kan worden. Ik wil dat mijn volgelingen waarheid op deze planeet brengen en daarmee de vele subtiele leugens van de gevallen engelen in jullie midden aan het licht brengen.

Maar met het brengen van waarheid, hoef je geen leugens te bestrijden en je hoeft niet met andere mensen te ruziën. Je brengt gewoon de waarheid en vervolgens laat je het aan de mensen over hoe zij op die waarheid willen reageren.

Mijn punt hier is dat vrije wil de ultieme wet in dit universum is. Als je je naaste liefhebt als jezelf, zul je geen inbreuk op de vrije wil van je naaste maken. Je mag mensen de waarheid geven zoals jij die ziet, maar je moet volledig onthecht zijn aan hun reacties. Je moet je naaste zijn of haar eigen keuzes laten.

Dit is wat God voor jou heeft gedaan en jij moet hetzelfde voor ieder ander doen. Wat ik hier zeg is dat je Gods koninkrijk niet op Aarde kunt brengen door de vrije wil van een andere mens geweld aan te doen. Als Gods koninkrijk op Aarde moet komen, moet het komen als gevolg van keuzes die mensen uit vrije wil maken. Ik zeg daarmee niet dat elk mens op Aarde het Christusbewustzijn moet bereiken en de bewuste keuze moet maken Gods koninkrijk binnen te brengen. Gods koninkrijk kan door een betrekkelijk klein aantal mensen, die een zekere mate van persoonlijk Christusschap bereiken, op Aarde gebracht worden. Toch is vrije wil dé sleutel om Gods koninkrijk op Aarde te brengen. Als je wilt helpen dat koninkrijk op Aarde te brengen, dan moet je beginnen een absoluut respect voor de vrije wil van je broeders en zusters te hebben.

De gevallen engelen op Aarde hebben totaal geen respect voor de vrije wil van een ander mens. Daarom moeten zij die zichzelf als dienaren van God zien, een absoluut respect voor de vrije wil van iemand anders ontwikkelen.

Vrije wil is een heel interessant denkbeeld. Ik heb eerder gezegd dat een leraar niet de les voor de leerling kan leren. Evenzo kan geen enkel mens een keuze voor iemand anders maken. Ja, je kunt anderen dwingen of manipuleren iets te doen wat jij wilt dat zij doen. Maar je kunt hen daar niet toe dwingen als resultaat van een vrije keuze. Je kunt niemand dwingen om een vrije keuze te maken (als je dat deed, zou het geen vrije keuze meer zijn).

Je kunt mensen beïnvloeden door hen te laten denken dat zij slechts uit bepaalde mogelijkheden kunnen kiezen. Echter, als je dit doet, verhinder je hen tot het maken van een vrije keuze. De meeste mensen maken keuzes gebaseerd op onjuiste of onvolledige informatie over hun mogelijkheden. Het maken van een keuze is een proces dat plaatsvindt binnen de psyche van het individu.

De meeste mensen op aarde echter zijn niet in een bewustzijnstaat die hen vrije keuzes laat maken. Ze zijn zo door het menselijke denken ingepakt dat alle mogelijkheden die ze zien, door de relativiteit van dat menselijke denken beïnvloed zijn. Om een werkelijk vrije keuze te maken, moet de ziel voorbij het menselijke denken kunnen zien. Die hogere visie kan alleen door het Christusbewustzijn tot stand komen.

Als je een verlangen voelt om waarheid op Aarde te helpen brengen, begin dan met een zeer vastberaden poging je persoonlijke Christusschap te bereiken. Door dit te doen kun je mensen gelegenheid geven te kiezen tussen de waarheid van God en de leugens van het menselijke denken. Waarheid is niet alleen maar een kwestie van het doen van een ware uitspraak. Waarheid is een zaak van vibratie – hierover later meer.

Keer de andere wang toe

Ondanks de manipulatie die op Aarde plaatsvindt, kan elk mens kiezen om naar iets hogers uit te reiken. Ongeacht hoe ver iemand is afgedaald in de niveaus van het menselijke denken, het bewustzijn van de Hel, een ziel kan op elk moment de keuze maken om naar iets hogers uit te reiken. Zelfs de meest scherpzinnige en machtigste gevallen engel kan je niet die mogelijkheid ontnemen.

Het vermogen om een betere keuze te maken is werkelijk de hoop voor deze wereld. Als je jezelf tot een van mijn ware volgelingen rekent, dan moet je de vrije wil van een ieder respecteren. Je moet ook de visie blijven vasthouden dat een ziel uit haar eigen vrije wilsbesluit ervoor kan kiezen naar iets hogers uit te reiken. Je moet het tot een doel in je leven maken andere mensen te bezielen die keuze te maken, zonder hen ook maar op enigerlei wijze daartoe te dwingen. Ik wil dat je iedereen die je ontmoet een kop koud water in Christusnaam aanbiedt. Vervolgens wil ik dat je aan hen overlaat of zij ervoor kiezen er van te gaan drinken.

Ik heb een heel goede reden voor het doen van dit verzoek. Als je probeert iemand tot drinken te dwingen, dan zul je hierdoor namelijk zelf karma maken. Als je de keuze aan hen laat, dan heb je gedaan wat er van je verlangd wordt en daardoor zul je positief karma voor jezelf maken. Als zij de waarheid afwijzen, dan zullen zij negatief karma voor zichzelf maken, maar dat is werkelijk niet jouw zaak. Waarom denk je dat ik de mensen vroeg de andere wang toe te keren?

Het is onmogelijk deze opdracht te begrijpen zonder de Wet van Karma te begrijpen.

Zie je, als iemand je kwaad doet, maakt die persoon onvermijdelijk karma. Dit is eenvoudig een Wet van God. Helaas reageren veel mensen met boosheid als anderen hen kwaad doen en zij zoeken vaak vergelding. Door het vertonen van deze negatieve reactie, maken ze zelf karma. Daardoor zou je een negatieve spiraal met die ander kunnen beginnen en zulke negatieve spiralen hebben tot familievetes geleid of zelfs tot oorlog tussen landen. Door de Wet van Karma, hoef je helemaal geen wraak te zoeken. Mij komt de wraak toe, zegt de Heer, ik zal terugbetalen. Door de Wet van Karma heeft God ervoor gezorgd dat geen enkel mens ooit aan de gevolgen van zijn of haar daden kan ontsnappen.

Als iemand je kwaad doet, heeft die persoon al karma gemaakt. Laat het gewoon aan God over om dat karma aan die persoon terug te betalen. God is zelf volledig in staat om die kant van de situatie af te handelen. Wat jouw zorg zou moeten zijn is dat je er op toeziet dat je niet op zo'n manier reageert dat je zelf karma maakt. De enige manier om persoonlijk karma te vermijden in een situatie waarin iemand je kwaad doet, is om er volledig onthecht van te blijven. Door onschuldig als een pas geboren kind te blijven, door met liefde en vergeving te reageren, vermijd je karma te maken. Daardoor voorkom je dat je in een negatieve spiraal terechtkomt, die je naar beneden zal trekken.

De trek naar beneden

Ik moet je vertellen dat al duizenden jaren lang de gevallen engelen in deze wereld alle andere mensen in hun zelfgemaakte benedenwaartse spiraal proberen te trekken. Dit doen ze door onschuldige mensen kwaad te doen en daardoor te proberen de onschuldige zonen en dochters van God met woede of andere negatieve gevoelens te laten reageren. Omdat zoveel mensen in het menselijke denken gevangen zitten is het voor de gevallen engelen gemakkelijk geweest mensen negatief te laten reageren. Daarom zijn vandaag de dag de meeste mensen zo diep verwikkeld in deze karmische spiralen dat zij zichzelf eenvoudig niet kunnen bevrijden om het pad van persoonlijk Christusschap te volgen.

Wanneer ik op innerlijke niveaus tot zulke zielen kom om hen mijn pad aan te bieden, zijn ze zo gehecht aan hun gevoelens van boosheid, wrok of vergelding, dat zij dit gewoonweg niet kunnen loslaten om mij te volgen. Als ik zeg, 'Laat je netten achter je en volg mij', hebben ze geen idee wat ik bedoel.

Als je jezelf als een van mijn ware volgelingen beschouwt, wil ik dat je deze ideeën zorgvuldig overweegt. Het is nodig jezelf van alle verwikkelingen met de gevallen engelen van deze wereld los te maken, van hun machtsinstituten en van hun zelfgeschapen Hel op Aarde. Het is nodig dat je stopt met vechten voor zaken die niet van God zijn. Het is nodig dat je het onderscheidingsvermogen bereikt, waarin je de juiste zaken kunt zien waarvoor je moet vechten. Zorg dat je niet in een strijd terecht komt, waar beide kanten niet voor een goede zaak strijden.

Je dient je allereerst los te maken van het bewustzijn van woede en wraak. Laat je gehechtheden aan dit soort onrechtvaardigheid los.

Waarom denk je dat ik de mensen vertelde zeventig maal zeven maal te vergeven? De reden is dat vergeving, volledige en onvoorwaardelijke vergeving nu juist de sleutel is voor je persoonlijke vrijheid. Als je wilt overwegen hoe ik en mijn broeders en zusters in de Hemel elkaar behandelen, weet ik zeker dat je zult inzien dat we geen wrok koesteren. Geestelijke wezens staan niet boven het maken van fouten. In de Hemel echter is onmiddellijke vergeving voor iemand zijn fouten.

Wat ik je vertel is dat je eenvoudig het Hemelse koninkrijk niet binnen kunt komen totdat je iedereen hebt vergeven, inclusief God en jezelf. Vergeving is de sleutel tot persoonlijke vrijheid. Als je iemand niet hebt vergeven, dan houd je een karmische band met die persoon in stand. Als die ander een gevallen engel blijkt te zijn, die vastbesloten is om naar de Hel te gaan, dan zal die persoon je naar beneden trekken. Waarom in vredesnaam zou je een karmische band met iemand in stand willen houden die met alle geweld naar de hel wil gaan.

Zie je dat het in je eigen voordeel is om zo snel mogelijk al zulke banden te verwijderen?

Zie je dat de sleutel tot het verwijderen van zulke banden het in praktijk brengen van totale en onvoorwaardelijke vergeving is?

Waarom is er nog steeds kwaad in de wereld?

Laat me terugkeren naar mijn oorspronkelijke vraag van waarom er kwaad in de wereld is. Ik heb je nu verteld hoe kwaad is ontstaan. Ik

Waarom is er Kwaad in de Wereld?

zal mijn vraag uitbreiden als volgt, 'Waarom is er nog steeds kwaad in de wereld?

De belangrijkste reden waarom er nog steeds kwaad op Aarde is, is dat diegenen die zichzelf als geestelijke en religieuze mensen beschouwen nog niet de keuze hebben gemaakt om volledige en onvoorwaardelijke vergeving voor iedereen in praktijk te brengen.

Als mensen zouden beginnen zulke onvoorwaardelijke vergeving te praktiseren, zouden ze onmiddellijk beginnen zich los te maken en een afgescheiden en uitverkoren volk worden. De goede en oprechte zielen op Aarde zouden zich losmaken van die zielen die welbewust en opzettelijk Gods plannen tegenwerken. Als die scheiding zou plaatsvinden, zou God de gevallen engelen van de Aarde kunnen verwijderen.

Laat me je een idee geven hoe dit werkt. Planeet Aarde, zoals je het op dit moment kent, is heel ver weg van Gods oorspronkelijke bedoeling en plan. Deze planeet is een kruispunt, een soort geestelijke smeltkroes geworden en God heeft veel verschillende soorten zielen op deze planeet laten incarneren. De reden waarom dit is toegestaan, is dat de oorspronkelijke bewoners van deze planeet in een zeer lage staat van bewustzijn waren afgedaald.

Als je nu naar planeet Aarde kijkt, zie je een onderscheiden veelheid zielen uit vele verschillende achtergronden, die uiteenlopende niveaus van bewustzijn aan de dag leggen. Ik houd niet van het idee dat mensen zich met anderen vergelijken en oordelen wie beter dan wie is. Ik heb je al verteld dat er in de Hemel geen uitverkoren zonen of dochters zijn. Daarom wil ik niet dat je, wat ik je nu vertel gaat misbruiken. Ik wil niet dat je met de vinger naar een ander gaat wijzen.

Het simpele feit is er dat mensen op Aarde zich op verschillende niveaus van bewustzijn bevinden. Daarom kun je mensen op een ladder plaatsen afhankelijk van het niveau van hun bewustzijn. Bovenaan de ladder staan diegenen die de hoogste graad van persoonlijk Christusschap verworven hebben. Onderaan de ladder vind je diegenen die in een bewustzijnstaat zijn afgedaald die beheerst wordt door een absolute ontkenning van zichzelf als zoon of dochter van God. Er is een grote afstand tussen degenen die boven en beneden aan de ladder staan. De meerderheid van de mensen op Aarde passen ergens tussen deze twee extremen in.

Je begrijpt zeker wel dat er niveaus van bewustzijn bestaan, zowel boven als beneden het peil dat op dit moment op Aarde zichtbaar is. Met andere woorden, er bestaan inderdaad lagere bewustzijnsniveaus dan die je op Aarde ziet (Ik weet dat dit je onmogelijk toe lijkt, maar het huis van mijn Vader heeft vele woningen).

Wij als Opgevaren Schare zien duidelijk dat de meeste mensen op Aarde zich in een heel moeilijke situatie bevinden. Door hun onwetendheid, die hoofdzakelijk te wijten is aan de manipulatie van een kleine machtselite, hebben ze beperkte mogelijkheden voor geestelijke groei. Wij als Opgevaren Schare zien duidelijk dat de mensheid door de laagste tien procent van de zielen die op Aarde geïncarneerd zijn naar beneden wordt getrokken.

Wij beseffen ook dat de enige manier om deze situatie effectief te veranderen is dat de laagste tien procent zielen van deze planeet verwijderd worden. Deze zielen hebben heel veel tijd gehad om op Aarde te incarneren. Tot dusver hebben ze er niet voor gekozen hun manier van leven te veranderen en het spirituele pad op te gaan. Gezien het feit dat ze hier al zo'n lange tijd geweest zijn, is het onwaarschijnlijk dat ze dat binnenkort wel gaan doen. Het is veel waarschijnlijker dat ze de rest van de mensheid met zich naar beneden zullen trekken. Het is daarom onze wens te zien dat deze zielen naar een andere wereld gezonden worden waar bijna iedereen op hetzelfde lage niveau van bewustzijn is.

De sleutel echter om deze verandering tot stand te brengen is de top tien procent van de zielen die momenteel op Aarde geïncarneerd zijn. Het is eenvoudig een feit, dat deze zielen moeten besluiten hun bewustzijnsniveau te verhogen. Je herinnert je misschien dat ik tegen mijn Vader in de Hemel zei, 'Als ik verhoogd wordt, zal ik alle mensen tot mij trekken.' Alle mensen op Aarde zijn onderling in bewustzijn met elkaar verbonden. Als één persoon zijn of haar bewustzijn verhoogt, zal dit iedereen mee omhoog trekken.

Natuurlijk, mensen zullen alleen omhooggetrokken worden als ze ervoor kiezen om de magnetische aantrekkingskracht te volgen, die hen roept hogerop te komen. Als zij ervoor kiezen tegen die aantrekkingskracht in te gaan, zullen ze niet verhoogd worden. Maar als een voldoende aantal mensen op Aarde een bepaald niveau van Christusschap bereikt, dan zullen zij die weigeren in bewustzijn verhoogd te worden eenvoudig niet langer op deze planeet kunnen incarneren. Door hun weigering om hogerop in bewustzijn te komen, zullen ze zichzelf doeltreffend van deze planeet verwijderen en ze zullen naar een andere wereld gaan overeenkomstig hun staat van bewustzijn. Dit is precies wat er gebeurd is toen zielen uit de Hemel afdaalden.

Mijn punt is dat alle mensen die zichzelf als spiritueel of religieus beschouwen, een serieuze inspanning moeten leveren om hun bewustzijnsniveau te verhogen. Zoals ik vele malen heb gezegd, moeten mensen het besluit nemen om het pad naar persoonlijk Christusschap op te gaan. Ik hoop echter dat je nu kunt zien dat de wezenlijke sleutel om dat pad te bewandelen volledige en onvoorwaardelijke vergeving voor elk deel van het leven is.

Vergeef je naaste. Vergeef jezelf. Vergeef je God. Ver-geef – wat 'afstand doen van' of 'weggeven' betekent – het bewustzijn van woede, wrok en vergelding (wraak). Laat die bewustzijnstaat eenvoudig los en sta Gods onvoorwaardelijke liefde toe het van je weg te nemen alsof het zelfs nooit heeft bestaan. Onze God is een verterend vuur van liefde. Laat dat vuur alles in je bewustzijn verteren dat tussen jou en je persoonlijke Christusschap in staat.

Laat eenvoudig je netten van karmische verwikkeling achter je en volg mij, de Levende Christus. Onthoud mij niets en ik zal je niets onthouden.

Wat Denkt Jezus van het Moderne Christendom?

Dit is een vraag die alle oprechte Christenen, en veel spiritueel georiënteerde mensen die zichzelf niet als Christenen beschouwen, zouden moeten overwegen. Vervolgens zouden ze het antwoord in hun eigen hart moeten zoeken waar ik het hun rechtsreeks kan geven. Ik zal je echter een aantal algemene ideeën geven die je een gevoel zullen geven hoe ik, Jezus Christus, denk over de godsdienst die er aanspraak op maakt mij op Aarde te vertegenwoordigen.

Allereerst wil ik zeggen dat het moderne Christendom zo gevarieerd is, dat het bijna onmogelijk is een uitspraak te doen zonder een verreikende generalisatie te geven die onvermijdelijk voor sommige mensen onrechtvaardig zal zijn. Ik herken duidelijk dat er miljoenen mensen zijn die oprecht en toegewijd mijn leringen naar hun beste weten volgen gezien de gefragmenteerde en verwrongen versies van mijn leringen die hen ter beschikking zijn gesteld.

Mijn oorspronkelijke visie

Ik moet je echter vertellen dat het Christendom dat ik vandaag de dag op Aarde zie, ver van mijn oorspronkelijke visie en bedoeling af staat. Gelukkig ben ik een kosmisch wezen en bevind ik mij in het middelpunt van de vrede van God, anders zou ik werkelijk huilen bij de gedachte aan wat er had kunnen zijn. Als mijn ware, innerlijke leringen voor mensen op Aarde beschikbaar waren gemaakt, zou deze planeet al een gouden eeuw van vrede, voorspoed en vooruitgang zijn binnengegaan. Ik kwam met een visie van zo'n gouden eeuw en ik houd die visie voor de Aarde nog steeds. Maar ik moet je vertellen dat, voordat zo'n gouden eeuw zich ooit op Aarde kan manifesteren, voordat het koninkrijk van mijn Vader mogelijk in fysieke manifestatie kan neerdalen, er vele veranderingen nodig zijn.

Ik zou graag willen dat diegenen die beweren mijn volgelingen te zijn, de allereerste zouden zijn om welgemeend deze veranderingen te overwegen en ze na te streven. Maar vanuit een realistisch standpunt denk ik dat het hoogst onwaarschijnlijk is dat deze wens vervuld wordt. Het ongelukkige feit is dat veel orthodoxe Christenen zich zo sterk hebben afgesloten dat het niet waarschijnlijk is dat ze voor mijn innerlijke leringen openstaan. Sommige mensen hebben zich zo laten inpakken met valse ideeën en dogma's dat wanneer ik in hun eigen hart tot hen spreek, zij mijn woorden wegredeneren of ze zelfs als het werk van de duivel beschouwen. Het droeve feit doet zich voor dat zelfs ik, Jezus Christus, weinig mogelijkheden heb om het moderne Christendom te veranderen in de beweging die ik zou willen.

Ik denk dat je al enkele van mijn bezorgdheden over het Christendom aanvoelt. De belangrijkste zorg natuurlijk is dat het pad van individueel Christusschap bijna geheel is verwijderd.

Laten we proberen enige afstand te nemen van de ongelooflijke diversiteit van de duizenden kerken en sekten die beweren mij te vertegenwoordigen, zodat we naar het bos kunnen kijken in plaats van door de bomen verblind te worden.

Een horizontale beweging

Het wezenlijke probleem van het moderne Christendom is, dat het zoals ik het noem een horizontale beweging geworden is. Ik heb je eerder een voorbeeld gegeven hoe de bijbel een aantal toespelingen op reïncarnatie maakt. Ik heb je ook verteld hoe sommige theologen een zeer uitgedachte manier van redeneren hebben toegepast om deze passages, zonder het noemen van reïncarnatie uit te leggen.

Als je naar het moderne Christendom kijkt, kun je werkelijk duizenden voorbeelden vinden van dit soort verzonnen, horizontale redeneringen. Het is volkomen onbegrijpelijk voor mij hoe sommige mensen de meest ingewikkelde en gekunstelde argumenten bedenken om het punt te bewijzen dat ze al van te voren als juist hebben vastgesteld. Waarom doen ze zoveel moeite te bewijzen dat hun idee juist is, als het minder moeite kost, zij het een ander soort moeite, om de Levende Waarheid rechtsreeks van mij te ontvangen?

We zijn nu bij een cruciaal punt aangeland in deze verhandelingen.

Ik zal je nu uitleggen wat het werkelijke wezen van het probleem op planeet Aarde is. Dat probleem komt voort uit het belangrijkste kenmerk van het menselijke denken.

De wezenlijke kern van het menselijke denken is, dat het niet de werkelijkheid wil kennen. Het wil de waarheid niet kennen. Het menselijke denken kijkt niet naar bewijzen en gebruikt dan dat bewijsmateriaal om er logisch mee na te denken over wat waar zou kunnen zijn. Het menselijke denken schept een beeld, een idool, en besluit dat dit de waarheid moet zijn, dat dit de werkelijkheid moet zijn, dat dit God moet zijn. Vervolgens zoekt het naar bewijzen die dat beeld zal verdedigen, waarvan al vastgesteld is dat dat waar moet zijn. Het negeert, ontkent of redeneert schaamteloos elk bewijs weg, dat het gekozen idee niet steunt.

Wanneer je naar het moderne Christendom kijkt, zie je deze trend aan het werk. In alle eerlijkheid, dit is niet uniek voor het Christendom. Je kunt deze trend in elk aspect van leven op deze planeet aan het werk zien. Het was echter mijn aanvankelijke hoop dat juist de kerk die beweerde mij te vertegenwoordigen, niet het slachtoffer zou worden van deze tendens van het menselijke denken.

Als een ziel zich met het menselijke denken identificeert, maakt de ziel een beslissing over wat waar is. De ziel schept een beeld, een idool, van wat het wil dat waar is. Nadat een ziel dat valse beeld geaccepteerd heeft, weigert ze elk bewijs aan te nemen dat het beeld niet steunt. Daarom ziet de ziel alleen bewijsmateriaal dat het beeld verdedigt en zo wordt de ziel een zelfvervullende profetie. Ze wordt geestelijk blind.

De geldwisselaren

Juist hierom berispte ik herhaaldelijk de autoriteiten van de Joodse godsdienst. Dit was de reden waarom ik de tafels van de geldwisselaars omver wierp, die mijn Vaders huis tot een plaats van handel en winst hadden gemaakt. Deze religieuze autoriteiten hadden de traditie van de profeten verlaten. Het idee van een profeet is dat één mens zijn of haar bewustzijn naar zo'n niveau verheft dat God door die mens tot de mensen kan spreken. Op die wijze heeft God een mogelijkheid met mensen in contact te staan die in het lagere bewustzijn zijn afgedaald. God kan een hogere waarheid brengen en als mensen besluiten die waarheid aan te nemen, dan hebben ze een reddingslijn die het hen mogelijk maakt naar een hogere bewustzijnstaat te klimmen.

De Joodse godsdienst had de traditie van profeten verlaten. Daardoor hadden de religieuze autoriteiten niet langer toegang tot het Levende Woord van God en wat hen restte was het Woord van God dat hen in het verleden was gebracht te interpreteren. Dat is precies de reden waarom de Farizeeërs en Sadduceeërs ontelbare uren aan zinloze discussies besteedden over het een of ander punt van de wet in plaats van naar het Levende Woord uit te reiken en het aan de mensen te brengen.

Ik zag heel duidelijk de dwaling en het gevaar in van deze ontwikkeling en daarom zei ik dat ik kwam om de wet en de profeten te vervullen. Hoe had ik me voorgesteld dit te gaan doen? Door het vestigen van een rechtstreekse lijn van progressieve openbaring waardoor ik het Levende Woord van God kon spreken zelfs nadat ik niet meer op Aarde was. Ik was van plan dat Levende Woord direct door mijn volgelingen te laten spreken, die het pad van individueel Christusschap hadden bewandeld en die een niveau van Christusschap hadden bereikt dat hen in staat stelde om als mijn woordvoerder of boodschapper te dienen. Als die traditie, die ik in de vroege jaren van de Christelijke beweging instelde, in stand was gebleven dan zou het moderne Christendom een alternatief hebben gehad voor het geruzie over de uitleg van de bijbel. Heel bot gezegd, wie heeft de bijbel nodig wanneer het Levende Woord van God in je midden stroomt? Wie heeft bijbeluitleg nodig als je een hoger begrip rechtsreeks uit de bron van kennis, het Christusbewustzijn, kunt krijgen?

Ik heb al gezegd dat het menselijke denken een oneindig vermogen heeft relatieve argumenten over het een of ander idee aan te voeren. Zolang Christenen daarom vanuit de relativiteit van het menselijke denken over het een of ander punt uit de bijbel blijven redeneren, blijven ze in hun huidige staat van verdeling en onenigheid vastzitten.

Wat is het alternatief? Het alternatief voor de horizontale redeneerprocessen van het menselijke denken is het verticale proces van het uitreiken naar de Christusgeest. Zolang je de horizontale manier van het menselijke denken volgt, (de weg die een mens goed toe lijkt) kun je altijd blijven zoeken, zonder de waarheid van God te vinden. Op elk moment echter zal het eenvoudig uitreiken naar de hogere weg van het Christusbewustzijn je in staat stellen boven het bewustzijn van argumentatie en verwarring uit te stijgen. In plaats van de onzekerheid en twijfel van het menselijke denken, kun je de zekerheid en het innerlijke weten van de Christusgeest verwerven.

De Levende Kerk

Toen ik naar de Aarde kwam, kwam ik om de ware Levende Kerk te vestigen. De Levende Kerk moet op het Levende Woord gebaseerd zijn. Het Levende Woord kan alleen door het Christusbewustzijn overgebracht worden. Het Christusbewustzijn kan zich alleen in deze wereld manifesteren door individuen die persoonlijk Christusschap verwerven.

Het was niet mijn bedoeling om op Aarde bekend te worden als de enige persoon die ooit in de volheid van het Christusbewustzijn heeft geleefd. Ik ben een geestelijk leraar. De enige manier voor elke leraar om succesvol te zijn is zichzelf te vermeerderen door leerlingen op hetzelfde bewustzijnsniveau als dat van de leraar te brengen. Ik ben de leraar van het Christusbewustzijn en het was mijn bedoeling mijzelf te vermeerderen en ontelbare andere mensen in de volheid van hun individuele Christusschap op Aarde te laten rond lopen.

Als niemand mijn voorbeeld volgt, dan heb ik als leraar gefaald. Wanneer je het proces begint van het verwerven van persoonlijk Christusschap, ga je voorbij alle verschillende uiterlijke verdelingen die uit het menselijke denken voortkomen zien. Je ziet eenheid achter diversiteit.

Het was de bedoeling dat de Levende Kerk die ik kwam vestigen op Christusschap gebaseerd zou zijn, een staat van bewustzijn die mensen aan de verdelingen en onenigheden kon laten ontsnappen die op Aarde gevonden worden. Daardoor zouden mijn volgelingen tot eenheid kunnen komen als het ene Lichaam van God op Aarde.

Ik heb me nooit voorgesteld dat mijn leringen de bron van onenigheid en verdeling zouden zijn. Ik heb nooit gewild dat mijn volgelingen, of diegenen die beweren mijn volgelingen te zijn, in hun verschillende kerken zouden zitten en relatieve argumenten zouden bedenken over het een of ander punt in geschriften uit het verleden. Waarom zou ik willen dat mijn volgelingen over de bijbel zouden twisten, als ze het Levende Woord rechtstreeks van mij konden ontvangen?

Ik wil mijn volgelingen niet verdeeld zien. Ik wil niet dat het Christendom in ontelbare kerken en sekten opgedeeld is, die met elkaar concurreren of zelfs vijandig tegenover elkaar staan. Vandaag de dag zijn er duizenden kerken die zeggen mij te vertegenwoordigen en veel ervan beweren de enige kerk van Jezus Christus te zijn.

De ene, ware kerk

In werkelijkheid hoeft er maar één kerk van Jezus Christus te zijn en dat is de Levende Kerk, de Innerlijke Kerk, het pad naar persoonlijk Christusschap. Ik bedoel hiermee niet dat ik de opkomst van één totalitaire Christelijke kerk wil zien die alle andere kerken zal vervangen. Ik heb geen problemen met het bestaan van verschillende kerken.

Mijn leringen zijn heel uitgebreid. Mijn leringen hebben veel verschillende aspecten en elk aspect is bedoeld een bepaalde groep mensen aan te spreken. Ik heb daarom geen probleem met verschillende groepen mensen, in verschillende kerken georganiseerd, die zichzelf zien als mensen die een bepaald aspect van mijn leer volgen. Bijvoorbeeld, één kerk kan genade benadrukken terwijl een ander de nadruk op werken kan leggen.

De enige manier echter waarop deze verdeling ooit zou werken is als alle kerken en de leiders en leden van die kerken, zichzelf als onderdeel zien van één beweging, namelijk de Levende Kerk gebaseerd op het Levende Woord. Ik ben een geestelijk leraar; Ik ben geen totalitaire dictator. Mijn Vader in de Hemel is geen totalitaire dictator. De Hemel kent een grote verscheidenheid en er is ruimte voor veel verscheidenheid op Aarde. In de Hemel beseft iedereen dat de oneindige variatie voortkomt uit de fundamentele eenheid van God.

God heeft er geen behoefte aan de vorming van één kerk op Aarde te zien. Ik zie niet de noodzaak van de vorming van één Christelijke kerk. Ik wil graag zien dat alle mensen die zichzelf Christenen noemen en die zichzelf als mijn volgelingen beschouwen, zullen leren voorbij de uiterlijke verdelingen en verschillen te zien en het pad naar individueel Christusschap zullen gaan bewandelen. Ik wil dat mijn ware volgelingen zichzelf als deel van het ene lichaam, het onverdeelde lichaam van God op Aarde, zien. Het hele doel van mijn komst naar deze planeet was om de weg vrij te maken voor het in volledige fysieke manifestatie verschijnen van mijn Vaders koninkrijk. Daarom zei ik, 'Ik ben gekomen opdat allen leven mogen hebben, het leven in overvloed.' Gods koninkrijk is het leven in overvloed.

Gods koninkrijk op Aarde

Gods wens voor deze planeet is om de huidige onvolmaaktheid en het huidige lijden weg te nemen en zijn koninkrijk op Aarde te vestigen. God wil planeet Aarde de volmaaktheid zien manifesteren zoals die al in de geestelijke wereld gemanifesteerd wordt. Met andere woorden, God wil dat de Aarde hier beneden zijn koninkrijk wordt, zoals de Hemel boven zijn koninkrijk is. Zo Boven, zo beneden. Daarom zei ik, 'Wees daarom volmaakt, zoals je Vader in de Hemel volmaakt is.'

Mijn oorspronkelijke wens voor de Christelijke beweging was dat het een voorloper zou worden voor het brengen van Gods koninkrijk in fysieke manifestatie. Ik wil daarom mijn volgelingen als de Christuswezens beneden zien, zoals ik en mijn geestelijke broeders en zusters, de Christuswezens Boven zijn. Ik wil mijn volgelingen deel van de universele broeder en zusterschap van licht zien worden en als vertegenwoordigers van de Kosmische Christus op Aarde zien leven.

Dit is de visie die ik voor het vroege Christendom had. Ik houd die visie nog steeds voor iedereen vast die mijn ware leringen durft te volgen. Maar zoals ik je al verschillende keren in dit boek heb gezegd is de ware sleutel om dat doel te bereiken, de vrije wilsbesluiten van diegenen die op Aarde leven.

Ik ben Jezus Christus. Ik ben een kosmisch wezen met zo'n macht dat je nauwelijks in staat bent deze te vatten. Ik kan mijn krachten echter niet op Aarde gebruiken, tenzij ik door diegenen die op Aarde leven, daartoe gemachtigd wordt.

Ik heb diegenen nodig die bereid zijn mijn handen en voeten te worden. Ik heb diegenen nodig die bereid zijn het Lichaam van God op Aarde te worden. Om echter tot het Lichaam van God op Aarde te behoren, moet je het menselijke denken overwinnen en haar neiging om verdelingen en onenigheden te scheppen, waar die niet bestaan.

Ik kan accepteren dat verschillende groepen Christenen, verschillende aspecten van mijn leringen benadrukken. Maar ik kan niet accepteren dat deze groepen zichzelf zien als strijdig met andere groepen Christenen of religieuze mensen.

Ik wil dat jullie een serieuze poging doen, het bewustzijn van het menselijke denken achter je te laten, dat maakt dat je een conflict ziet tussen jezelf en diegene die jij als andere mensen waarneemt. Die andere mensen zijn je vijanden niet. Achter het uiterlijke voorkomen, zijn ze je geestelijke broeders en zusters. Ze zijn mijn geestelijke broeders en zusters.

Daarom zei ik, 'alles wat je voor één van deze minste broeders van Mij hebt gedaan, heb je voor Mij gedaan.'

Daarom zei ik je, je naaste lief te hebben als jezelf en anderen lief te hebben zoals ik je heb lief gehad en nog steeds lief heb.

Geen enkel aantal theologische argumenten kan ooit Gods koninkrijk tot manifestatie op Aarde brengen. Echter een klein aantal harten verenigd in liefde, kan de open deur worden voor dat koninkrijk om in deze duistere wereld te komen.

Mijn vlam van onvoorwaardelijke liefde

Ik ben Jezus Christus en ik kom naar deze planeet met de vlam van onvoorwaardelijke liefde. Ik heb jullie onvoorwaardelijk lief gehad en ik heb jullie nog steeds onvoorwaardelijk lief.

Maak alsjeblieft tijd vrij om diep in je hart te gaan en jezelf mijn onvoorwaardelijke liefde voor jou te laten voelen. Sta die onvoorwaardelijke liefde toe je te veranderen en je boven de betrekkelijkheid en voorwaardelijkheid van het menselijke denken uit te tillen. Aanvaard die verandering en als je voelt dat die een kritiek niveau bereikt, laat die innerlijke verandering dan in je uiterlijke acties zichtbaar worden. Laat mijn onvoorwaardelijke liefde voor jou je hart vullen en dan overstromen in je gedachten, gevoelens, woorden en daden. Durf vervolgens die onvoorwaardelijke liefde te laten zien tegenover iedereen die je ontmoet. Laat je hart de beker worden die van Gods onvoorwaardelijke liefde overstroomt.

De sleutel om Gods koninkrijk op Aarde te brengen is eenheid tussen Hemel en Aarde. Om eenheid tot stand te brengen, moeten we verdeling overwinnen. De enige manier om verdeling te overwinnen is Gods onvoorwaardelijke liefde te omarmen.

Zolang er voorwaarden in je liefde zijn, kan er geen eenheid tussen jou en jouw God zijn. Wanneer je accepteert dat Gods liefde onvoorwaardelijk is, verdwijnen alle uiterlijke verdelingen. Ze worden eenvoudig verteerd door het alles verterende vuur van onvoorwaardelijke, goddelijke liefde.

Ik ben die onvoorwaardelijke liefde en ik bied je deze onvoorwaardelijke liefde aan.

Wil je mijn liefde aannemen?

DEEL 3:
Persoonlijk Christusschap

LEZING 9:
Hoe Christusschap te verwerven

Lieve vrienden, dit boek dient slechts één doel en één doel alleen. Mijn bedoeling is om diegenen wakker te maken die klaar zijn het pad van persoonlijk Christusschap op te gaan. Ik heb gezegd dat miljoenen mensen klaar zijn voor mijn ware leringen en voor het pad van Christusschap. Ik zal je niet vertellen over hoeveel mensen we praten, maar ik zal je vertellen dat het over een groot aantal gaat.

Hoe weet je of je behoort tot diegenen die klaar zijn met mij de weg van persoonlijk Christusschap te gaan? Als je deze woorden leest, dan ben je een van de mijnen en je bent voorbereid (op innerlijke niveaus van je ziel) voor mijn ware weg. De eerste twee delen van dit boek zijn bedoeld om als filter te fungeren om diegenen te scheiden die nog niet klaar zijn voor mijn ware weg. Dit is op geen enkele wijze bedoeld om de mensen die nog niet klaar zijn, te veroordelen. Als iemand echter nog niet klaar is, moet die persoon eenvoudig verder gaan en dit boek achter zich laten. Ik ben een praktische geestelijke leraar en ik weet uit ervaring dat je eenvoudig niet iedereen kunt bereiken. Wat is er voor nodig om klaar te zijn voor mijn leringen? Je hebt een open geest en een open hart nodig.

Het filter

Indien mensen hun hart en geest nog niet hebben geopend voor mijn ware leringen, dan zou het eerste deel van dit boek hen één of verschillende ideeën hebben laten zien, die zulke mensen nog niet kunnen accepteren. Hun menselijke denken zou met de een of andere redenering zijn gekomen waarom een bepaald idee niet van de werkelijke Jezus Christus zou kunnen zijn gekomen. Daardoor zouden ze het ideale excuus hebben gehad om het hele boek af te wijzen. Ik heb mensen dit de afgelopen tweeduizend jaar miljoenen

DEEL 3: Persoonlijk Christusschap

keren zien doen. Ze zullen iets kleins vinden om kritiek op te hebben en vervolgens zullen ze dat ene detail als excuus gebruiken om mij, mijn leringen of mijn boodschapper af te wijzen. Ik heb dit in het bijzonder gezien bij diegenen die een positie hebben in de orthodoxe kerken die beweren mij op Aarde te vertegenwoordigen.

Toen ik persoonlijk op Aarde verscheen, werd ik door bijna iedereen afgewezen die een machtspositie in de Joodse godsdienst had. Vanaf die tijd heb ik geprobeerd om op innerlijke niveaus aan diegenen te verschijnen die een positie bekleden in de Kerk waarvan zij beweren dat zij mij vertegenwoordigt. In teveel gevallen ben ik afgewezen. Omdat zoveel mensen mij niet in hun hart konden horen toen ik tot ze sprak, heb ik geprobeerd uiterlijke boodschappers te sturen. Ik heb met mensen gewerkt die grote moed hadden, die niet bang waren zich tegen een autoriteit uit te spreken. Zo vaak is het gebeurd dat mijn boodschappers werden afgewezen, met minachting behandeld of zelfs gedood werden.

Dit boek is daarom niet bedoeld diegenen aan te spreken die een positie van autoriteit hebben en die onwillig zijn die positie op te geven. Dit boek is bedoeld voor diegenen die in de afgelopen tweeduizend jaar bereid zijn geweest het zaad van mijn innerlijke leringen in hun ziel te laten groeien.

Als je er niet klaar voor zou zijn, zou je eenvoudig niet hebben kunnen lezen wat ik in de eerste delen van dit boek heb gezegd. Ik hoop daarom dat je met je uiterlijke geest wilt aannemen dat je inderdaad een van de mijnen bent. Ik hoop dat je wilt accepteren dat ik, je Jezus, je nu roept om je met het pad van persoonlijk Christusschap bezig te gaan houden.

Ik ben Jezus Christus en ik vertel je eerlijk dat ik je nodig heb. Ik heb je nodig als open deur waardoor ik het Christuslicht in deze duistere wereld kan brengen. Ik ben niet meer op Aarde in een fysiek lichaam en kan daarom niet in deze wereld optreden. Ik kan alleen werken door diegenen die op Aarde zijn en die het besluit nemen mij in hun bewustzijn binnen te laten. Ik kan echter alleen in je bewustzijn komen door de open deur die geen mens kan sluiten – de deur van individueel Christusschap.

Als je klaar bent en bereid, laten we dan verder gaan en overwegen hoe je nu beginnen kunt het pad van persoonlijk Christusschap op te gaan. Ik besef dat vanwege de blinde verering die om mij heen is gebouwd, de gedachte om persoonlijk Christusschap te bereiken overweldigend, misschien zelfs angstaanjagend kan zijn. Opnieuw moet ik je eraan herinneren, dat wat één mens gedaan heeft, andere mensen ook kunnen doen. In de rest van dit boek zal ik een zeer praktisch pad beschrijven dat iedereen die het wil, kan volgen. Ik denk dat je zult zien dat het bewandelen van het pad naar Christusschap binnen je bereik ligt.

In de volgende gedeeltes zal ik een reeks praktische stappen schetsen die je in staat zullen stellen om met succes persoonlijk Christusschap te verwerven. Ik zal je ook enkele innerlijke leringen geven die ik tweeduizend jaar geleden niet aan het grote publiek mocht vrijgeven, omdat mensen niet klaar waren voor deze leringen. Ik zal je de stappen wijzen die je in staat zullen stellen de levensladder op te gaan en hetzelfde doel te bereiken dat ik tweeduizend jaar geleden aanschouwelijk kwam maken. Ik zal je laten zien hoe de waarheid te begrijpen en aan te nemen in mijn uitspraak, 'Zij die in mij geloven, zullen de werken die ik doe, ook doen.'

Laten we aan de gang gaan.

Laten we ons bezig houden met de zaken van onze Vader.

Instrumenten voor het bouwen van Christusschap

In de volgende secties zal ik een reeks instrumenten voorstellen die je zullen helpen het pad van persoonlijk Christusschap te bewandelen. Om praktische redenen moet ik deze instrumenten in een bepaalde volgorde presenteren, maar die orde vertegenwoordigt geen progressie of een waardeoordeel. Elk middel dat ik laat zien is even belangrijk als elk ander middel. Ik wil graag dat je ze allemaal gebruikt, omdat ze elkaar werkelijk aanvullen.

Het ontwikkelen van intuïtie

Elke positieve verandering in je leven moet beginnen met toenemend besef en inzicht. Als je naar de geschiedenis kijkt zul je zien dat elke vooruitgang die de mensheid heeft ondervonden, begonnen is met één individu, die zijn of haar bewustzijn verhoogde en een dieper inzicht in een bepaald aspect van leven voortbracht.

In veel gevallen kwam dit diepere inzicht niet van de uiterlijke, analytische geest. Het kwam van wat men zou kunnen noemen de innerlijke of hogere geest en het kwam door het proces wat algemeen bekend staat als intuïtie. Zelfs sommige van de grootste wetenschappers gebruikten intuïtie om hun meest waardevolle ontdekkingen te doen. Zeker alle ware geestelijke leiders gebruikten intuïtie als de basis voor hun leringen.

Om het pad van persoonlijk Christusschap te beginnen, moet je een bewuste en vastberaden inspanning leveren om je intuïtie te verbeteren. Het is best mogelijk dat je al heel bekend bent met het intuïtieve proces en dat je een vermogen ontwikkeld hebt om intuïtieve inzichten te verkrijgen. Immers, alleen zo'n intuïtief inzicht zou je aangespoord kunnen hebben dit boek te gaan lezen en te blijven lezen. Het vlees en bloed van het menselijke denken, kan het Christuslicht dat in dit boek aanwezig is, niet hebben onthuld.

Als je het gevoel hebt dat een bewuste inspanning je zou kunnen helpen om je intuïtie verder te ontwikkelen, moedig ik je aan een van de vele boeken te gebruiken die beschikbaar zijn. Er zijn talrijke zelfhulpboeken die kunnen helpen je een groter inzicht in het intuïtieve proces te geven. Vele van deze boeken bevatten ook praktische oefeningen om je intuïtie te vergroten. Ik zal je later zo'n oefening voorleggen.

Ik wil dat je begrijpt dat de huidige wetenschappelijke mening over intuïtie onvolledig is. Eigenlijk is intuïtie in werkelijkheid een lagere vorm van Christusbewustzijn. Ik heb je over de relativiteit van het menselijke denken verteld. Wanneer je in het menselijke denken gevangen zit, kun je voor of tegen elk idee pleiten, zonder met een definitief antwoord te komen voor de geldigheid van dat idee. Maar door je intuïtie kun je een exact antwoord vinden. Je zult misschien niet in staat zijn om met een rationeel argument te komen waarom het idee betrouwbaar is; je weet eenvoudig dat het waar is. Intuïtie kan het beste omschreven worden als het vermogen te weten dat een idee waar is zonder per se te kunnen argumenteren waarom het waar is.

Als je hierover nadenkt, zou je een diepzinnige waarheid kunnen beseffen. De waarheid van God staat ver boven de betrekkelijkheid van het menselijke denken. Het is daarom eenvoudig onmogelijk met een relatief of uiterlijk argument te komen, een argument dat het menselijke denken kan doorgronden en accepteren, voor de waarheid van God. Dit verklaart waarom zoveel mensen de waarheid van God niet hebben kunnen vatten. Dit is in het bijzonder waar voor veel moderne wetenschappers die zichzelf hebben laten wijsmaken dat tenzij je met een feitelijke, rationele, logische of intellectuele manier van redeneren komt, een idee eenvoudig niet betrouwbaar kan zijn.

Om de waarheid van God te kennen, moet je weten dat deze waarheid niet uitgelegd kan worden in de relatieve termen die het menselijke denken kan begrijpen. De waarheid van God kan alleen gekend worden door voorbij het menselijke denken te reiken. Wanneer je inderdaad voorbij die relativiteit reikt en een idee vat dat rechtstreeks van God komt, dan zul je vaak niet met een uiterlijke manier van redeneren kunnen komen om je idee te verdedigen. Je weet gewoon wat je weet en die kennis staat boven de betrekkelijkheid van de lagere geest.

Het is een waarheid die alle begrip te boven gaat.

Verscherp je intuïtie
Het is heel belangrijk dat je serieus probeert je intuïtie te ontwikkelen en te verfijnen. Echter, als je meer bekend raakt met het intuïtieve proces, moet je dat proces ook op een hoger niveau brengen. Het

ware doel van intuïtie is om innerlijke afstemming met de geestelijke wereld te ontwikkelen. Door deze innerlijke afstemming kun je met geestelijke wezens in die hogere wereld communiceren, zoals ikzelf. Je kunt echter ook met een hoger deel van je eigen geest in contact staan, een deel waar de spirituele literatuur vaak naar verwijst als 'het hogere zelf'. Ik zou dit deel van je geest graag 'het Christus Zelf' willen noemen.

Ik heb je al verteld dat je een individualisatie van God bent. In de bijbel wordt de naam van God genoemd als 'IK BEN DIE IK BEN'. Je zou kunnen zeggen dat God, in uiteindelijke zin, een zuivere staat van bewustzijn of gewaarzijn is, een bewustzijnstaat die eenvoudig erkent dat 'Ik ben'.

Toen God je schiep werd deze zuivere bewustzijnstaat voor jou geïndividualiseerd. God schiep dus een geestelijk zelf dat sommige esoterische leringen de 'IK BEN Aanwezigheid' noemen. Het is dit geestelijke zelf dat je het gevoel geeft dat 'ik ben' (ik besta, ik leef, ik ben bewust).

Je ziel is geschapen als een verlengstuk van je IK BEN Aanwezigheid. Je ziel heeft het vermogen in de talrijke niveaus van de vormwereld te reizen en het kan zelfs in de stoffelijke wereld reizen en een menselijk lichaam aannemen. Ik heb je eerder verteld over het Tai-Chi symbool. Je IK BEN Aanwezigheid is de mannelijke polariteit en je ziel de vrouwelijke polariteit van de totaliteit van je wezen.

Je IK BEN Aanwezigheid is een zeer hoge staat van bewustzijn en het kan niet in de vormwereld afdalen. Als je ziel daarom afdaalt, moet ze een verbinding vanuit haar huidig bewustzijnsniveau met de IK BEN Aanwezigheid onderhouden. Deze verbinding is mogelijk geworden door het universele Christusbewustzijn en dat universele Christusbewustzijn is voor jou geïndividualiseerd als je Christuszelf.

Ik vertelde je dat het universele Christusbewustzijn de open deur is die geen mens kan sluiten. Het is het licht dat elk mens verlicht die in de wereld komt. Je persoonlijke Christuszelf is de open deur die je niet kunt sluiten. Je Christuszelf is wat ervoor zorgt dat je ziel contact met je geestelijke zelf en de geestelijke wereld kan onderhouden. Het is daarom door je Christuszelf dat je de waarheid van God kunt kennen.

Het proces van het ontwikkelen van persoonlijk Christusschap is een proces waarbij de ziel geleidelijk aan de oude mens van het menselijke denken aflegt en de nieuwe mens van de Christusgeest aandoet. Het is een proces waarbij je ziel een nieuw gevoel van identiteit kan ontwikkelen als een geestelijk- of Christuswezen, dat niet van God of van het geestelijke zelf is afgesneden.

Mijn punt is dat je niet tevreden moet zijn door alleen maar een goede intuïtie te ontwikkelen. Je moet verder gaan dan wat de wereld momenteel als intuïtie herkent en streven naar volledige eenheid tussen je ziel en je Christuszelf. Het is alleen door deze eenwording, dit alchemistische huwelijk tussen je ziel en je Christuszelf, dat je de volheid van je Christuszelf kunt aandoen.

Evenwicht

Ik besef dat op dit punt in je leven het doel van het verwerven van het volle Christusschap je wellicht een beetje te ver weg schijnt. In werkelijkheid is dit niet zo, maar ik zal je een dieper inzicht geven in hoe waarheid te kennen. Je kunt het proces om de waarheid van God te leren kennen zeer ten goede beïnvloeden door het besef dat de sleutel om waarheid te kennen, het streven naar evenwicht is.

Om de noodzaak van evenwicht uit te leggen, laat me je eraan herinneren dat voor het menselijke denken alles relatief is. De gevallen engelen onder jullie, diegenen die de mensen op Aarde proberen te manipuleren, hebben de relativiteit van het menselijke denken gebruikt om verdeling en onenigheid onder Gods volk te zaaien. Het voornaamste instrument dat door de gevallen engelen wordt gebruikt is een tactiek die vaak de 'heers en verdeel' techniek genoemd wordt. Je kunt je de uitspraak herinneren, 'Een huis dat tegen zichzelf verdeeld is, houdt geen stand'. De werkelijke betekenis is, dat een ziel die in zichzelf verdeeld is door de relativiteit van het menselijke denken, de waarheid van God niet kan herkennen en daarom niet het Christusbewustzijn kan verwerven.

De tactiek die zo effectief door de gevallen engelen in deze wereld is toegepast, is de relativiteit van het menselijke denken te gebruiken om twee uitersten te scheppen die tegenovergesteld zijn of dat lijken te zijn. De bedoeling is jou te laten denken dat waarheid in één van deze twee uitersten gevonden moet worden. In werkelijkheid komen beide uitersten voort uit de relativiteit van het menselijke denken en waarheid wordt daarom in geen van beiden gevonden.

Door naar de geschiedenis te kijken zul je zien hoe deze tactiek op verschillende manieren is gebruikt. Daar is bijvoorbeeld het conflict tussen communisme en kapitalisme. Veel mensen lieten zich in dit conflict trekken en ze dachten dat de strijd tussen kapitalisme en communisme een strijd was tussen goed en kwaad. In werkelijkheid is dit een strijd tussen twee soorten totalitarisme, twee vormen van gecentraliseerde macht van de economie.

In een communistisch systeem is de staat eigenaar of heeft de staat macht over de productiemiddelen. In een kapitalistisch systeem vechten in privé bezit zijnde maatschappijen om een monopolie te bereiken. Als je kapitalisme tot het alleruiterste zou doorvoeren, zou één maatschappij alle productiemiddelen in zijn bezit hebben. Dit kan echter alleen gebeuren als die maatschappij de regering beïnvloedt (zich ermee verenigt) en daardoor is het uiteindelijke effect van een kapitalistisch systeem een vorm van staatscontrole die in het communistische systeem al aanwezig is. Wat ik je hier vertel is dat kapitalisme en communisme eenvoudig twee verschillende systemen zijn om gecentraliseerde macht over de economie te krijgen.

De middenweg tussen deze twee uitersten is een economievorm die 'vrije onderneming' of 'de vrijemarkteconomie' heet (helaas geloven veel mensen de leugen dat vrije onderneming hetzelfde is als kapitalisme). De basis van de vrijemarkteconomie is juist onbeperkte concurrentie. In een vrijemarkteconomie is het onmogelijk een monopolie in het leven te roepen. Zolang de concurrentie vrij blijft kan een onderneming alleen tijdelijk een monopolie verwerven. Het is onontkoombaar dat een ander bedrijf dezelfde goederen tegen een lagere prijs zal beginnen te maken en daarmee is het monopolie doorbroken.

Het is niet mijn bedoeling om hier een gedetailleerde analyse van economische krachten te gaan bespreken. Ik probeer eenvoudig naar voren te brengen hoe de relativiteit van het menselijke denken gebruikt kan worden om twee uitersten te scheppen, die rechtstreeks tegenover elkaar lijken te staan. In werkelijkheid dienen beide uitersten om de zaak van de gevallen engelen te bevorderen, die proberen de mensen te manipuleren en onder controle te houden.

Uiteraard heeft dit vele gevolgen. In deze context echter wil ik er zeker van zijn dat je de noodzaak begrijpt ervoor te zorgen niet in deze eeuwenoude strijd tussen twee uitersten te worden getrokken. Sta jezelf niet toe betrokken te worden in het vechten van de oorlog tussen Gog en Magog (de valse goden van deze wereld); beiden vertegenwoordigen niet de ware God in de Hemel.

Vermijd de relatieve uitersten
Om de waarheid van God te ontdekken moet je vermijden in de uitersten van deze wereld te worden getrokken. Je moet vermijden in het zwart-wit denken terecht te komen. Wanneer je denkt in zwart-wit termen (relatief goed en kwaad), ontwikkel je gauw een simplistische kijk op de werkelijkheid. Het is zo gemakkelijk te denken dat een bepaalde groep mensen de vijand is en dat je alle problemen kunt oplossen door die vijand uit te schakelen. Dit zwart-wit denken kan je zo gemakkelijk in extremisme en fanatisme trekken en deze gemoedstoestanden kunnen je nooit leiden naar het ontdekken van de waarheid van God.

De waarheid van God is niet betrekkelijk; het is niet zwart en wit. Dit betekent niet dat de waarheid van God grijs is, omdat grijs eenvoudig een mengvorm van zwart en wit is. De waarheid van God ligt ver boven alle valse schijn en verdelingen die uit de relativiteit van het menselijke denken voortkomen.

De waarheid van God is wat mijn geliefde Broeder van Licht, Gautama Boeddha de ' Middenweg' noemde. De Boeddha was de eerste om de leer van de middenweg naar deze planeet te brengen. Als je de behoefte voelt dit denkbeeld te begrijpen, raad ik je aan zijn leringen te bestuderen.

Maar je zult ook elementen van deze leringen in mijn eigen woorden vinden, omdat ook ik het Boeddhisme bestudeerde en de middenweg volgde en praktiseerde. Als je mijn uitspraken bestudeert, zul je opmerken dat veel ervan het type uitspraken zijn waar in het Zen Boeddhisme als 'koans' over gesproken wordt. Koans zijn uitspraken die bedoeld zijn mensen te verrassen en uit hun normale bewustzijnstaat te schudden om hen vanuit een nieuwe hoek naar het leven te laten kijken.

Veel van mijn gezegden zijn bedoeld je uit de relativiteit van het menselijke denken te halen en je te helpen voorbij die relativiteit te zien en naar een hoger begrip uit te reiken. Deze uitspraken zijn bedoeld de weg te openen voor een intuïtief inzicht van de Christusgeest dat als een bliksemstraal door de dichtheid van het menselijke denken heen snijdt.

Bijvoorbeeld, denk aan de situatie van de vrouw die op overspel werd betrapt. Een boze menigte stond klaar deze vrouw te stenigen. Het lukt me echter ze tot bedaren te brengen door één simpele opmerking, 'Laat hem die zonder zonde is, de eerste steen gooien.'

Sta je intuïtie, sta je Christuszelf en sta mij toe, je deze flitsen van inzicht te geven die plotseling je bewustzijn zullen veranderen en je helpen zien wat je nooit door de relativiteit van het menselijke denken kon zien.

Luister naar antwoorden
Laat me je de belangrijkste sleutel geven voor het ontwikkelen van intuïtie. Intuïtie is een vorm van communicatie waardoor je hogere geest en je geestelijke leraren proberen met je bewuste geest te communiceren en je een inzicht geven dat je naar de volgende stap op je persoonlijke pad zal helpen brengen. De sleutel om dit inzicht te ontvangen is, om het denken, analyseren of oordelen met de uiterlijke geest te vermijden. Om deze vorm van denken te vermijden, moet je naar evenwicht streven en vermijden dat je geest door de relatieve uitersten wordt gepolariseerd.

De sleutel tot het verbeteren van je intuïtie is eenvoudig te luisteren.

Je moet een bewustzijnstaat ontwikkelen waarin je voortdurend je aandacht richt op je Christuszelf en op het luisteren naar het innerlijke woord van waarheid. Je moet een gemoedstoestand ontwikkelen die ik 'luisterende genade' noem.

De sleutel tot het ontwikkelen van deze gemoedstoestand is met een open geest te luisteren, een geest die vrij is van vooroordeel en veroordeling. Ik heb eerder gezegd dat het menselijke denken een idool van de werkelijkheid schept en vervolgens probeert de werkelijkheid te dwingen zich conform het zich vooraf voorgestelde beeld aan te passen. Om werkelijk te luisteren moet je voorbij de idolen kijken die het menselijke denken schept.

Daarom zei ik, 'Tenzij je als de kleine kinderen wordt, kun je het koninkrijk van God niet binnengaan.' De werkelijke betekenis is, dat tenzij je de open en vertrouwende instelling van een kind ontwikkelt – een geest die vrij van vooroordeel en veroordeling is – zul je de waarheid van God die in de stilte van je hart tot je gesproken wordt, niet kunnen horen.

Durf verder te kijken dan de vele betrekkelijke idolen van deze wereld.

Durf te luisteren naar de waarheid van God die boven alle relativiteit staat.

In Hem, in de geest van God, zijn geen onenigheden en valse voorwendsels.

In Hem vind je alleen de Levende Waarheid: het Levende Woord.

Het zuiveren van je geest van onjuiste ideeën

Ik heb je al verteld dat in de afgelopen tweeduizend jaar talrijke dingen van mijn ware leringen zijn weggenomen en eraan zijn toegevoegd. Ik moet toegeven dat ik me voortdurend verbaas over het vermogen van de mensen om de meest ongeloofwaardige theorieën en ideeën te vormen en werkelijk te geloven. Ik kan je vertellen dat er op deze planeet zoveel onjuiste ideeën over mij en het Christendom en over God en godsdienst rondzwerven, dat ik diegenen kan begrijpen die weigeren om ook maar iets met geestelijke onderwerpen te maken te hebben. Ik kan ook diegenen begrijpen die zich vastklampen aan de religie waarin ze zijn grootgebracht en die weigeren nieuwe ideeën te overwegen.

Echter, zoals ik je al verteld heb, is dit onderdeel van het plan van de gevallen engelen in jullie midden. Deze gevallenen weten dat ze niet voor altijd de mening van mensen kunnen veranderen. Het is onvermijdelijk dat steeds meer mensen hun geest voor nieuwe ideeën op het gebied van spiritualiteit en religie zullen openstellen. Daarom proberen de gevallen engelen zoveel verwarrende en buitensporige ideeën in omloop te brengen, zodat mensen misleid, verward of overweldigd zullen worden.

Houd je niet bezig met de vele onjuiste ideeën die er zijn. Richt je op het ontwikkelen van je intuïtie en ik kan je beloven dat door die intuïtie, je het onderscheidingsvermogen zult ontvangen dat het je mogelijk maakt te weten wat van God is en wat niet van God is. Je kunt dit proces echter sterk versnellen door je bewust in te spannen je geest van alle onjuiste ideeën te zuiveren die al in je bewustzijn zijn binnengekomen. Ik moet je vertellen dat de meeste mensen op deze planeet aan zulke onjuiste opvattingen zijn blootgesteld. Het is daarom veilig om aan te nemen dat het nuttig is een beetje aan geestelijk huishoudelijk schoonmaakwerk te gaan doen.

Om maximale geestelijke groei te bereiken, moet je bereid zijn om onjuiste ideeën los te laten. Je moet bereid zijn de onwaarheid, van zulke ideeën te beseffen, zelfs al maakt dat, dat je overtuigingen moet veranderen, waarin je je prettig bent gaan voelen. Toen ik zei, 'Ik ben niet gekomen om vrede te brengen, maar het zwaard', verwees ik juist naar dit proces. Het is een feit dat mensen vaak gewoontedieren zijn. Daarom zijn ze vaak niet genegen om ideeën, waarmee ze vertrouwd zijn geraakt, opnieuw te overwegen of los te laten.

Een heel goed voorbeeld hiervan is mijn geliefde Paulus. Hij was grootgebracht in de orthodoxe Joodse godsdienst en hij geloofde een aantal van deze onjuiste ideeën die door die godsdienst gesteund werden. Vanwege zijn acceptatie van deze onjuiste ideeën, redeneerde hij dat Jezus Christus en zijn volgelingen niet van het ware geloof waren. Hij was heel erg gehecht aan deze ideeën en niet bereid zijn optreden te veranderen en zijn diepste overtuigingen opnieuw te overwegen. Om Paulus van mening te doen veranderen, moest ik gebruik maken van de zeer drastische stap om in een visioen aan hem te verschijnen, dat zo krachtig was dat Paulus, gezien het feit dat hij op innerlijke niveaus voorbereid was, het niet kon ontkennen of het niet kon wegredeneren.

Het is mijn oprechte hoop dat jij veel meer dan Paulus zult openstaan. Ik hoop dat je bereid bent een aantal van je meest innig gekoesterde overtuigingen opnieuw te overwegen en bereid bent door God onderricht te worden. Ik zeg daarmee niet dat je al je huidige overtuigingen moet opgeven of dat je al je onjuiste opvattingen in één keer moet prijsgeven.

Ik wil je niet in een identiteitscrisis terecht laten komen. Ik zie echter graag dat je je met een proces gaat bezighouden waarbij je geleidelijk je huidige overtuigingen opnieuw beoordeelt en je innerlijke onderscheidingsvermogen gebruikt om vast te stellen of je een aantal van die opvattingen moet uitbreiden, veranderen of zelfs moet opgeven. Ik zeg je niet een uiterlijke bron in deze zaak te volgen, zelfs niet dit boek. Ik zeg je de innerlijke bron van je eigen intuïtie te volgen en de inzichten die je van je Christuszelf ontvangt.

Werk ijverig om betrouwbaar te zijn voor God
Wat kun je doen om het proces te versnellen waarbij je leert onjuiste of onvolledige opvattingen te doorzien en los te laten? Ga je eenvoudig bezig houden met het bestuderen van geestelijke leringen.

Ik zou graag willen dat je met dit boek begint. Lees dit boek niet maar eenmaal met de gedachte dat je ermee klaar bent. Om de leringen die ik in dit boek geef, volledig in je op te nemen, moet je het verschillende keren lezen en het zorgvuldig verwerken. Gebruik dan de ideeën die ik je in dit boek heb gegeven om een nieuw perspectief op andere geestelijke leringen te krijgen.

Ik denk dat als je werkelijk mijn leringen in dit boek in je zou opnemen en vervolgens het Nieuwe Testament leest, je veel nieuwe inspiratie uit de bijbel zou halen. Er zijn ook veel andere christelijke teksten die tot inspiratie kunnen dienen. Bestudeer sommige van de christelijke mystici, speciaal sommige Gnostici, zoals Origen van Alexandria, die werkelijk een van de mijnen was. Bestudeer een aantal teksten, die in de vorige eeuw ontdekt zijn, zoals de Nag-Hammadi geschriften, de Dode-Zeerollen en vele andere apocriefe teksten die geen deel uitmaken van de officiële bijbel. Ik beveel in het bijzonder het Evangelie van Thomas aan, dat veel rechtstreekse uitspraken van mij bevat.

Veel mensen willen binnen de context van het Christendom blijven en dit is acceptabel zolang je tenminste je eigen innerlijke leiding volgt. Ik weet echter ook dat veel mensen bereid zijn naar geestelijke leringen uit andere bronnen te kijken. Er zijn veel geestelijke leringen op deze planeet die als inspiratiebron voor je kunnen dienen. De teksten van de belangrijkste wereldgodsdiensten kunnen een grote hulp zijn, evenals vele teksten die zelfs in deze tijd zijn uitgebracht.

Ik heb je verteld dat ik deel uitmaak van een team van geestelijke leraren dat al heel lang met de mensheid heeft gewerkt. Door de eeuwen heen hebben wij als grote groep Opgevaren Wezens geprobeerd een progressieve openbaring van de geestelijke mysteriën te brengen. We hebben dit door veel verschillende mensen gedaan die bereid waren hun bewustzijn te verhogen en als open deur te dienen voor het in de wereld brengen van een bepaalde geestelijke leer.

In de laatste eeuw is dit proces in hoge mate versneld en de reden daarvoor is dat we nu aan het eind van een tijdperk zijn gekomen en aan het begin van het volgende staan. Het vorige 2000-jarige tijdperk is wat veel mensen 'het Vissentijdperk' noemden. Ik was de geestelijke hiërarch voor dat tijdperk.

Planeet Aarde gaat nu de volgende 2000-jaar cyclus in, namelijk het 'Tijdperk van Aquarius'. Vanwege deze verandering zijn er grote mogelijkheden voor geestelijke groei. In de laatste eeuw hebben miljoenen mensen hun geest voor nieuwe spirituele ideeën opengesteld. God heeft op veel verschillende manieren op deze openheid gereageerd. Er zijn heel veel bronnen van geestelijke leringen die in werkelijkheid door de grote groep Opgevaren Wezens zijn gesponsord. Er zijn ook heel veel valse leringen, verzonnen door de gevallen engelen om verwarring en verbijstering te zaaien.

Als je gaat werken aan het ontwikkelen van je intuïtie, zul je het onderscheidingsvermogen hebben om het verschil te kennen. Ik wil je echter een richtlijn geven die je ten minste op weg kan helpen. In de laatste eeuw hebben wij als grote groep Opgevaren Wezens verschillende bewegingen gesponsord en geïnspireerd, die geestelijke leringen hebben voortgebracht. De meest bekende van deze bewegingen zijn: De Theosofische Vereniging, het Agni Yoga Genootschap, Self-Realisation Fellowship, de I Am Movement, de Bridge to Freedom en de Summit Lighthouse.

Ik ben me bewust dat sommige orthodoxe Christenen naar deze bewegingen als New Age sektes kijken. Omdat je dit boek leest, weet ik zeker dat je je niet overmatig bezorgd maakt over dit etiket. Het feit is, dat als ik vandaag de dag op Aarde zou zijn en de dingen deed die ik tweeduizend jaar geleden deed, deze zelfde orthodoxe Christenen mij, Jezus Christus, als een zeer gevaarlijke New Age sekteleider zouden aanmerken.

Laat daarom niet het oordeel van andere mensen je weerhouden van het ontdekken en lezen van de geestelijke leringen die wij als grote groep van Opgevaren Wezens jullie hebben gegeven. Ik zeg daarmee niet dat je al deze leringen moet bestuderen. Ik zeg niet dat je lid moet gaan worden van een van deze organisaties. Ik zeg alleen dat als je naar iets zoekt in aansluiting op dit boek, dit een plek is om mee te beginnen. Laat je intuïtie je gewoon leiden en je laten zien wat te bestuderen.

Geestelijke zoeker, genees jezelf

We zijn nu bij een onderwerp gekomen dat ik als uitermate belangrijk beschouw, maar dat veel godsdienstige en spirituele mensen niet willen kennen. Ik heb je al verteld dat je ziel al een heel lange tijd op deze planeet is geweest. Met één blik op de geschiedenis moet het je wel duidelijk zijn, dat je ziel zeer waarschijnlijk betrokken is geweest bij één of meer oorlogen of andere wreedheden. Het spreekt vanzelf dat zulke traumatische ervaringen ervoor kunnen zorgen dat je ziel verwond en gekwetst is. Het ligt daarom voor de hand dat er een behoefte is om je ziel te helen.

Het woord 'ziel' komt van het Griekse woord 'psyche'. Psyche en ziel zijn onderling verwisselbare termen. Ik vertelde je dat de essentie van het pad naar persoonlijk Christusschap is, dat je de oude mens moet afleggen en de nieuwe mens, namelijk een identiteitsgevoel gebaseerd op het Christuszelf en je Godgegeven individualiteit, moet aandoen. Het grootste obstakel voor dit proces is dat mensen heel erg gehecht raken aan bepaalde aspecten van hun lagere identiteitsgevoel. De oorzaak voor deze gehechtheid zijn de emotionele wonden die je ziel in het verleden heeft opgelopen.

Je emotionele wonden kunnen je aan onderdelen van je valse identiteitsgevoel of aan bepaalde ideeën laten hechten. In veel gevallen heb je door een traumatische ervaring uit het verleden een onjuiste opvatting aangenomen over jezelf, over God of over een bepaald levensaspect. De traumatische ervaring deed je ziel ook een intense emotionele pijn ervaren. De pijn zorgde voor een hoeveelheid negatieve energie en deze energie is in je ziel opgeslagen (in je persoonlijk energieveld).

Als je je ziel nog niet hebt geheeld, is de emotionele energie nog aanwezig. Elke poging de onjuiste opvatting te heroverwegen zal daarom onvermijdelijk de oude wond open maken en je bewuste geest weer met de negatieve energie verbinden. Als gevolg daarvan zul je opnieuw de emotionele pijn ervaren. Veel mensen zijn bang een onjuist idee nog eens te overwegen, omdat ze niet met de pijn willen omgaan. Het is echter een meedogenloos feit in het leven dat om jezelf van onjuiste opvattingen te bevrijden, je bereid moet zijn om de doos van Pandora van het verleden te openen.

Veel mensen zijn bang deze doos te openen en in hun eigen psyche te kijken. Om je de waarheid te zeggen, zie ik veel mensen die godsdienst of spiritualiteit als excuus gebruiken om niet met de wonden van de ziel te hoeven omgaan. Deze mensen richten hun aandacht op het uiterlijke aspect van godsdienst of zij richten zich op het praktiseren van een geestelijke techniek. Ze redeneren dat als zij slechts alle uiterlijke regels volgen, elke zondag naar de kerk gaan of een bepaalde spirituele techniek praktiseren, zij dan op de een of andere manier kunnen voorkomen om met de pijn in hun ziel te moeten omgaan.

Ik ben heel blij om te zien dat er vandaag de dag ontelbare technieken voor zelfverbetering beschikbaar zijn. Niet alle zijn heilzaam en niet alle zijn door de groep Opgevaren Wezens geïnspireerd. Maar veel zijn van ons afkomstig en we hebben ze uitgegeven om jou op je pad bij te staan. Ik moet je echter vertellen dat een spirituele techniek niet de noodzaak van psychologische genezing kan vervangen. Je kunt niet alleen maar bidden, mediteren of in een yogahouding gaan zitten en aannemen dat dit automatisch je psyche zal helen.

Waarom een geestelijke techniek je niet kan helen
Laat me uitleggen waarom een geestelijke techniek je ziel niet kan helen. De menselijke ervaring komt voort uit de keuzes die je maakt in het uitoefenen van je Godgegeven vrije wil. Wanneer je een traumatische situatie ondergaat, zijn er twee aspecten aan die situatie. Eén aspect is de uiterlijke situatie, bijvoorbeeld wat een ander mens je aandoet. Het andere aspect is de innerlijke situatie, namelijk hoe jij besluit op die situatie te reageren.

Ik wil dat je begrijpt dat ik op geen enkele manier zeg dat het juist is een ander mens te benadelen. Als iemand je kwaad doet, zal die persoon onvermijdelijk karma maken. Het is echter een meedogenloos feit dat een psychologische wond niet veroorzaakt wordt door de daden van de andere persoon. Wat de wond veroorzaakt is jouw innerlijke reactie op die daden.

Mensen reageren heel verschillend op vergelijkbare situaties. De een zou kunnen denken dat een situatie eigenlijk geen probleem is en die persoon gaat gewoon verder zonder emotioneel door de situatie getekend te zijn. Iemand anders kan dezelfde situatie gebruiken om een negatief zelfbeeld op te bouwen dat de ziel voor meerdere levens kan achtervolgen.

De oorzaken van je psychologische wonden zijn de beslissingen die je maakte hoe op traumatische of pijnlijke situaties te reageren. De belangrijkste sleutel om je wonden te helen is daarom bewust terug gaan naar je oorspronkelijke keuze en een betere beslissing nemen. Bijvoorbeeld, een kind dat seksueel, fysiek of emotioneel misbruikt is, bouwt vaak een negatief zelfbeeld op, beheerst door schuld en een minderwaardigheidsgevoel. Ongeacht hoeveel gebeden, meditaties of yogaoefeningen je ook doet, die zullen dat negatieve zelfbeeld niet wegnemen. (Zoals we in het volgende gedeelte zullen zien, kan een geestelijke oefening de negatieve energie van de oorspronkelijke situatie verwijderen). Om het onjuiste beeld weg te nemen, moet je het oorspronkelijke besluit (of besluiten) vervangen door een nieuw en beter besluit, gebaseerd op het inzicht dat je een geestelijk wezen bent, geschapen naar (in) het beeld en de gelijkenis van God.

Er zijn tegenwoordig vele technieken op de markt die je kunnen helpen in de diepte van je ziel te gaan en je van de negatieve aantrekkingskracht van je verleden te bevrijden. Ik kan je verzekeren dat als sommige van deze technieken tweeduizend jaar geleden beschikbaar waren geweest, had ik al mijn discipelen in de een of andere vorm van therapie of psychologische heling laten gaan.

Ik beschouw het als absoluut noodzakelijk dat je bewust en vast besloten probeert de wonden in je psyche te helen. Deze wonden vormen een zware last die je heel erg zullen hinderen het opwaartse pad van Christusschap te beklimmen. Waarom zou je dit zware gewicht met je mee zeulen, wanneer je het kunt wegnemen door een geschikte methode van psychologische heling toe te passen?

Het helen van je ziel is een uitermate belangrijk onderwerp en ik heb eenvoudig geen ruimte om er in dit boek aandacht aan te besteden. Ik heb echter al voor een ander boek gezorgd dat de praktische stappen uiteenzet om je ziel te genezen. Dit boek is door een gezamenlijke inspanning van mij en de boodschapper tot stand gekomen. De titel is *The Inner Path of Light*. [Het Innerlijke Pad van Licht]. Ik raad je met klem aan dit boek te bestuderen en de leringen ervan toe te passen.

Ik moet je vertellen dat *The Inner Path of Light* en het boek dat je in je handen houdt een perfecte polariteit vormen, die je een volledige set gereedschap in handen geeft voor het verwerven van persoonlijk Christusschap. Dit boek is de geestelijke (Yang of Alfa) polariteit en het boek over het innerlijke pad is de praktische (Yin of Omega) polariteit. Als je iets van waarde in dit boek hebt gevonden, zal het boek over het innerlijke pad je de praktische stappen aanreiken om de geestelijke doelen te bereiken die ik in dit boek uiteen gezet heb.

Een laatste gedachte. Ik vertelde je eerder dat door het toekeren van de andere wang je voorkomt dat je in een situatie persoonlijk karma maakt. Dit heeft echter ook een innerlijk aspect. Als je de andere wang kunt toekeren en met volledige vergeving kunt reageren, dan zul je vermijden een emotioneel litteken op je ziel te maken. Je kunt eenvoudig de situatie loslaten en verder gaan alsof het nooit gebeurd was. Naarmate je in het Christusschap groeit en je ziel heelt, zul je het vermogen verwerven met liefde, vergeving, harmonie en

Instrumenten voor het bouwen van Christusschap 203

vrede te reageren op elke situatie die het leven je brengt. Het vermogen om volledige controle over je innerlijke reacties op uiterlijke gebeurtenissen te hebben, is dé sleutel tot persoonlijke vrijheid. Het is ook de sleutel tot geestelijke vrijheid.

Het transformeren van negatieve energie

Ik heb je verteld dat je in een universum leeft waarin alles energie is. Alles wat je daarom doet, is met energie tot stand gebracht. Als je een verkeerde daad begaat, dan heeft die de volgende consequenties:

- Een energie-impuls is naar het universum uitgezonden en het zal naar je worden teruggezonden in de vorm van persoonlijk karma.
- Je brengt negatieve energie voort die in je persoonlijke energieveld wordt opgeslagen en dit kan een onaangename uitwerking op je gedachten en gevoelens hebben.

Ik heb je ook verteld dat ik persoonlijk het karma van de mensheid van deze afgelopen tweeduizend jaar heb gedragen. Mijn volmacht om dit te doen loopt ten einde en daarom daalt het karma van de mensheid nu neer op deze planeet. Dit neerdalen van karma kan een negatieve invloed op je persoonlijk leven en op de planeet als geheel hebben.

Elke serieuze geestelijke zoeker moet daarom de vraag overwegen hoe hij of zij negatieve energie kan transformeren. Je kunt je spirituele groei aanzienlijk versnellen door het vinden van een geestelijke techniek, die je in staat stelt de vibratie van negatieve energie omhoog te brengen naar de zuiverheid die het oorspronkelijk als geestelijke energie had. Hoe kun je dit doen?

De wetenschap vertelt ons dat energie bestaat in de vorm van golven die een verschillende frequentie, slingerwijdte en golflengte hebben. Wanneer twee energiegolven elkaar ontmoeten, schept de wisselwerking van die twee golven wat wetenschappers een interferentiepatroon noemen. Dit patroon kan de vibrerende eigenschappen van beide golven veranderen. Om een lang verhaal kort te maken: als een golf met hoogfrequente energie een laagfrequente energiegolf ontmoet, kan de daaruit voortkomende reactie op elkaar de vibratie van de laagfrequente energie verhogen. Het vermogen van het transformeren van laagfrequente energie in spirituele energie is de basis voor alle geestelijke groei.

Je hebt gehoord dat er gezegd is dat er geen jota of tittel van de wet voorbij zal gaan totdat alles is vervuld. Toen je besloot in de stoffelijke wereld af te dalen en je van je geestelijke leraar af te scheiden, werd de Wet van Oorzaak en Gevolg je nieuwe geestelijke leraar. Volgens deze wet ben je uiteindelijk verantwoordelijk voor wat je met Gods energie doet. Deze verantwoordelijkheid gaat helemaal terug naar je eerste incarnatie in de stoffelijke wereld. Je hebt duizenden incarnaties op deze planeet gehad en daarom is het heel goed mogelijk dat je een zeer grote hoeveelheid negatieve energie in het leven hebt geroepen. God (De Goddelijke Wet) eist van je dat voordat je naar de geestelijke wereld kunt opvaren, je de negatieve energie weer terug naar haar oorspronkelijke zuiverheid moet transformeren.

Er bestaan veel manieren om negatieve energie om te vormen, zoals gebed, vasten, goede werken of diverse geestelijke technieken en praktijken. Je kunt ook negatieve energie compenseren of neutraliseren door de gevolgen te ondergaan van de terugkeer van die energie of dat karma. Dit kan zich manifesteren als negatieve gebeurtenissen in je leven, zoals ziekte of ongelukken. Dit is natuurlijk de zwaarste manier om je karma in evenwicht te brengen. Het is veel beter om dat karma te vereffenen voordat het zich in feite als een fysieke gebeurtenis manifesteert. Dit is heel goed mogelijk en vanaf het begin aller tijden heeft God voor de mogelijkheid gezorgd om negatief karma te compenseren zonder de negatieve gevolgen van dat karma te hoeven ervaren. Je zou kunnen zeggen dat elke geestelijke techniek die aan de mensheid bekend was, oorspronkelijk bedoeld was om je te helpen geestelijke energie, geestelijk licht aan te roepen, dat kan dienen om de negatieve energie die jij hebt voortgebracht te transformeren.

Vanzelfsprekend zijn deze ideeën opnieuw een voorbeeld van wat uit mijn ware leringen verwijderd is. In feite bevat bijna geen enkele orthodoxe godsdienst deze gedachten. Ik moedig je desondanks sterk aan je bewust te worden van de geldigheid en de waarde van deze leringen.

Ik kan je verzekeren dat je in een tijd leeft waar er grote behoefte bestaat aan het transformeren van negatieve energie. Het persoonlijke aspect hiervan is, dat je je persoonlijke karma moet transformeren. Als je inderdaad ernst maakt met het bereiken van Christusschap, moet je beslist proberen een geestelijke techniek toe te passen voor het transformeren van negatieve energie.

Het planetaire aspect is dat het terugkerende karma van de mensheid een aantal negatieve effecten voor de maatschappij en voor de planeet kan hebben. Deze mogelijke gevolgen zijn beschreven in een aantal voorspellingen afkomstig uit verschillende bronnen. Ik wil dat je begrijpt dat voorspellingen niet altijd uit hoeven te komen. Voorspellingen worden gegeven als een waarschuwing voor wat er zou kunnen gebeuren als mensen hun manier van leven niet veranderen. Er bestaat daarom een mogelijkheid om voorspellingen om te keren en de sleutel om dat te doen is de negatieve energie te transformeren voordat het zich in feite als fysieke gebeurtenissen manifesteert.

Een speciale dispensatie
Onze God is een God van mededogen en je hemelse ouders zijn niet blind voor de huidige kritieke toestand op planeet Aarde. Ze hebben daarom gezorgd voor een uitweg. Ik heb je al verteld dat alle spirituele technieken bedoeld zijn je te helpen geestelijke energie aan te roepen en daarbij negatieve energie te transformeren. Ik moet je echter vertellen dat de spirituele technieken die door de meeste mensen beoefend worden, eenvoudig niet krachtig genoeg zijn om de hoeveelheid persoonlijk en planetair karma die in deze jaren teruggezonden wordt, te transformeren. Opnieuw is er een uitweg.

Ik vertelde je eerder dat mijn vader, de geliefde Jozef, tegenwoordig een opgevaren wezen, een Opgevaren Meester is. Zijn naam is Saint Germain en hij is aangesteld als de geestelijke hiërarch voor het Aquariustijdperk. Ik kan je verzekeren dat ik buitengewoon veel respect en bewondering heb voor mijn Broeder van Licht, Saint Germain. Ik ben bijzonder blij dat hij als geestelijk leider voor de komende tweeduizend jaar is aangesteld.

Toen Saint Germain tot mijn opvolger werd aangesteld, besefte hij duidelijk de moeilijke situatie van de terugkeer van het karma van de mensheid, zoals ik jullie dat beschreven heb. Saint Germain zag daarom dat het noodzakelijk was een geestelijke techniek uit te geven die efficiënter was dan alles wat hiervoor op deze planeet gegeven was. Dit was geen eenvoudige zaak, want mensen hebben een grote bereidheid laten zien om elke geestelijke techniek die hen gegeven is, te misbruiken. Zoals mensen bereid zijn geweest atoomenergie te misbruiken, zo zijn ze ook bereid geweest geestelijke energie verkeerd aan te wenden.

Saint Germain moest daarom om een kosmische volmacht vragen en na lang wikken en wegen door de geestelijke hiërarchie boven ons, werd die volmacht toegekend. Saint Germain kreeg toestemming om publiekelijk een geestelijke techniek uit te geven, die gedurende duizenden jaren alleen aan een kleine groep gevorderde zielen bekend was. In het verleden was dit systeem onder allerlei namen bekend. Saint Germain besloot deze geestelijke techniek uit te brengen onder de naam, 'Violette Vlam'. De naam verwijst naar het feit dat dit systeem gericht is op het aanroepen van een vorm van geestelijk licht dat op frequenties vibreert die net boven de stoffelijke wereld liggen (violet licht heeft de hoogste frequentie van zichtbaar licht).

Deze techniek werd voor het eerst openlijk aan het publiek bekend gemaakt in de jaren dertig van de vorige eeuw door een organisatie met de naam 'I AM movement'. Deze beweging riep de geestelijke energie, de 'Violette Vlam' aan door een aantal gesproken affirmaties, die 'decree's' werden genoemd. Deze decree's werden rechtstreeks door Saint Germain zelf uitgebracht. Sinds die tijd hebben Saint Germain en andere Opgevaren Meesters een aantal extra decree's uitgegeven door een organisatie die 'Summit Lighthouse' heet.

Ik zeg hiermee niet dat je lid moet worden van één van deze organisaties. Ik zeg alleen maar dat ik, als je ernst maakt met het transformeren van persoonlijk en planetair karma, niet kan zien hoe je dit zou kunnen doen zonder gebruik te maken van de Violette Vlam. Deze vorm van energie werkt uitermate doeltreffend voor wat betreft het transformeren van de negatieve energie die door mensen voortgebracht is. Het is krachtiger dan enig andere geestelijke techniek die momenteel op deze planeet te vinden is.

Er zijn vele manieren om de Violette Vlam aan te roepen, zoals godsdienstige rituelen, gebeden, affirmaties en visualisaties. Maar de meest effectieve manier om deze energie aan te roepen is door het gesproken woord. Ik raad je sterk aan om gebruik te maken van een techniek om de Violette Vlam aan te roepen, zoals de decree's die in de volgende lezing zijn opgenomen. Je hoeft je lidmaatschap van geen enkele kerk of spirituele organisatie hiervoor op te zeggen. Je

Instrumenten voor het bouwen van Christusschap

hoeft van geen enkele organisatie lid te worden die in dit boek wordt genoemd.

Wat ik jullie hier vertel is dat het aanroepen van de Violette Vlam een universele techniek is die werkelijk een geschenk van God is. Ik zou willen dat degenen, die zich als mijn volgelingen beschouwen de Violette Vlam aanroepen. Het feit dat een techniek door een bepaalde organisatie werd uitgebracht, betekent niet dat je lid van die organisatie moet worden om die techniek toe te passen. Albert Einstein was een Jood, maar de relativiteitstheorie is op alle mensen van toepassing. Evenzo is de geestelijke techniek genaamd de Violette Vlam, een geschenk van God aan alle mensen op Aarde.

Toen ik besloot de last van het karma van de mensheid op me te nemen, hoopte ik dat mensen een verstandig gebruik van dit speciale voorrecht zouden maken. Het was mijn hoop dat door het toepassen van mijn ware leringen, mensen geestelijke miljonairs zouden worden. Wanneer hun karma daarom aan hen moest worden teruggegeven, zou het voor hen gemakkelijk zijn hun schulden aan het leven af te betalen, zonder hun geestelijke vooruitgang te vertragen. Helaas, zoals ik heb uitgelegd, is dit niet gebeurd.

De mensheid verkeert daarom nu in een dubbel gevaar. In de afgelopen tweeduizend jaar hebben mensen meer karma gemaakt en momenteel ondervinden ze de gevolgen van dat karma. Gelijkertijd wordt het karma dat ik voor hen gedragen heb aan hen teruggegeven.

Het spreekt vanzelf dat het niet mijn wens is om mensen in deze hachelijke situatie te zien. De allerbeste hoop die ik zie om deze situatie om te keren is dat miljoenen mensen zullen besluiten Saint Germain's geschenk van de Violette Vlam te gaan gebruiken. Als miljoenen mensen, Christen of geen Christen, deze techniek zullen toepassen, zal het mogelijk zijn de last van het terugkerende karma op zowel persoonlijk als planetair niveau te verteren.

Daardoor zou mijn oorspronkelijke bedoeling voor het dragen van het karma van de mensheid alsnog kunnen worden vervuld. De gouden eeuw die ik voor planeet Aarde voorzie, zou tijdens het Aquariustijdperk kunnen worden gemanifesteerd.

Ik hoop dat je serieus wilt overwegen een techniek voor het aanroepen van de Violette Vlam toe te passen. Ik weet niet wat ik nog meer moet zeggen om je de Violette Vlam aan te bevelen.

Maak jezelf vrij in bewustzijn

De moderne wetenschap heeft bewezen dat het hele stoffelijke heelal van energie gemaakt is. De wetenschap heeft ook laten zien dat energie niet gemaakt en ook niet vernietigd kan worden. Deze twee feiten bevatten een belangrijke sleutel in het begrijpen van de uitspraak, 'Kom uit hun midden en wordt een onafhankelijk en uitgekozen volk'. Ik vertelde je al dat deze uitspraak in de allereerste plaats betekent dat je je in bewustzijn moet afscheiden. Laat me je nu een meer uitgebreide verklaring geven.

Ik ben een geestelijk wezen en ik zie veel dingen die voor het oog van veel mensen verborgen zijn. Ik zie veel dingen die een aanval plegen op diegenen die zich werkelijk voor geestelijke groei inzetten. Laat me deze krachten aan je uitleggen.

Allereerst moet je leren hoe jezelf tegen negatieve energie te beschermen. Ik vertelde je dat alles wat je doet met Gods energie gedaan wordt. Je ontvangt onafgebroken een stroom geestelijke energie die je ziel instroomt. Je ziel drukt die energie uit door middel van gedachten, gevoelens en daden. In het proces van het uitdrukken van energie, wordt die energie gekwalificeerd door de inhoud van je bewustzijn. Met andere woorden, als je geestelijke energie uitdrukt, verander je de vibratie van die energie. Een positieve gedachte, gevoel of daad zal energie van een hoge of positieve frequentie voortbrengen. Negatieve gedachten, gevoelens en daden zullen energie van een lage of negatieve frequentie genereren.

Energie kan niet gemaakt of vernietigd worden; het kan alleen in een andere energievorm getransformeerd worden. Het belang van dit feit is dat de negatieve energie die door mensen is voortgebracht, eenvoudig niet zal verdwijnen. Een deel van die energie zal in het heelal worden uitgezonden en door de Wet van Oorzaak en Gevolg, de Wet van Karma aan je worden teruggezonden. Een ander deel van de negatieve energie die door mensen is voortgebracht zal echter bij hen blijven.

Zelfs de moderne wetenschap begint te beseffen dat er een energieveld bestaat dat het menselijke lichaam omgeeft. De wetenschap is zich ook gaan realiseren dat er een energieveld bestaat dat de planeet omringt. Ik wil hier niet verder op ingaan (ik heb dat gedaan in het boek *The Inner Path of Light*), maar ik zal je vertellen dat je persoonlijke energieveld als opslagplaats dient van zowel positieve als negatieve energie. Evenzo is het energieveld van de planeet een opslagplaats voor zowel negatieve als positieve energie die door de mensheid is voortgebracht. Ik weet zeker dat als je naar de menselijke geschiedenis kijkt, je beseffen zult dat de mensheid een enorme hoeveelheid negatieve energie heeft voortgebracht. Het moet niet moeilijk zijn je voor te stellen dat het energieveld van de planeet Aarde letterlijk een beerput van negatieve energie is.

Jij leeft in die beerput van energie. Je kunt naar je persoonlijke energieveld kijken als één druppel in de planetaire oceaan van energie. De vraag is nu hoe je persoonlijke energieveld, en daardoor je gedachten en emoties, door de energie in het planetaire energieveld beïnvloed wordt.

Ik moet je vertellen dat er momenteel zoveel negatieve energie in het energieveld van deze planeet opgeslagen is dat tenzij je je uiterste best doet om jezelf van de negatieve neerwaartse kracht van deze energie te bevrijden, je onvermijdelijk naar beneden zult worden getrokken. Miljoenen mensen op deze planeet zijn zo door het planetaire energieveld overweldigd dat zij letterlijk niet in staat zijn de integriteit van hun persoonlijkheid en individualiteit te bewaren. Met andere woorden, hun gedachten en emoties zijn opgslokt door wat je de denkgeest van de massa of het massabewustzijn zou kunnen noemen. Deze mensen zijn als schapen die blindelings de tendensen volgen die in de oceaan van het massabewustzijn stromen.

Het spreekt vanzelf dat ik niet wil dat mijn volgelingen deel van dit massabewustzijn uitmaken. Hoe kun je nu het pad van individueel Christusschap bewandelen als je gedachten overmeesterd zijn door een deel van het massabewustzijn, dat je individualiteit uitschakelt? Daarom moet je vrij komen van dit massabewustzijn en een geheiligde ruimte rondom je persoonlijke energieveld formeren. Het is niet moeilijk dit te doen, als je de juiste middelen hebt en ik zal je die instrumenten geven.

Bescherm je licht

Je moet leren hoe jezelf tegen boze geesten te beschermen. Ik weet dat veel Christenen en veel spiritueel geïnteresseerde mensen die deel uitmaken van de zogenaamde New Age beweging met tegenzin het onderwerp van boze geesten in overweging willen nemen. Deze tegenzin is gebaseerd op een verdedigingsmechanisme dat in de menselijke ziel is ingebouwd. Het simpele feit is dat de menselijke psyche geen gevaar wil herkennen als zij denkt dat zij zichzelf daar niet tegen kan beschermen. Maar als je de bijbel leest zul je zien dat ik vaak boze geesten uitwierp. Je kunt je daarom niet veroorloven het onderwerp van boze geesten te negeren.

Laat me haast maken je te vertellen dat er inderdaad een effectieve bescherming tegen alle boze geesten bestaat. Toen de medische wetenschap voor het eerst bacteriën ontdekte, weigerden veel mensen het bestaan van bacteriën te accepteren. Ze wilden niet aannemen dat er misschien een microscopisch klein organisme kon bestaan, iets wat ze niet konden zien, dat hun lichamen kon aanvallen. Maar zodra je het bestaan van een verborgen gevaar erkent, kun je beginnen naar manieren te zoeken om jezelf tegen dat gevaar te beschermen. Als je aan de andere kant doelbewust onwetend blijft, kun je zo'n bescherming niet vinden. Er bestaan drie soorten geesten die je moet kennen:

Boze geesten
Een boze geest (ook demon genoemd) is een geest die tegen God in opstand is gekomen en zich daarom van God heeft afgescheiden. Ik heb uitgelegd dat je alleen kunt blijven leven omdat je een voortdurende stroom geestelijke energie van Boven ontvangt. Als een ziel lange tijd doorgaat tegen God te rebelleren, zal die ziel geleidelijk de stroom van geestelijke energie verminderen en uiteindelijk wordt die stroom helemaal afgesneden. Als gevolg van een mechanisme, dat ik hier niet in detail zal beschrijven, kan zo'n ziel (of geest) blijven bestaan, maar dat kan ze alleen doen door geestelijke energie te stelen van diegenen die energie van Boven blijven ontvangen. Met andere woorden, een boze geest is een geest die alleen kan overleven door geestelijke energie van mensen te stelen.

Zulke geesten zullen proberen deze energie op veel verschillende manieren te stelen, maar een van de meest gebruikelijke is mensen te manipuleren zich met negatieve gedachten, gevoelens of daden bezig te houden. Je moet weten dat zulke geesten bestaan. Je moet inzien dat ze alleen kunnen blijven bestaan door geestelijke energie van mensen te stelen. Je moet weten dat ze absoluut alles zullen doen om jou te dwingen of te misleiden, Gods zuivere energie verkeerd te gebruiken.

Ontlichaamde zielen

Een menselijk lichaam is slechts een tijdelijke verblijfplaats voor de ziel. Wanneer het menselijke lichaam sterft, laat de ziel het lichaam achter en reist naar een van de lagere niveaus van de geestelijke wereld. Gewoonlijk blijft een ziel voor een bepaalde tijd in dit gebied om door een heel- en leerproces heen te gaan. Helaas raken sommige mensen heel erg gehecht aan het leven dat ze in deze wereld leiden. Wanneer het lichaam sterft kan de ziel er niet toe komen het lichaam en het leven achter te laten. In plaats van naar de gebieden van licht te gaan, zoals door zoveel mensen beschreven is die een bijna-doodervaring hebben gehad, blijft de ziel in de stoffelijke wereld vastzitten.

Het is mogelijk dat zo'n ziel zich aan jou vasthecht en ingang tot je energieveld en bewustzijn probeert te krijgen. De ziel hoeft dit niet per se uit verkeerde bedoelingen te doen, maar probeert eenvoudig een bepaalde behoefte te vervullen die ze niet kon vervullen toen ze nog in het fysieke lichaam was. Hoewel zo'n ziel misschien geen verkeerde bedoelingen heeft, is proberen jou te beïnvloeden niettemin een inbreuk op je vrije wil en een schending van de Wet van God. Je moet zo'n ziel nooit toegang tot je bewustzijn geven.

Entiteiten

Alles is gemaakt van energie, maar energie is eenvoudig een manifestatie van Gods bewustzijn. Energie is daarom in feite een vorm van bewustzijn (wat een aantal wetenschappers ondertussen al is gaan inzien). Als je negatieve energie tot een voldoende intensiteit concentreert, kan die energie een zekere elementaire vorm van gewaarzijn ontwikkelen. Dit betekent niet dat de energie individualiteit of een verfijnd gedachteproces heeft. Het betekent echter wel dat de energie een bepaalde vorm van overlevingsinstinct heeft en een drang zich te vermenigvuldigen. Daarom kan een geconcentreerde wolk van energie worden, tot wat ik een 'entiteit' noem. Je kunt dit zien als een drijvende wolk van negatieve energie, maar het is een wolk met een bepaalde bewustzijnstaat en een intentie zichzelf te vermenigvuldigen door energie van mensen te stelen.

Roep geestelijk licht aan

Ik ben me bewust dat de meeste mensen liever niet over zulke onderwerpen willen denken, maar een gewaarschuwd mens telt voor twee. Ik kan je vertellen dat boze geesten, ontlichaamde zielen en entiteiten de belangrijkste factor zijn in elke vorm van verslaving die mensen bekend is. Het wordt veel gemakkelijker jezelf te behoeden om in de val van verslaving terecht te komen, (of deze val te vermijden) wanneer je weet waar je tegenover staat.

Om te zien hoe je je tegen deze machten kunt beschermen, hoef je alleen maar te begrijpen dat alles van Gods energie is gemaakt. De stoffelijke wereld is gemaakt van energie van een veel lagere vibratie dan de energieën uit de geestelijke wereld. Er is daarom een heel eenvoudige manier om je tegen boze geesten of negatieve energieën te beschermen. Je bescherming is om hoogfrequente geestelijke energie van Boven aan te roepen. Die energie kan letterlijk een schild rondom je geest en energieveld vormen, waarin lagere energieën niet kunnen binnendringen. Het kan ook je energieveld vullen zodat er geen plaats voor boze geesten is om binnen te komen.

Toen ik boze geesten uitwierp, gaf ik de lering dat als het huis (het energieveld van de persoon) leeg bleef, de boze geest terug zou kunnen komen en andere geesten met zich mee zou brengen. Om dat te verhinderen moet je je huis nooit leeg laten. Probeer daarom je energieveld met hoogfrequente geestelijke energie te vullen. Veel godsdienstige rituelen zijn bedoeld je geest met Gods licht te vullen en ik zal je later andere manieren leren om licht aan te roepen. Als je me wilt toestaan zal ik binnenkomen en je energieveld vullen zodat geen onvolmaakte geest kan binnenkomen.

Je moet inzien dat je leeft in een zee van negatieve energie. In die zee leven haaien in de vorm van boze geesten, ontlichaamde zielen en entiteiten. Je weet dat er haaien in de oceaan zijn, maar deze kennis weerhoudt je er niet van om te gaan zwemmen. Je neemt eenvoudig de noodzakelijke voorzorgsmaatregelen om te voorkomen dat je door een haai wordt aangevallen. Met andere woorden, ik wil niet dat je door angst verlamd wordt zodat je niet aan het proces van leven durft deel te nemen. Ik wil alleen maar dat je je van de gevaren bewust bent zodat je de noodzakelijke voorzorgsmaatregelen kunt nemen om jezelf tegen deze gevaren te beschermen.

In een gedeelte verderop zal ik je de noodzakelijke middelen geven om een effectieve geestelijke bescherming op te bouwen. Elke positieve verandering in je leven begint echter met een verhoogd gewaarzijn en inzicht. Je moet je bewustzijn van negatieve energie vergroten zodat je plaatsen, mensen of situaties kunt herkennen waar zich een concentratie van die energie bevindt. Daardoor kun je beginnen verstandige keuzes te maken en voorkomen dat je je in situaties begeeft waar engelen niet in durven treden.

Overgave

De hulpmiddelen die ik tot dusver heb beschreven zijn alle actieve hulpmiddelen geweest, die je in staat stellen iets aan specifieke aspecten van je situatie te doen. Ik zal je nu een instrument geven dat passief lijkt te zijn en waarvan sommigen zullen denken dat het minder krachtig is. Maar in werkelijkheid is het het meest krachtige hulpmiddel van allemaal. Dit middel is de daad van overgave, de daad van alles los te laten wat niet tot de werkelijkheid behoort.

Je zult je herinneren dat Aartsengel Gabriël aan mijn geliefde moeder verscheen om aan te kondigen dat zij het leven zou schenken aan het Christuskind. Je moet begrijpen dat het leven schenken aan een kind in die specifieke tijd van haar leven misschien geen eenvoudige zaak geweest is. Bijvoorbeeld, het feit dat ze ongetrouwd was, zou onvermijdelijk bepaalde problemen met zich mee hebben gebracht. Mijn moeder wees echter de boodschapper van God niet af. Ze zei eenvoudig, 'Laat er met mij gebeuren wat u wilt.'

Als mijn moeder niet tot deze daad van overgave was gekomen, zou de Christus misschien niet op deze planeet geboren zijn. Je moet begrijpen dat voordat de Christus in je geboren kan worden, ook jij op een punt moet komen waar je bereid bent je helemaal aan God over te geven.

Wat is het precies wat je moet overgeven?

Ik heb je vaak verteld dat je geschapen bent naar het beeld en de gelijkenis van God. Daarom ben je al een zoon of dochter van God. Op dit moment kan je uiterlijke geest die goddelijke identiteit niet aanvaarden. Daardoor is je ware identiteit als geestelijk wezen onder een beeld of een idool verborgen. Dit beeld kan vergeleken worden met een puzzel met veel stukjes. Het pad naar Christusschap is een proces waarbij je op systematische wijze de puzzel stukjes die je ware identiteit bedekken, verwijdert. Het zijn daarom deze stukjes die je moet overgeven, stuk voor stuk:

- Je moet elk aspect van het menselijke denken overgeven.
- Je moet betrekkelijkheid en horizontaal redeneren overgeven.
- Je moet alle vooroordeel overgeven.

- Je moet alle oordeel overgeven.
- Je moet alle angst overgeven.
- Je moet alle boosheid overgeven.
- Je moet alle schuldgevoel, alle gevoel van onwaardigheid overgeven.
- Je moet het idee overgeven dat je een zondaar bent.
- Je moet alle onjuiste opvattingen overgeven waar je je prettig in bent gaan voelen.
- Je moet alle gehechtheid aan de dingen van deze wereld overgeven.
- Je moet alle menselijke of betrekkelijke verlangens overgeven.
- Je moet alle wonden en littekens in je psyche overgeven.
- Je moet de oorspronkelijke beslissing om je van God af te keren overgeven en je moet het menselijke ego overgeven dat uit die beslissing voortkwam.
- Je moet alle onware identiteitsgevoel overgeven dat je een sterfelijk, beperkt menselijke wezen bent.
- Je moet de menselijke wil overgeven die altijd uit de pas loopt met de goddelijke wil.
- Je moet alle gevoel van afscheiding van God en van je geestelijke zelf overgeven.
- Je moet het geloof overgeven dat jij de doener bent en aanvaarden dat God de enige doener in je leven is.
- Je moet alle trots overgeven zodat je volledig de waarheid begrijpt en aanvaardt in de uitspraak, 'Ik kan uit mijzelf (het menselijke denken) niets doen; het is de Vader in mij (het geestelijke zelf) die het werk doet'.
- Je moet alles overgeven dat staat tussen jou en de acceptatie van je ware identiteit als een geestelijk wezen, met het vermogen als Christus op Aarde te leven.

Laat er met mij gebeuren wat u wilt
Wanneer ik verschijn om je aan te kondigen dat je klaar bent voor de geboorte van de Christus in je, moet je in staat en bereid zijn eenvoudig te zeggen, 'Laat er met mij gebeuren wat u wilt'.

Instrumenten voor het bouwen van Christusschap

Je moet die uitspraak vanuit je eigen vrije wil kunnen doen en vanuit een gemoedsrust die voortkomt uit een totale overgave van alles dat tussen jou en je God in staat.

Alle andere hulpmiddelen die ik je heb gegeven zijn bedoeld je een gemoedstoestand te helpen bereiken waarin je vrede met God en vrede met mij hebt gemaakt. God heeft je vrije wil gegeven. God wil je graag thuis in zijn koninkrijk zien komen, maar God wil je thuis zien komen als gevolg van de keuze van je eigen vrije wil. God heeft geen enkel verlangen je te dwingen. Ik heb geen verlangen je te dwingen. Zowel je Vader als ik, willen dat je alles oplost dat je van God doet afkeren of je onwaardig doet voelen om naar huis, naar God te komen.

Zolang je nog een spoortje wrok, angst, trots, boosheid, onwaardigheid of elke andere negatieve emotie naar God toe hebt, zul je niet in staat zijn de keuze te maken je ware identiteit volledig te accepteren. Daarom kun je niet de volheid van je individuele Christusschap verwerven.

Overgave is niet iets wat opgedrongen kan worden.

Probeer daarom jezelf niet tot overgave te dwingen. In plaats daarvan vraag ik je de andere gereedschappen te gebruiken die ik je heb gegeven en de problemen in je psyche op te lossen die verhinderen dat je vrede met God hebt. Als je begint de wonden en blokkades in je psyche op te lossen, zul je een groter gevoel van innerlijke vrede ervaren. Je gaat ervaren dat je vrede met God maakt. Naarmate je je van dit proces bewust wordt, vraag ik je diep en oprecht over het denkbeeld van overgave na te denken.

Probeer je ziel niet tot overgave te dwingen. Probeer je ziel de problemen te helpen oplossen die haar verhinderen te accepteren wie ze werkelijk is. Als je de moeite wilt nemen om de problemen op te lossen die je van je ware identiteit scheiden, zul je zien dat de daad van overgave spontaan begint plaats te vinden.

Opeens zul je gaan voelen alsof er een knoop in je psyche is ontward. Als gevolg van het ontwarren van deze knoop zal er een zware last van je schouders worden afgenomen en wanneer je niet langer onder die last gebukt gaat, zul je de onvoorwaardelijke liefde beginnen te voelen die God voor je heeft.

Als je begint Gods onvoorwaardelijke liefde te accepteren, in je op te nemen en te ervaren, zul je je bewust worden dat alle gevoel van afscheiding en alle gevoel van onwaardigheid volledig onwerkelijk zijn. De daad van overgave van datgene wat onwerkelijk is, zal daarom niet als een verlies aanvoelen. Wanneer je begint Gods onvoorwaardelijke liefde te ervaren, zul je beseffen dat je niets opgeeft door het overgeven van de menselijke onvolmaaktheden. Integendeel, de daad van overgave is de belangrijkste sleutel tot het onsterfelijke leven.

Kies het Leven.

Besluit alles over te geven wat minder is dan eeuwig leven. Geef alles over wat onwerkelijk is en je zult alles bezitten wat werkelijk is.

Het vasthouden van de zuivere visie

Ik zal je nu een ander instrument geven dat op het eerste gezicht misschien passief lijkt te zijn, maar dat bijzonder krachtig is.

Vanwege de vereringcultus die rondom mijn persoon is opgebouwd, denken veel mensen dat ik in de volheid van mijn persoonlijke Christusschap geboren ben. Ik had voor die laatste incarnatie inderdaad veel bereikt, maar had niet de volheid van mijn Christusschap aangedaan. Ik volgde hetzelfde pad dat jullie volgen en pas op de bruiloft in Kana manifesteerde ik mijn volledige Christusschap.

Tijdens dit hele proces gebruikte mijn gezegende moeder een zeer krachtig geestelijk instrument om mij te helpen. Mijn moeder was voor mijn geboorte al op de hoogte van mijn mogelijkheden en zij hield altijd de visie vast van wat ik zou gaan worden. Ze hield de zuivere visie van mijn Christusschap vast.

Je zult je herinneren dat toen ik op de bruiloft in Kana was, het mijn moeder was die mij voorzichtig aanzette het water in wijn te veranderen en daardoor het wonder te verrichten dat het punt markeerde waarop er geen weg meer terug was voor mijn missie in Galilea. Je zult je ook herinneren dat ik me tegen haar aansporing verzette. Ik aarzelde om aan mijn missie te beginnen, omdat ik wist dat zodra ik ermee begon, er geen weg terug meer zou zijn. Zoals zij zo vaak daarvoor gedaan had, hield mijn gezegende moeder de volmaakt zuivere visie voor mij vast en door dit te doen gaf ze mij de innerlijke kracht de stap te zetten en aan mijn missie te beginnen.

Ik heb je verteld dat ik Gods koninkrijk op Aarde gemanifesteerd wil zien. Ik heb je ook verteld dat dit alleen kan gebeuren als resultaat van de vrije wil keuze van diegenen die geïncarneerd zijn. Het allerbelangrijkste wat jij kunt doen om Gods koninkrijk tot stand te helpen brengen is de geestelijke techniek te beoefenen van het vasthouden van de volmaakt zuivere visie.

Je moet visualiseren dat Gods Koninkrijk al op Aarde gemanifesteerd is.

Wanneer je de volmaakt zuivere visie vasthoudt, ben je niet bezig met wensdenken. Sommige mensen zullen denken dat het visualiseren van Gods koninkrijk terwijl er nog zoveel duisternis op Aarde is, eenvoudig ontkenning of dagdromerij is. Dit is echter een zeer oppervlakkig gezichtspunt.

Ik vertelde je dat zonder God niets gemaakt is wat gemaakt is. Dit betekent dat alles in het hele universum gemaakt is van Gods substantie en Gods energie. Het is duidelijk dat veel dingen die op planeet Aarde gebeuren niet met Gods visie en Gods volmaaktheid overeenstemmen. Toch is alles wat op deze planeet gebeurt, met Gods energie tot stand gebracht. Daarom ongeacht hoe het uiterlijke voorkomen ook is, de innerlijke werkelijkheid is dat alle omstandigheden op Aarde weer naar de oorspronkelijke zuiverheid van Gods volmaaktheid omgevormd kunnen worden.

Volmaaktheid zien

Waarom zijn er tegenwoordig onvolmaakte omstandigheden op Aarde? Omdat mensen hun creatieve vermogens gebruikt hebben om hun aandacht op onvolmaakte vormen en beelden te vestigen. De geestelijke energie die door hun denken stroomt, is daarom volgens deze onvolmaakte visie gekwalificeerd. De tegenwoordige onvolmaakte omstandigheden op Aarde kunnen blijven bestaan, alleen omdat mensen doorgaan hun geestelijke energie in deze onvolmaakte voorstellingen en beelden te laten stromen. Wat is de enig mogelijke manier om deze situatie te veranderen? Het antwoord is dat mensen hun bewuste aandacht van menselijke onvolmaaktheden afhalen en het resoluut op de volmaaktheid van God richten.

Eerder gebruikte ik het beeld van een filmprojector en een filmdoek. De huidige omstandigheden op Aarde zijn enkel beelden die op het 'levensscherm' geprojecteerd zijn. Het licht dat deze beelden projecteert is de geestelijke energie die door de geesten van alle mensen stroomt. De beelden zelf echter zijn het product van de filmstrook waar het licht doorheen gaat op weg naar het scherm. Die filmstrip vertegenwoordigt de inhoud, de beelden en overtuigingen van het bewustzijn van de mensen. De enige manier om de beelden te veranderen die op het scherm van leven verschijnen, is datgene te veranderen wat op de filmstrook in het denken en de gevoelens van de mensen aanwezig is. Daarom, de enige manier om het koninkrijk van God op Aarde te brengen is, dat een groot aantal mensen besluit de volmaakt zuivere visie vast te houden en hun aandacht op Gods volmaaktheid te richten.

Ik wil graag dat je er serieus over nadenkt, dat het vasthouden van de volmaakt zuivere visie een bijzonder krachtige geestelijke techniek is. Ik wil graag dat je het volgende doet:

- Houd de volmaakt zuivere visie vast voor jezelf en je persoonlijk Christusschap.
- Houd de volmaakt zuivere visie vast voor al je broeders en zusters op het pad.
- Houd de volmaakt zuivere visie zelfs vast voor diegene die je vijanden schijnen te zijn.
- Houd de volmaakt zuivere visie vast voor je locale buurt.
- Houd de volmaakt zuivere visie vast voor je land.
- Houd de volmaakt zuivere visie vast voor je planeet.

Over profetie (voorspellingen)

Je weet misschien dat er talrijke voorspellingen zijn die verscheidene negatieve gebeurtenissen voor de nabije en verre toekomst voorspellen. Ik zal je vertellen dat er vele valse profetieën in de wereld zijn, maar ik kan je verzekeren dat er ook vele ware profetieën zijn. Ik zeg het nog een keer, profetie is niet iets dat onveranderlijk moet gebeuren. Profetie is een waarschuwing van God en de bedoeling ervan is mensen te vertellen wat er zal gaan gebeuren als ze niet veranderen.

Ik ben hier niet om profetie naar beneden te halen, maar ik wil je een nieuwe kijk geven op profetie en de mogelijkheid voor veranderingen op de Aarde. Ik heb je al verteld dat ik graag de manifestatie van een nieuwe tijd van vrede, voorspoed en vooruitgang wil zien. De geestelijke hiërarch voor het Tijdperk van Aquarius, mijn geliefde Saint Germain, wil ook zo'n gouden tijdperk tot stand brengen. Voordat we echter dit nieuwe tijdperk kunnen invoeren zijn er veel veranderingen nodig. Ik kan je daarom vertellen

Instrumenten voor het bouwen van Christusschap

dat er een reële mogelijkheid is voor vele dramatische veranderingen op deze planeet. Als je de kranten leest of naar het nieuws luistert, besef je wellicht dat zulke veranderingen nu al plaatsvinden.

Ik wil echter niet dat iemand van mijn volgelingen bang voor zulke veranderingen zal worden. Wat er eigenlijk gebeurt, is dat planeet Aarde, Moeder Aarde, het leven schenkt aan een kind, een Christuskind, in de vorm van een gouden tijdperk. Als je een vrouw een kind zou zien baren en als je niets van bevallingen afweet, zou je dit als een verschrikkelijke gebeurtenis zien, die de vrouw veel pijn en lijden aandoet. Natuurlijk is een bevalling pijnlijk, maar de meeste vrouwen hebben niet erg veel moeite met deze pijn. Ze weten dat het slechts een voorbijgaand gebeuren is en het is gewoon een noodzakelijke stap in het proces om een prachtig kind op de wereld te zetten. Evenzo zijn veranderingen in de Aarde eenvoudig geboorte weeën nu Moeder Aarde het leven schenkt aan een nieuw tijdperk.

Ik wil je laten beseffen dat de beste manier om dit nieuwe tijdperk tot stand te helpen brengen is om alle angst en bezorgdheid voor de toekomst los te laten. Het beste wat je voor mij kunt doen is het vasthouden van de volmaakt zuivere visie voor de Aarde. Ongeacht wat er in de uiterlijke wereld plaats vindt, ik wil dat jij je innerlijke visie richt op het zichtbaar worden van Gods koninkrijk op deze planeet. Als je je innerlijke afstemming wilt gebruiken, zal ik je de visie van Gods koninkrijk op Aarde geven. Als je de innerlijke visie wilt zoeken, zal die visie je een staat van innerlijke vrede helpen bereiken.

Het belangrijkste wat je voor mij in de komende decennia kunt doen is innerlijke vrede bewaren en je aandacht vestigen op de volmaakt zuivere visie voor jezelf, je broeders en zusters en de planeet als geheel. De machten van deze wereld zullen je aanvallen en ze zullen proberen jou je aandacht te laten afbrengen van Gods volmaaktheid en het op menselijke onvolmaaktheid te richten. Wordt niet het slachtoffer van deze verleiding. Bewaar je innerlijke vrede en breng de geestelijke techniek van het vasthouden van de volmaakt zuivere visie in praktijk.

Vandaag de dag is planeet Aarde een weerspiegeling van de innerlijke visie van de mensen. Morgen zal de Aarde een weerspiegeling zijn van de innerlijke visie van de mensen. Laat diegenen die oren hebben naar mijn woorden luisteren.

Je kunt helpen een betere toekomst voor deze planeet te scheppen.
Richt je aandacht op mij. Ik zal je innerlijke vrede geven.
Mijn vrede geef ik je.
Mijn vrede laat ik bij je achter.
Wandel altijd in mijn vrede.

Affirmaties

Om je te helpen de volmaakt zuivere visie te houden, gebruik de volgende affirmaties en spreek ze stil of hoorbaar uit. Geef elke affirmatie ten minste driemaal of geef een affirmatie totdat je innerlijke vrede voelt.

Zeg zo vaak als goed is:

> **Ik stel mijn leven in dienst van de Overwinning van Christus en ik zie alleen de Volmaaktheid van Christus.**

Zeg voordat je uit bed stapt:

> **Ik stel deze dag in dienst van de Overwinning van Christus en ik zie alleen de Volmaaktheid van Christus.**

Zeg voordat je aan een activiteit begint:

> **Ik stel** (geef een korte beschrijving van de activiteit) **in dienst van de Overwinning van Christus en ik zie alleen de Volmaaktheid van Christus.**

Je kunt ook zeggen:

> **Ik wijd** (mijn familie, gezin, gemeenschap, land of de wereld) **aan de Overwinning van Christus en ik zie alleen de Volmaaktheid van Christus.**

Lezing 10:
Technieken voor het bereiken van Christusschap

In deze lezing geef ik je een stel praktische hulpmiddelen voor het bereiken van de doelen die in de vorige lezing zijn geschetst.

Het zegel van de Heer

Ik heb je verteld dat je moet loskomen van het massabewustzijn dat momenteel de mensheid naar beneden trekt in wat werkelijk een zelfgeschapen hel op Aarde is. Dit heeft een innerlijk en een uiterlijk aspect. Het uiterlijke aspect is dat je je van activiteiten moet onthouden die dienen om je aan dat massabewustzijn te binden of die je naar beneden trekken in een bewustzijnstaat waarin je geen mogelijkheid hebt het Christusschap te manifesteren. Ik wil je hier echter niet vertellen wat je wel of niet moet doen en ik zal je later vertellen waarom.

Het innerlijke aspect van het loskomen van het massabewustzijn is dat je jezelf moet afsluiten voor de energieën van het massabewustzijn. Dit vereist wat inspanning van je, want je moet een schild van hoog frequente geestelijke energie opbouwen en in stand houden, een schild dat je persoonlijke energieveld en daardoor je gedachten omhult. Je moet ook je energieveld met geestelijke energie vullen en gevuld houden.

Ik weet dat veel Christenen geloven dat je een gebed slechts eenmaal moet bidden en dat je je van het mechanisch herhalen daarvan moet onthouden. We praten hier echter niet over gebed. We praten over het aanroepen van geestelijke energie om een schild van hoogfrequente energie rondom je energieveld te bouwen. Dit kan eenvoudig niet worden gedaan door eenmaal een gebed op te zeggen. Nadat je een schild van geestelijke energie hebt aangeroepen, zal dat schild door de lagere energieën van deze wereld worden bestookt. Deze energieën zullen door de energieën in het schild worden getransformeerd, maar dit zal er wel toe leiden dat het schild geleidelijk aan zal afbreken. Daarom moet je dagelijks geestelijke energie aanroepen, zelfs verschillende keren per dag.

Om jezelf volledig voor het massabewustzijn af te sluiten, moet je een persoonlijke relatie met mijn geliefde Broeder van Licht, Aartsengel Michael, opbouwen. Aartsengel Michael is door God aangesteld als de verdediger van je geloof. Het is duidelijk dat het verdedigen of beschermen van je geloof met zich meebrengt dat jij je afsluit voor het massabewustzijn, dat je naar beneden wil trekken in een bewustzijnstaat die beheerst wordt door angst, vragen zonder antwoorden, hopeloosheid en diepe wanhoop.

Ik kan je verzekeren dat Aartsengel Michael een oneindig machtig geestelijk wezen is en dat hij een absolute toewijding aan zijn opdracht en aan jouw groei heeft. Zoals iedereen in de geestelijke wereld is Aartsengel Michael echter ook verplicht de Wet van Vrije Wil te respecteren. Ik heb je al verteld dat jij uiteindelijk verantwoordelijk bent voor wat je met Gods energie doet. Wat jij in onwetendheid in het leven hebt geroepen, moet je met begrip, ongedaan maken. Je kunt daarom niet eenvoudig aannemen dat God als gevolg van een gebed al je negatieve energie of karma van je zal wegnemen. Als God dat zou doen, zou God je de leerervaring en het gevoel van overwinning onthouden. Evenzo kun je niet eenvoudig Aartsengel Michael bidden je voor het massabewustzijn af te sluiten en verwachten dat één gebed voldoende zal zijn. Je moet je inspannen om geestelijke energie van Aartsengel Michael aan te roepen en een muur van die energie rondom je energieveld te bouwen. In dit boek zal ik je verschillende affirmaties geven die je in staat zullen stellen geestelijke bescherming van Aartsengel Michael aan te roepen.

Om het volledige resultaat van deze affirmaties te ontvangen moet je ze hardop uitspreken en je moet ze geven met kracht en autoriteit. Waarom moet je de affirmaties hardop uitspreken? Toen God de wereld schiep, zei God: 'Laat er licht zijn!' Met andere woorden, God gebruikte de kracht van het gesproken woord om de wereld te scheppen. Een gedachte bevat kracht, maar het gesproken woord maakt die kracht vrij in het materiële heelal. Om maximale geestelijke vooruitgang te boeken, moet je de kracht van het gesproken woord leren gebruiken. Het is je geboorterecht.

Om deze affirmaties te geven, moet je beginnen met een aanroep. Ik stel de volgende voor:

In de naam van de Levende God, in de naam van Jezus Christus, roep ik tot het hart van Aartsengel Michael om mij voor alle onvolmaakte energieën te beschermen, voor alle machten van het kwaad, alle machten van antichrist en alle machten van anti-vrede.

(Hier doe je een persoonlijk verzoek aan Aartsengel Michael om je tegen bepaalde gevaren te beschermen die jij waarneemt). Nadat je de aanroep hebt gedaan, herhaal je de volgende affirmaties (of één ervan), 3, 9, 33 of 144 keer elk.

Ik aanvaard de elektronische aanwezigheid van Aartsengel Michael om mij heen en ik aanvaard ten volle dat ik voor alle onvolmaakte energieën verzegeld ben.

Bewust aanvaard en weet ik dat met God alle dingen mogelijk zijn. Ik aanvaard daarom dat Aartsengel Michael mij voor alle onvolmaakte energieën verzegelt.

Ik aanvaard en bevestig dat Aartsengel Michael mij van alle onvolmaakte energieën vrijmaakt, van alle kwade machten, alle machten van antichrist en alle machten van anti-vrede.

In de naam Jezus Christus roep ik de gehele vlammende aanwezigheid van Aartsengel Michael op om alle onvolmaakte energieën te verteren, alle kwade machten, alle machten van antichrist en alle machten van anti-vrede die mijn ziel aanvallen. Ik aanvaard deze bescherming en ik weet dat ik voor alles wat minder is dan de volmaaktheid van Christus, verzegeld ben.

Om je verder voor de energieën van deze wereld te verzegelen, bied ik je een speciaal geschenk aan van mijn hart. Ik ben bereid om het Zegel van de Heer op je te plaatsen en je daarbij als een van de mijnen te verzegelen. De wet vereist echter dat je dit uit vrije wil bevestigt. Ik verzoek je daarom de volgende affirmatie dagelijks te herhalen:

> **In de naam van Jezus Christus,**
> **Ik erken dat het Zegel van de Heer nu op mij is.**
> **Ik erken dat het Zegel van de Heer nu op mij is.**
> **Ik erken dat het Zegel van de Heer nu op mij is.**

Nadat je een groep affirmaties hebt beëindigd, verzoek ik je de energieën te verzegelen door de volgende uitspraak:

> **In de naam van Jezus Christus, erken ik dat het nu in alle kracht is gebeurd. Niettemin Vader, niet mijn wil, maar de uwe wordt gedaan. Amen.**

Om het volledige effect van deze affirmaties te krijgen moet je ze dagelijks herhalen. Ik ga je niet vertellen hoeveel tijd je hieraan moet besteden, want dit is echt een individuele zaak. Ik weet dat velen van jullie je belast voelen door negatieve energie. In feite zou iedereen in staat moeten zijn om snel een gevoeligheid te ontwikkelen die het je mogelijk maakt aan te voelen wanneer je door onvolmaakte energieën wordt aangevallen.

Herhaal, elke keer als je zo'n aanval voelt, de affirmaties totdat je voelt dat de negatieve energieën je niet langer beïnvloeden. Als je weet dat je gedurende langere tijd door negatieve energieën bent aangevallen, neem je dan zeer beslist voor deze affirmaties te gebruiken om je voor zulke negatieve energieën af te sluiten. Dit zou een grote inspanning kunnen vereisen gedurende een bepaalde tijd, totdat je voelt dat je tot een nieuw bewustzijnsniveau bent doorgebroken. Je moet nauw luisteren naar je eigen persoonlijke situatie en je kunt de oefening voor het innerlijk afstemmen gebruiken om deze gevoeligheid te verkrijgen.

Een decree schema

Voor diegenen die geestelijke bescherming en de transformatie van negatieve energie serieus nemen, wil ik een krachtig dagelijks schema voorstellen. Door elke dag een bepaald schema te geven, bouw je een stuwkracht op die de kracht van je decree's vergroot. Je zult dan voelen hoe het licht van je IK BEN Aanwezigheid door je Christuszelf en je geest stroomt. Het volgende schema is een goede algemene richtlijn. Als je in een moeilijke situatie zit, geef elk decree meer keren dan hier voorgesteld wordt. Als je een tijdje druk bezig bent, geef dan de decree's minder keren in plaats van er helemaal geen te doen. Wees erop bedacht dat je jezelf geen onrealistische doelen stelt. Er zijn veel mensen die besluiten te veel decree's te geven en ze vinden het dan moeilijk om het dagelijks vol te houden. Laat dit niet een reden voor spanning worden. Denk aan het verhaal van de haas en het schildpad en stel je een doel dat je elke dag kunt halen.

IK BEN Verzegeld in een kring van Licht
Instructies: Geef het volgende decree één- of driemaal. Visualiseer dat je verzegeld bent in een kring van stralend, wit licht. Visualiseer een intens violet licht binnenin die kring.

> In de naam van Jezus Christus aanvaard ik de vlammende aanwezigheid van mijn Christus zelf en IK BEN Aanwezigheid rondom mij heen als een volmaakte kring van Christus Licht, Christus Kracht, Christus Waarheid en Christus Liefde. Ik aanvaard dat ik afgesloten ben van alle energieën die minder dan de volmaaktheid van Christus zijn.
>
> Ik geef alles over in mijn bewustzijn wat minder is dan de volmaaktheid van Christus en wanneer de prins van deze wereld komt, vindt hij niets in mij. De krachten van deze wereld hebben daarom geen macht mij te scheiden van mijn Christus zelf, mijn IK BEN Aanwezigheid en mijn God.
>
> Ik geef alle gevoel van scheiding van God over en het gevoel dat ik de doener ben. Ik aanvaard dat mijn IK BEN Aanwezigheid de ware doener in mijn leven is en dat mijn IK BEN Aanwezigheid tot nu toe werkt evenals ik werk.
>
> Ik ben een onoverwinnelijke golf van de Violette Vlam van Vrijheid die mij vult en alle onvolkomenheden in mijn bewustzijn, wezen en wereld verteert. Ik ben gereinigd en ben heel gemaakt door de kracht van de Heilige Geest en daarom ben ik vandaag geestelijk

opnieuw geboren. Ik aanvaard de alchemistische eenheid van mijn ziel en Christuszelf, nu en voor altijd.

Door de kracht van mijn Christuszelf ben ik vrijgemaakt om te zien dat alles God is. Ik ben vrij alles te zijn in God wat ik ben en daarom bevestig ik dat ik hier beneden alles ben wat ik Boven ben. Hierdoor ga ik verder en straal de Liefde en Waarheid van Christus uit aan allen die ik ontmoet en ik houd de volmaakt zuivere visie vast voor mijzelf, voor alle leven en voor de planeet Aarde.

Ik en alles wat van mij is, is van de Heer.
Alle mensen en alles wat van hen is, is van de Heer.
De Aarde en alles wat erin leeft is van de Heer.
Door de volledige kracht van de Levende Christus in mij is het nu gedaan. Het is daarom beëindigd. Amen.

Aartsengel Michael Maak Mij Vrij
Aanwijzingen: Geef de volgende inleiding eenmaal.

In de naam van Jezus Christus, in de naam van mijn IK BEN Aanwezigheid en Christuszelf, roep ik het hart aan van de geliefde Aartsengel Michael, alle legioenen van de Blauwe Vlam en de Wil van God en de hele geest van de grote groep Opgevaren Wezens, om mij en alle leven te beschermen voor alle onvolmaakte energieën, alle machten van het kwaad, alle machten van antichrist en alle machten van antivrede. In overeenstemming met de wil van God is het gedaan.

Aanwijzingen: Doe een korte aanroep om de energieën voor een specifiek doel te bestemmen. Geef het volgende decree dan negen maal. (Noot vertaler: Om het volledige effect van een decree te krijgen, probeer de oorspronkelijke engelse versie: deze is namelijk op rijm en dit heeft een krachtiger werking. De Nederlandse vertaling staat eronder).

To Heaven's mighty law
I call in humble awe,
to Michael now I shout
consume my every doubt!

In God's name I command
Lord Michael now to stand,
your Presence in my field,
protected by your shield.

I call now to my Lord
with your blue-flame sword,
consume all darkness here
your Presence ever near.

Lord Michael take command,
with your blue-flame band,
defeat all forces who
are working against you.

Lord Michael take command,
my life is in your hand,
I put my trust in you,
to God I am now true.

I see the Christ within
I know that I will win,
my mortal life I give,
in Spirit now I live.

Lord Michael end all strife
and give all people life,
oh Michael raise the earth,
into her new birth.

Lead people from the cage
into the Golden Age,
the Christ will set all free
God's children now to be.

Vertaling:

In nederige eerbied, roep ik de machtige Hemelse wet aan.
Luid roep ik naar Aartsengel Michael, al mijn twijfels te verteren.

In naam van God, gebied ik Aartsengel Michael nu met zijn Aanwezigheid
in mijn energieveld te staan, ik ben beschermd door zijn schild.

Ik roep nu mijn Heer aan met uw Blauwevlam zwaard,
alle duisternis hier te verteren; uw Aanwezigheid is mij altijd nabij.

Heer Michael, neem gezag; met uw groep Blauwevlam engelen.
Versla alle machten, die tegen u werken.

Heer Michael, neem gezag; mijn leven is in uw hand.
Ik stel mijn vertrouwen in u, aan God ben ik getrouw.

Ik zie de Christus in me. Ik weet dat ik zal winnen.
Mijn sterfelijk leven zal ik geven. Ik leef nu in de Geest.

Heer Michael, maak een eind aan alle strijd en geef alle mensen het leven.
O Michael, verhef de Aarde tot haar nieuwe geboorte.

Leid mensen uit de gevangenis, het Nieuwe Tijdperk in.
De Christus zal iedereen vrijmaken om Gods kinderen te zijn.

Come Michael Dear

Aanwijzingen: Geef het volgende decree drie of negen maal.
Geef het refrein na ieder vers.

> **Come Michael dear**
> **protect me here,**
> **your Presence near**
> **I have no fear.**

> Refrain:
>> **The day is come,**
>> **the Earth is raised,**
>> **God's will is done,**
>> **his name is praised.**

**Lord Michael cut
the gordian knot,
I am now free
the truth to see.**

**I give my love
to God Above,
Lord Michael be
always with me.**

Aanwijzingen: Geef de volgende verzegeling eenmaal.

I am sealing this prayer in the Heart of God for the manifestation of Christ perfection on Earth and in all aspects of my life and consciousness. It is done in accordance with God's Holy Will. Amen.

Vertaling:

Kom geliefde Michael, bescherm me hier
in uw Aanwezigheid ken ik geen angst.

Refrein:
De dag is gekomen. De Aarde is verheven
Gods wil wordt gedaan, zijn naam wordt geprezen.

Heer Michael doorsnijdt de gordiaanse knoop.
Ik ben nu vrij om de waarheid te zien.

Ik geef mijn liefde aan God Boven.
Heer Michael wees altijd bij mij.

Aanwijzingen: Geef de volgende verzegeling eenmaal

Ik verzegel dit gebed in het Hart van God voor de manifestatie van de volmaaktheid van Christus op Aarde in alle aspecten van mijn leven en bewustzijn. Het is gedaan in overeenstemming met Gods Heilige Wil. Amen.

Violet Fire, Raise the Earth!

Aanwijzingen: Geef de volgende inleiding eenmaal:

> In the name of Jesus Christ, in the name of my I AM Presence and Christ self, I call to the heart of beloved Alpha and Omega, beloved Saint Germain and all legions of the Violet Flame, to consume all imperfect energies, all forces of evil, all forces of antichrist and all forces of anti peace. According to the will of God, it is done.

Aanwijzingen: Doe een korte aanroep om de energieën aan een specifiek doel te wijden. Geef dan het volgende decree negen maal. Geef het refrein na elk vers.

> I invoke the Violet Fire
> to take me ever higher,
> with love I leave behind
> all that made me blind
> and as the truth I see,
> I feel that I am free

> Refrain:
>> Violet Fire, fill my soul
>> Violet Fire, I am whole
>> Violet Fire, takes me higher
>> Violet Fire, God's desire
>> I am free
>> in God to be.

> I invoke the Violet Flame
> God's purity now I claim.
> with love I do forgive
> myself and all that live,
> and as I release the past
> I feel I'm free at last.

I invoke the Violet Light,
to dispel the dark night,
with love I know that I
came from the Most High,
and as my mind is clear,
I feel that God is here.

I invoke the Violet Spark
to consume all that is dark,
with love I set all free
in God's Light now to be,
and as all to God are drawn,
I feel the cosmic dawn.

I invoke the Violet Glow
to help all people know,
with love I clear their sight
to see that all is Light,
and as I make the call,
I feel God frees us all.

I invoke the Violet Blaze
to dispel the blinding haze,
with love I see all men
find their God again,
and as his name is praised,
I feel the Earth is raised.

I invoke the Violet Ray
to bring in the new day,
with love I set Earth free
God's kingdom now to be,
and as I am God's love,
I feel freedom from Above.

Vertaling:

Aanwijzingen: Geef de volgende inleiding eenmaal.

In de naam van Jezus Christus, in de naam van mijn IK BEN Aanwezigheid en Christuszelf, roep ik het hart van de geliefde Alfa en Omega aan, de geliefde Saint Germain en alle legioenen van de Violette Vlam, om alle onvolmaakte energieën te verteren, alle machten van het kwaad, alle machten van antichrist en alle machten van antivrede. In overeenstemming met de wil van God is het gedaan.

Aanwijzingen: Doe een korte aanroep om de energieën op een specifiek doel te richten. Geef dan de volgende decree negen maal. Geef het refrein na elk vers.

Ik roep het Violette Vuur aan om mij steeds hoger te brengen.
In liefde laat ik alles achter wat mij blind maakte.
Naarmate ik de waarheid zie, voel ik dat ik vrij ben.

> Refrein:
> Violet Vuur, vul mijn ziel. Violet Vuur, ik ben heel.
> Violet Vuur, brengt mij hoger. Violet Vuur, Gods verlangen.
> Ik ben vrij in God te zijn.

Ik roep de Violette Vlam aan. Gods zuiverheid claim ik nu.
In liefde vergeef ik mezelf en al wat leeft.
En omdat ik het verleden loslaat, voel ik me eindelijk vrij.

Ik roep het Violette Licht aan, om de duistere nacht te verdrijven.
In liefde weet ik dat ik van de Allerhoogste kwam.
En omdat mijn geest zuiver is, voel ik dat God hier is.

Ik roep de Violette Vonk aan, om alles te verteren wat duister is.
In liefde maak ik allen vrij om nu in Gods Licht te zijn.
En omdat iedereen naar God toe wordt getrokken, voel ik de kosmische dageraad.

Ik roep de Violette Gloed aan, om alle mensen te laten weten.
In liefde maak ik hun visie vrij zodat ze zien dat alles Licht is.
En omdat ik de aanroep doe, voel ik dat God ons allen vrijmaakt.

Ik roep de Violette Felle Gloed aan, om de verblindende nevel te verdrijven.
In liefde zie ik dat elk mens zijn God weer vindt. En omdat zijn naam wordt geprezen, voel ik de Aarde worden opgeheven.

Ik roep de Violette Straal aan, om de nieuwe dag te brengen.
In liefde stel ik de Aarde vrij, om nu Gods koninkrijk te zijn.
En omdat ik Gods liefde ben, voel ik de vrijheid van Boven.

Oh Saint Germain, Bring Violet Flame
Aanwijzingen: Geef de volgende decree driemaal. Na elk vers geef je het refrein. Geef het coda eenmaal na elke opzegging van het decree.

Oh Saint Germain, bring violet flame
We call to you in God's own name,
enfold the Earth in freedom's ray
and raise her to a brand new day.

> Refrain:
> **Violet fire, set us free**
> **so we can see reality,**
> **and co-create with Saint Germain**
> **a perfect Earth for him to reign.**

Oh Saint Germain, bring violet love
we call forth blessings from Above,
let perfect love cast out all fear
and draw us all to Heaven near.

Oh Saint Germain, bring violet fire
we call to you with pure desire,
uplift the Earth and all thereon
until we see all life as one.

Oh Saint Germain, bring violet light
we call forth all your love and might,
consume all darkness and all sin
for freedom's flame will always win.

Oh Saint Germain, release your power
we call forth freedom's healing shower,
we all are cleansed by freedom's flame
that sets us free to know your name.

> Oh Saint Germain, now set us free
> we call to you our king to be,
> let Earth now shine as freedom's star
> that all may know the flame you are.
>
> Oh Saint Germain, your angels send
> we call for them all wounds to mend,
> now give the Earth a clean white page
> and help us bring your Golden Age.

Coda:
> The Earth is free, all men are raised,
> let Saint Germain's name be praised.
> He is the king on freedom's star,
> her light is shining near and far,
> and now the Earth can truly be
> the home of Mother Liberty.

Aanwijzingen: Geef de volgende verzegeling eenmaal.

> **I am sealing this prayer in the Heart of God for the manifestation of Christ perfection on Earth and in all aspects of my life and consciousness. It is done in accordance with God's Holy Will. Amen.**

Vertaling:

O, Saint Germain, breng de violette vlam. We roepen u in Gods eigen naam aan. Omring de Aarde in de straal van vrijheid en verhef haar tot een geheel nieuwe dag.

> Refrein: Violet Vuur maak ons vrij, zodat wij de werkelijkheid kunnen zien en samen met Saint Germain een volmaakte Aarde kunnen scheppen waar hij kan regeren.

O, Saint Germain, breng violette liefde, wij roepen zegeningen van Boven aan. Laat volmaakte liefde alle vrees verdrijven en ons dichter naar de Hemel toe trekken.

O Saint Germain, breng violet vuur, we roepen u aan met een zuiver verlangen. Verhef de Aarde en allen die erop leven totdat wij het leven als één zien.

Lezing 10: Technieken voor het bereiken van Christusschap

O, Saint Germain, breng violet licht, wij roepen al uw liefde en macht op. Verteer alle duisternis en alle zonde, want de vlam van vrijheid zal altijd winnen.

O, Saint Germain, geef uw kracht vrij, wij roepen de helende stromen van vrijheid aan. We zijn allen gereinigd door de vrijheids vlam die ons vrij maakt uw naam te kennen.

O, Saint Germain, maak ons nu vrij, wij roepen u op onze koning te zijn. Laat de Aarde nu schijnen als de ster van vrijheid, zodat allen de vlam mogen kennen die u bent.

O, Saint Germain, zend uw engelen, wij roepen hen op al onze wonden te helen. Geef de aarde nu een schone witte bladzijde en help ons uw Gouden Tijdperk binnen te brengen.

> Coda: De Aarde is vrij, alle mensen zijn verhoogd. Laat Saint Germain's naam geprezen zijn. Hij is de koning op de vrijheidsster, haar licht schijnt vlakbij en veraf. Nu kan de aarde waarlijk het huis van Moeder Vrijheid zijn.

Aanwijzingen: Geef de volgende verzegeling eenmaal.

Ik verzegel dit gebed in het Hart van God voor de manifestatie van de Volmaaktheid van Christus op Aarde en in alle aspecten van mijn leven en bewustzijn. Het is gedaan in overeenstemming met Gods Heilige Wil. Amen.

Afstemming op de Christus binnen in.

Ik ben me volledig bewust dat dit boek niet al je vragen kan beantwoorden. Maar ik wil jullie niet zonder troost achterlaten. Dit boek is natuurlijk geschreven voor een groot aantal mensen en daarom kan ik je geen antwoorden geven over specifieke aspecten van je persoonlijke situatie. Ik heb je al verteld dat je het vermogen hebt om rechtstreeks met mij in contact te staan. Het tot stand brengen van deze verbondenheid kan enige tijd en inspanning vergen. Als je echter de volgende oefening wilt gebruiken, zal het proces veel gemakkelijker verlopen.

De volgende oefening is een visualisatie die gemaakt is om je te helpen persoonlijke antwoorden te vinden op elke vraag die je zou kunnen hebben. Voordat je deze oefening uitvoert, raad ik je met klem aan een geschikte techniek toe te passen om je zelf van de energieën van het massabewustzijn af te sluiten. Je moet begrijpen dat er vele krachten in deze wereld zijn die proberen te voorkómen dat jij de juiste antwoorden krijgt. Als deze krachten je niet kunnen verhinderen om in een rechtstreeks contact met mij te komen, proberen ze je foutieve ideeën en antwoorden te geven.

Je moet ook beseffen dat er krachten binnen je eigen geest zijn (de vijand in je of het menselijke denken) die proberen zullen dit contact te belemmeren Deze krachten zullen proberen jou de antwoorden te geven, die ze jou willen laten hebben. Het is een algemeen menselijke neiging dat mensen datgene horen wat ze graag willen horen. Je moet je van deze neiging bewust zijn zodat je geleidelijk aan het onderscheidingsvermogen kunt opbouwen dat je onvolkomen antwoorden laat doorzien en laat weten welke antwoorden rechtsreeks van mij komen. De volgende oefening kan je heel goed helpen in het opbouwen van onderscheidingsvermogen en contact.

Ga in een stille kamer waarin je gedurende enige tijd ongestoord kunt zijn (ten minste 10-15 minuten). Ga in een gemakkelijke stoel zitten zodat je niet door ongemakken in je fysieke lichaam gestoord wordt. Besteed 5-10 minuten aan het je zelf afsluiten voor onvolmaakte energieën bijvoorbeeld door het geven van het decree-schema in het vorige gedeelte. Ga dan naar de volgende visualisatie:

1. Visualiseer dat de engelen van Aartsengel Michael je persoonlijk energieveld omringen. Er zijn vier engelen, één aan elke kant. Deze engelen zijn 3.65 meter lang en zij dragen een zwaard dat brandt met een helderblauwe vlam. Zij zijn vol van vuur en in staat je voor de machten van deze wereld te beschermen.
2. Richt je aandacht op je Christuszelf dat zich recht boven je hoofd bevindt. Geef stilzwijgend de volgende affirmatie:

In de naam van Jezus Christus, roep ik een muur van schitterend wit licht rondom mijn lichaam, geest en energieveld aan. Ik erken dat deze energie mij voor de dingen van deze wereld afsluit. Ik roep nu het violette licht aan om binnen de muur van licht te branden en alle onvolmaakte energieën in mijn eigen wezen te verteren.

Lezing 10:Technieken voor het bereiken van Christusschap

3. Geef je zelf een paar minuten om te voelen dat je volledig van de energieën van de wereld bent afgesloten.
4. Wanneer je je vredig voelt, richt je aandacht dan op het centrum van je borstkas ter hoogte van je fysieke hart. Visualiseer dat er binnenin je borstkas een geestelijke vlam brandt. Deze geestelijke vlam heeft geen brandstof nodig om te branden. Het is de vlam die altijd brandt.
5. Richt je aandacht op deze vlam en laat je aandacht in de vlam zelf gaan. Achter de vlam zie je een deuropening. Loop erdoor. Als je door de deuropening gaat, ga je een tunnel in. Als je vooruitloopt zie je het spreekwoordelijke licht aan het eind van de tunnel.
6. Blijf doorlopen totdat je uit de tunnel tevoorschijn komt en het licht inloopt.
7. Je ziet nu dat je een schitterende tuin bent ingegaan. De tuin is omringd door een hoge haag. Het heeft prachtige bloembedden en wandelgangen. In het midden van de tuin is een fontein die zachtjes ruist. In de hele tuin zijn vogels die blij zingen.
8. Nu je de tuin in loopt, voel je dat de zorgen van deze wereld eenvoudig van je afvallen. Hoe verder je de tuin in wandelt hoe meer je je licht en vredig voelt.
9. Blijf gewoon doorwandelen en sta je zelf toe te voelen hoe de vrede en rust van de tuin al je zorgen en beslommeringen in zich opneemt. Wanneer je je opgelucht voelt en vredig, neem dan de tijd om rond te kijken.
10. Als je rondkijkt zie je twee uit steen gehouwen zitplaatsen. Sta jezelf toe om in één ervan plaats te nemen en maak het jezelf gemakkelijk. Begin je aandacht nu op je hart te richten en je sluit je ogen. Sta jezelf toe te voelen dat je in deze tuin helemaal tot rust bent gekomen. In feite voel je op de een of andere manier dat dit je thuis is.
11. Stel je nu voor dat je je ogen opendoet en naar de zitplaats voor je kijkt. Tot je verwondering zie je dat er nu iemand op die plaats zit. Wanneer je nauwlettender toekijkt, besef je dat ik het inderdaad ben, je Jezus, die voor je zit. Veroorloof jezelf je in mijn aanwezigheid op je gemak te voelen.
12. Richt nu je aandacht op mijn hart en sta jezelf toe te voelen dat mijn hart onvoorwaardelijke liefde naar je uitstraalt. Geef je

zelf wat tijd om te accepteren dat ik onvoorwaardelijk van je hou.
13. Sta jezelf dan toe mijn onvoorwaardelijke liefde geheel in je op te nemen en voel hoe het alles verteert dat onvolmaakt en onwerkelijk is. Dit is de volmaakte liefde die alle angst en alle andere onvolmaakte emoties uitdrijft.
14. Terwijl je voor me zit en volledig door mijn liefde geabsorbeerd wordt, sta jezelf toe terug te denken aan je situatie op aarde. Laat jezelf door geen enkel aspect van die situatie verontrusten. Breng eenvoudig gedurende enkele momenten je situatie in je bewustzijn. Kijk dan opnieuw naar mij en formuleer in je gedachten een stille vraag. Vraag mij niet wat ik aan je situatie moet doen, want je moet je vrije wil gebruiken om te kiezen wat jij wilt. Vraag mij of ik je een ruimer begrip van de situatie wil geven, zodat jij zult weten wat het beste is om te doen.
15. Nadat je je vraag geformuleerd hebt, stuur hem naar mij.
16. Sluit dan je ogen en vestig je aandacht op mijn liefde. Sta jezelf toe om zo in die liefde opgenomen te zijn dat je alle wereldse zorgen vergeet.
17. Nadat je enige tijd geheel door mijn liefde in beslag genomen bent, kan je aandacht uiteraard naar de vraag teruggaan. Vestig je aandacht eenvoudig op mijn hart en luister naar een antwoord. Als je niet direct een antwoord ontvangt, laat je dat dan niet verontrusten. Richt je alleen op mijn onvoorwaardelijke liefde en sta jezelf toe, net zo lang als je wilt, in die liefde verzonken te blijven.
18. Wanneer je voelt dat je hebt opgenomen zoveel als je kunt; wanneer je voelt dat je hart de beker geworden is die van mijn liefde overstroomt, visualiseer dan dat je heel rustig de mooie tuin verlaat en terug door de tunnel loopt.
19. Je zit nu weer in de stoel in je kamer. Geef je zelf wat tijd om naar je gewone staat van bewustzijn terug te keren. Geef wellicht nog enkele affirmaties die ik je in het volgende gedeelte zal geven, om de ervaring te verzegelen.

Door vol te houden zul je je leven redden
Aanvankelijk zul je door deze oefening misschien niet direct een antwoord krijgen. Het zou enige tijd kunnen duren voordat het

antwoord je bewuste geest bereikt. Wees eenvoudig alert en probeer elke dag een paar momenten vrij te maken om te luisteren naar je innerlijke stem. Na bepaalde tijd, hetzij uren, een aantal dagen of een aantal weken, zal het antwoord tot je komen.

Herhaal deze oefening zo vaak als je wilt. Als je echt een antwoord over een bepaalde situatie wilt hebben, herhaal de oefening dan eens per dag gedurende 33 dagen of totdat je voldoende innerlijke leiding ontvangen hebt. Ik raad je echt aan dat je altijd een notitieschrift en een pen bij de hand hebt wanneer je deze oefening doet. Neem na de visualisatie enige ogenblikken tijd om gedachten of inzichten op te schrijven die misschien tot je gekomen zijn. Als je dit tot onderdeel van de oefening maakt, zul je verbaasd zijn over de leiding die je zult ontvangen.

Het doel van deze oefening is jou te helpen je bewustzijn op mij en op je persoonlijke Christuszelf af te stemmen. Nadat je enige tijd deze oefening gedaan hebt, zou je kunnen voelen dat je deze afstemming zelfs gedurende je dagelijkse bezigheden kunt vasthouden. Dit is goed. Ik wens je graag een voortdurend contact met mij toe, op elk moment dat jij dat wilt.

Maar zelfs wanneer je dit contact begint te voelen, vergeet deze oefening die ik je gegeven heb niet. Neem af en toe tijd vrij om mijn prachtige tuin binnen te gaan om met mij in contact te komen. Vergeet mij niet.

's Nachts naar school gaan.

Ik wil je laten weten dat veel opgevaren wezens geestelijke retraiteverblijven boven de Aarde hebben. Deze verblijven zijn geen fysieke locaties; ze zijn in de geestelijke wereld gevestigd. Deze retraiteverblijven doen dienst als geestelijke leercentra en je ziel kan naar zo'n centrum reizen als je fysieke lichaam slaapt. Je ziel kan dan lessen ontvangen die je bij het wakker worden of gedurende de dag kunt herinneren.

Ik kan je verzekeren dat je ziel al naar zulke centra gereisd is (anders zou je niet open staan om dit boek te lezen). Je kunt echter de frequentie van deze bezoeken verhogen door de volgende aanroep in stilte te doen voordat je gaat slapen:

In de naam van de Levende God, roep ik de engelen van Jezus Christus aan om mijn ziel naar dat geestel-

ijke retraiteverblijf te begeleiden, waarvan Jezus wil dat ik dat bezoek. Ik roep de engelen van Aartsengel Michael aan mijn ziel en mijn fysieke lichaam te beschermen en mij te helpen veilig naar mijn lichaam terug te komen. Ik vraag mijn geliefde Christuszelf mij de lessen te helpen herinneren die ik heb ontvangen en ze wijs toe te passen. Met alle kracht accepteer ik dat het nu gedaan is. Amen.

Affirmaties voor het Christusschap

In de volgende gedeeltes zal ik je een bijzonder geschenk van mijn hart aanbieden. Dit geschenk is nooit eerder op deze planeet gegeven. Het bestaat uit een aantal affirmaties die specifiek ontworpen zijn jou je persoonlijke Christusschap te helpen bereiken.

Om deze affirmaties te gebruiken, moet je weten dat het pad naar persoonlijk Christusschap verschillende stadia kent. Mijn gift zal daarom in een aantal onderdelen verdeeld worden en elk deel zal een van de stadia van Christusschap behandelen.

Beginner

Als je het pad van Christusschap voor het eerst ontdekt, kun je veel vragen of veel bedenkingen over dat pad hebben. Het kan zijn dat je het moeilijk vindt om volledig te geloven dat je een zoon of dochter van God bent en dat je de mogelijkheid hebt om persoonlijk Christusschap te manifesteren. Zolang je open blijft staan, zijn deze vragen en bedenkingen op dit niveau van het pad aanvaardbaar. Vanwege zulke vragen en bedenkingen echter ben je, wat Paulus noemde, een 'zuigeling in Christus'.

Waar je inspanningen zich het meest op zouden moeten richten is alle vragen en bedenkingen op te lossen die tussen jou en je voortgang op het pad staan. Je moet innerlijke afstemming en onderscheidingsvermogen zien te bereiken en je moet alles overgeven dat tussen jou en je God staat. De volgende affirmaties zijn bedoeld je dit doel te helpen realiseren. Je kunt enkele van deze affirmaties geven of je kunt ze allemaal doen. Ik raad je aan dat je elke affirmatie ten minste driemaal geeft of in veelvouden van drie. Als je voelt dat een affirmatie een bepaalde betekenis voor je heeft, geef deze dan vaker. Een heel krachtige oefening is een affirmatie 144 keer te geven.

Voordat je een van de affirmaties in het volgende gedeelte geeft, doe eerst deze aanroep:

> In de naam van de Levende God, in de naam van Jezus Christus, in de naam van mijn eigen Christuszelf, roep ik het hart van mijn geliefde Jezus Christus aan en ik verklaar: Lieve Jezus, ik ben bereid door God onderwezen te worden. Ik ben bereid om alles los te laten wat onwerkelijk is. Ik ben bereid met u de weg te gaan naar een hoger begrip van de waarheid over God. Lieve Jezus, laat me de weg zien en geef me inzicht wat me mogelijk maakt het Pad van Licht te bewandelen. Ik bevestig daarom:
>
> O Jezus, ik nodig u uit in mijn tempel en ik vraag met uw onvoorwaardelijke liefde gevuld te worden.
>
> Ik neem de onvoorwaardelijke liefde van Jezus Christus aan en ik aanvaard dat ik die liefde waardig ben.
>
> Ik aanvaard en bevestig dat de Aanwezigheid van Jezus Christus altijd bij me is.
>
> Ik aanvaard mijn vrijheid van alle onvolmaaktheden en pijn uit het verleden. Jezus maakt mij nu vrij en ik ben heel gemaakt.
>
> O Jezus, ik aanvaard dat u mij vrijmaakt van alle onvolmaakte overtuigingen.
>
> O Jezus, ik aanvaard dat u mij vrijmaakt van alle onvolmaakte energieën.
>
> O Jezus, ik aanvaard dat u mij verzegelt voor alle aanvallen van de machten van antichrist en antivrede.
>
> O Jezus, ik ben bereid het pad van persoonlijk Christusschap te bewandelen. Laat mij de weg zien.

O Jezus, ik aanvaard uw Zwaard van Waarheid en ik vraag u het werkelijke van het onwerkelijke te scheiden zodat ik uw Levende Waarheid kan zien.

O Jezus, ik aanvaard dat u mijn menselijke denken verteert en ik geef alles geheel aan u over. (In plaats van 'het menselijke denken' kun je meer precies zijn. Je kunt bijvoorbeeld 'angst' en 'twijfel' of 'woede' hier noemen, indien van toepassing).

O Jezus, bevrijd me van alle onvolmaaktheden.

O Jezus, maak me vrij van alle gehechtheden aan de dingen van deze wereld.

Ik geef liefdevol alle onvolkomenheden en banden over en ik weet dat Jezus me nu vrij maakt.

De dingen van deze wereld betekenen niets voor mij. Ik zal u volgen, Jezus Christus.

Jezus, maak mij vrij van alles wat onwerkelijk is, alles wat onheilig is, alles wat niet van Christus is en alles wat geen vrede is. Ik aanvaard dat Jezus mij nu vrijmaakt.

Ik aanvaard dat de Levende Waarheid en het Levende Woord van Christus nu in mijn wezen en wereld gemanifesteerd is.

O Jezus, laat het in overeenstemming met uw wil gebeuren.

Ik aanvaard en bevestig dat ik een ware discipel van Jezus Christus ben. Ik geef alle gehechtheden aan de dingen van deze wereld over en ik volg Jezus altijd.

Ik erken dat de Vrede van Christus alles verteert in mijn wezen en wereld dat anti-vrede is.

Ik aanvaard ten volle de Vrede van Christus die alle begrip te boven gaat.

Ik geef alle onvolkomenheden geheel over en ik aanvaard mijn Christusschap nu.

Nadat je met een groep affirmaties klaar bent, verzegel de energieën door de volgende verklaring te geven:

In de naam van Jezus Christus aanvaard ik nu met alle kracht, dat het gedaan is. Niettemin Vader, niet mijn wil, maar uw wil zal gedaan worden. Amen.

Gevorderde

Op dit niveau van het pad heb je ten volle geaccepteerd dat het pad van persoonlijk Christusschap werkelijk is. Je hebt ook geaccepteerd dat jij het waard bent om dat pad te lopen. Misschien kun je nog niet volledig accepteren dat je een zoon of dochter van God bent of dat je een Christuswezen bent, maar je aanvaardt wel je mogelijkheid daartoe.

Je moet je richten op het opbouwen van een nieuw gevoel van identiteit als een geestelijk wezen. Als je deze nieuwe identiteit opbouwt, moet je gaan overdenken en accepteren dat je het inderdaad waard bent om een broeder of zuster van Jezus Christus te worden. Je herinnert je wellicht de situatie die in de bijbel staat waar ik een groep mensen aan het onderwijzen ben. Een discipel vertelt me dat mijn moeder en mijn broers gekomen zijn om mij te zien. Ik maak een gebaar in de richting van het publiek en zeg, 'Dit zijn mijn broeders en zusters'.

Het belang van deze uitspraak is dat het zijn van een broeder of zuster van Christus niet een kwestie van geboorte is. Het is een kwestie van keuze. Wanneer je kiest (besluit) je goddelijke identiteit te accepteren, kies je om een broer of zuster van Christus te worden. Daarom moet je bevestigen dat je een broer of zuster van Jezus Christus bent.

Op dit niveau van het pad, moet je ook proberen zicht te krijgen op het Koninkrijk van God. Je moet je aandacht van alle onvolkomenheden in deze wereld afnemen. Je moet je aandacht op de volmaaktheid van God richten en in je persoonlijke situatie en in de wereld om je heen alleen de overwinning en volmaaktheid van Christus zien.

Ik vraag je niet om jezelf van de werkelijkheid af te scheiden. Onthoudt dat ik wil dat jullie wijs als slangen en onschuldig als duiven worden. Daarom wil ik niet dat je blind voor de problemen in deze wereld wordt, maar ik wil dat je vermijd deze problemen door je aandacht macht te geven. Daarom moet je het overgrote deel van je aandacht op de volmaaktheid van Gods koninkrijk richten. Je moet de manifestatie van Gods koninkrijk in je persoonlijke leven en in de wereld om je heen visualiseren en bevestigen.

Enkele van de volgende affirmaties bevatten het woord 'broeder/zuster'. Het is de bedoeling dat als je van het mannelijke geslacht bent, je alleen 'broeder' zegt en als je een vrouw bent, je alleen 'zuster' zegt. Voordat je de volgende affirmaties geeft, geef eerst deze aanroep:

> **In de naam van de levende God, in de naam van Jezus Christus, in de naam van mijn Christuszelf, roep ik de manifestatie van de elektronische Aanwezigheid van Jezus Christus aan in mijn persoonlijke krachtveld. Lieve Jezus, ik nodig u uit in mijn wezen en ik bevestig dat ik uw broeder/zuster ben. Daarom zeg ik:**
>
> **Ik erken dat ik de broeder/zuster van Jezus Christus ben en ik weet dat Jezus mij tegen alle kwaad beschermt.**
>
> **Bewust erken en bevestig ik dat ik de broeder/zuster van Jezus Christus ben.**
>
> **O Jezus, ik erken uw broeder/zuster te zijn**
>
> **Bewust weet en bevestig ik, dat ik een absoluut geloof in mijn broeder Jezus Christus heb. O Jezus, ik vertrouw u volkomen.**
>
> **O Jezus, ik erken dat ik uw broeder/zuster ben en ik geef alle gevoel van afscheiding van u over.**

> Ik accepteer volledig dat ik de broeder/zuster van
> Jezus Christus ben en liefdevol geef ik elk minder gevoel van identiteit over.
>
> Ik ben de broeder/zuster van Jezus Christus en ik ben het gemanifesteerde koninkrijk van God, waar ik ben.
>
> O God, dankbaar aanvaard ik uw koninkrijk en uw leven van overvloed gemanifesteerd in mijn wereld.
>
> In de naam van Jezus Christus, aanvaard ik het leven in overvloed nu.
>
> Ik ben het Koninkrijk van God gemanifesteerd waar ik ben.

Nadat je een volledige groep affirmaties hebt beëindigd, verzegel de energieën door het geven van de volgende verklaring:

> In de naam van Jezus Christus, aanvaard ik nu in volle kracht dat het gedaan is. Niettemin Vader, niet mijn wil, maar uw wil zal gedaan worden. Amen.

Vergevorderde
Op dit niveau van het pad heb je volledig geaccepteerd dat je een geestelijk wezen bent en dat je een broeder of zuster van Christus bent. Je moet nu echter verder dan dit identiteitsgevoel gaan. Je moet alle gevoel van afstand overwinnen tussen jou en je persoonlijke Christuszelf. Je moet niet alleen een lid van de familie van Christus zijn, je moet eenheid met Christus bereiken.

De eerste stap naar deze eenheid is de inwijding te ondergaan waar ik naar verwees als 'de bruiloft van het lam'. Dit is het alchemistische huwelijk waarbij je ziel zich met je persoonlijke Christuszelf verenigt. Je ziel wordt letterlijk de bruid van Christus. Op dit niveau van het pad moet je alle gevoel van afscheiding van Christus loslaten, alle gevoel van afstand tussen jou en Christus. Je staat niet eenvoudig in een bepaalde verhouding met Christus of je bent niet alleen bij Christus aangesloten. Je bent niet alleen maar iemand met het vermogen om Christusschap aan te doen. Je bént Christus. Voordat je de volgende affirmaties geeft, geef deze aanroep:

In de naam van de Levende God, in de naam van Jezus Christus, in de naam van mijn Christuszelf, roep ik rechtstreeks het hart van God aan en ik zeg: Mijn Vader-Moeder in de Hemel, ik erken en bevestig dat ik uw zoon/dochter ben. Ik erken en bevestig onze eenheid en vanuit die eenheid zeg ik:

Ik erken de bruid van Christus te zijn en ik weet dat Jezus mij tegen alle kwaad beschermt.

O Jezus, ik erken en bevestig dat ik uw bruid ben en ik geef alle gevoel over van afscheiding van u.

Ik erken volkomen de bruid van Christus te zijn en liefdevol geef ik alle gevoel van een mindere identiteit over.

Ik ben de bruid van Christus en ik ben het Koninkrijk van God, gemanifesteerd waar ik ben.

Ik erken en bevestig dat ik de bruid van Christus ben.

Ik ben de bruid van Christus en ik erken mijn heelheid nu.

Ik ben de Levende Christus waar ik ben.

Ik ben de Christus: hier, nu en voor altijd.

Nadat je een volledige groep affirmaties hebt beëindigd, verzegel de energieën door het geven van de volgende verklaring:

In de naam van Jezus Christus, aanvaard ik nu in volle kracht dat het gedaan is. Niettemin Vader, niet mijn wil, maar uw wil zal gedaan worden. Amen.

De Ik ben affirmaties
Wanneer je dit niveau van eenheid met Christus bereikt, heb je het recht verworven de affirmaties te gebruiken die ik tijdens mijn missie gaf. Je zult opmerken dat ik een aantal affirmaties gaf die beginnen

met de woorden, 'Ik ben'. Ik wil dat je je vrij voelt deze affirmaties te gebruiken, zoals:

Ik ben de Weg, de Waarheid en het Leven.

Ik ben de open deur, die geen mens kan sluiten.

Ik ben de Opstanding en het Leven.

Gebruik deze affirmatie om de volmaaktheid van Christus in speciale situaties op te wekken. Je kunt bijvoorbeeld zeggen: **Ik ben de Opstanding en het leven van mijn financiële situatie** of **Ik ben de Opstanding en het Leven van mijn land** (of de wereld).

Ik ben het Licht van de wereld.

Ik ben gekomen dat allen het leven mogen hebben en dat in overvloed.

Ik en mijn Vader zijn één

Mijn tweeling (tegenhanger) worden

Wanneer je door het alchemistische huwelijk één met mij bent geworden, heb je de keuze nog een inwijding te ondergaan. Ik moedig je aan het Evangelie van Thomas te bestuderen, dat in 1945 bij Nag Hammadi ontdekt werd. Dit evangelie is door mijn geliefde discipel Thomas geschreven. Enkele van mijn andere discipelen spraken over Thomas als mijn tweelingbroer.

Uiteraard betekent dat niet dat Thomas als mijn fysieke tweelingbroer geboren was. Het betekent dat Thomas een niveau van eenheid met mij bereikt had, zodat hij in deze wereld als mijn tegenhanger kon handelen. Zelfs na mijn opstanding en hemelvaart, kon ik door Thomas spreken en handelen, want wij waren echt geestelijke tweelingen. Thomas was daarom de Christus beneden, zoals ik de Christus Boven ben.

Ik ben Jezus Christus en ik verlang ernaar veel veranderingen naar deze duistere planeet te brengen. Vanwege de Wet van Vrije Wil, kan ik deze veranderingen alleen brengen door diegenen die in incarnatie zijn en die besluiten mijn spreekbuis, mijn handen en voeten te zijn.

Als jij dat ook zou willen, heb je de mogelijkheid mijn tegenhanger te worden. Je hebt de mogelijkheid de Christus hier beneden te worden, zoals ik de Christus boven ben. Door deze uitzonderlijke eenheid kunnen jij en ik zowel Boven als hier beneden zijn. Jij kunt de Christus beneden worden, zoals ik hier de Christus Boven ben. Als je voelt dat je klaar bent voor deze inwijding, gebruik dan de volgende affirmaties:

Zoals Boven in Jezus, zo beneden in mij.

Ik en Jezus zijn één.

Ik erken en bevestig dat ik de Aarde bewandel als de tweeling (tegenhanger) van Jezus Christus.

Ik ben de tweeling (tegenhanger) van Jezus Christus.

Lezing 11:
De Tweede Komst van Christus

Ik ben me er volledig van bewust dat miljoenen oprechte en toegewijde Christenen uitzien naar een gebeurtenis die ze beschrijven als de tweede komst van Christus. Er bestaan verschillende theorieën en overtuigingen over deze tweede komst en hoe het zal zijn. De meeste ervan echter beschrijven een gebeurtenis waarin ik fysiek zal verschijnen om alle duisternis en onvolkomenheden van deze planeet te verwijderen. Ik zal als Koning verschijnen en ik zal Gods koninkrijk op Aarde brengen.

Ik ben Jezus Christus en ik moet je de waarheid over deze zaak vertellen.

Het is een groot verlangen van mij de tweede komst van Christus als een fysieke werkelijkheid op deze planeet te zien. Ik wil heel graag mijn Vaders koninkrijk op Aarde gemanifesteerd zien. Ik moet je echter in alle eerlijkheid vertellen dat de gebeurtenis die door de meeste Christenen wordt voorzien niet zal plaatsvinden. Laat me uit leggen waarom.

Laten we beginnen het historische feit te bezien dat kort na het jaar 1000 AD veel Christenen geloofden dat de tweede komst van Christus op handen was. Mensen geloofden dat ik fysiek zou verschijnen en de wereld als een boekrol zou oprollen. Het is een onloochenbaar feit dat deze verwachtingen niet vervuld werden.

Evenzo verwachtten veel Christenen, kort na het jaar 2000 de tweede komst van Christus als de plechtige inwijding van het nieuwe millennium. Dit gebeurde niet.

Gebaseerd op deze waarnemingen, hoop ik dat je het simpele feit wilt aannemen dat ik niet plotseling zal verschijnen en alle duisternis van deze wereld zal verwijderen. Er bestaan twee goede redenen waarom deze gebeurtenis niet zal plaatsvinden.

De uiterlijke reden is de Wet van Vrije Wil. Ik vertelde je al dat de mensheid de huidige omstandigheden op planeet Aarde in het leven heeft geroepen. Deze omstandigheden zijn daarom uitsluitend de verantwoordelijkheid van de mensheid. Mensen moeten leren dat ze verantwoordelijk zijn voor het gebruik en misbruik van Gods energie.

God zal daarom niet plotseling datgene van hen wegnemen wat zij door schending van zijn wetten in het leven hebben geroepen.

God heeft voor een uitweg gezorgd zodat mensen de duisternis teniet kunnen doen die zij door onwetendheid in het leven hebben geroepen. Dat moet echter een bewuste keuze van de mensen zijn. Planeet Aarde is een leerplek voor de zielen van mensen. Als God of ik plotseling alle onvolkomenheden die door mensen gemaakt zijn, zouden verwijderen, hoe kunnen mensen dan de lessen in het leven leren? Wanneer je de Wet van Vrije Wil accepteert, zal het niet moeilijk zijn te begrijpen dat de tweede komst van Christus, zoals die door veel Christenen voorzien wordt, verhindert dat mensen de lessen in het leven leren.

Ik ben Jezus Christus. Ik ben een geestelijk leraar. Ik wil zien dat mensen hun levenslessen leren. Ik zal heel ver gaan in mijn pogingen mensen die lessen te helpen leren. Ik zal hen echter niet de mogelijkheid daartoe ontnemen.

De ware tweede komst

Laat me nu de innerlijke redenen uitleggen waarom de tweede komst van Christus niet zo zal zijn zoals veel Christenen die voorzien.

Ik vertelde je al dat het het diepste verlangen van zowel God als van mij is, jou en alle andere mensen het pad van persoonlijk Christusschap te zien bewandelen en uiteindelijk de volheid van dat Christusschap te zien aandoen. God wil dat al zijn zonen en dochters thuiskomen en deelnemen aan het bruiloftsfeest in zijn koninkrijk. Je kunt echter alleen thuiskomen door het bruiloftskleed van persoonlijk Christusschap aan te doen.

Mijn geliefde broeder Gautama Boeddha gaf een zeer diepzinnige lering die met dit onderwerp verband houdt. Het wezen van Boeddhisme is dat mensen in een lagere bewustzijnstaat zijn gevallen die door maya of illusie beheerst wordt. Vanwege deze illusie kunnen mensen niet de fundamentele werkelijkheid zien dat alles uit de Boeddha-natuur bestaat. Mensen hebben daarom een vals identiteitsgevoel als een sterfelijk wezen opgebouwd en ze kunnen zichzelf niet als de geïncarneerde Boeddha zien.

Het wezenlijke van Boeddhisme is dat alle zielen ernaar moeten streven een bewustzijnstaat te bereiken die 'verlichting' genoemd wordt. Wanneer je verlichting bereikt, besef je dat alles uit de

Boeddha-natuur bestaat. Je ziet en accepteert daarom dat je de Boeddha al bent.

Veel volgelingen van het Boeddhisme onderschrijven het geloof dat het doel van Boeddhisme is om de Boeddha te worden. Dit geloof is tegelijkertijd zowel juist als onjuist. Een menselijk wezen kan niet plotseling veranderen van een bewustzijnstaat die door illusie overheerst wordt, in een bewustzijnstaat van volledige verlichting. Alle geestelijke leringen op deze planeet praten daarom over een pad. Als je een volgeling van het Boeddhisme bent, bewandel je een pad naar verlichting. Je bewandelt echter geen pad waarbij je de Boeddha wordt.

Juist het denkbeeld van iets te worden, veronderstelt een afstand tussen jou en wat je wordt. De essentie van het Boeddhisme is juist dat alles al de Boeddha-natuur heeft. Dus ben je niet bezig met een proces om de Boeddha te worden. Je bent bezig met een proces van bewustwording dat je de Boeddha al bent. Dit is niet alleen een woordspeling. Het is belangrijk dat je het verschil beseft tussen zijn en worden.

Afscheiding overwinnen

Hoe kom je tot de bewustwording dat je de Boeddha al bent? Je moet het gevoel te boven zien te komen dat je van de Boeddha bent afgescheiden, dat je nog niet de Boeddha bent. Zolang je denkt dat je de Boeddha moet worden, zolang je denkt dat je iets moet worden dat je nog niet bent, blijft er een gevoel van afscheiding en afstand tussen jou en het Boeddhaschap bestaan. Zolang dit gevoel van afscheiding of afstand bestaat, ben je niet de Boeddha.

Het bewustzijn van Boeddhaschap is een bewustzijnstaat die hoger is dan het bewustzijn van Christusschap. Maar in deze context wil ik dat je beseft dat wat ik over Boeddhaschap heb gezegd, in dezelfde mate op het Christusschap van toepassing is.

Als ik met je praat over het pad van persoonlijk Christusschap, wil ik dat je beseft dat dit inderdaad een geleidelijk pad is, waarbij je je bewustzijnsniveau op een hoger niveau brengt. Dit pad kan niet in één grote stap worden afgelegd. Je moet dit pad bewandelen door veel kleine stappen te nemen.

Maar het einddoel van het pad is dat je je ware identiteit als een Christuswezen accepteert. Met andere woorden, het doel van het pad is niet dat je de Christus wordt. Het doel van het pad is dat je tot het besef komt dat je de Christus al bent en dat je nooit van je Vader in de Hemel was afgescheiden. Dat gevoel van afscheiding was eenvoudig een illusie; het was maya.

De praktische toepassing hiervan is, dat zolang je de Christus als iemand of als iets buiten jezelf ziet, je niet volledig met die Christus kunt samensmelten. Voor mij als geestelijke leraar vertegenwoordigt dit feit een interessant dilemma.

Ik ben de geestelijke leraar die door God was aangewezen naar de planeet Aarde te komen om het pad van persoonlijke Christusschap te laten zien. Ik kon dat pad alleen laten zien door dat pad te bewandelen en daardoor mijn persoonlijke Christusschap aan te doen. Wanneer je dat persoonlijke Christusschap aandoet, overstijg je werkelijk alle gevoel van scheiding tussen je zelfgevoel en de universele Christusgeest. Je bent een individualisatie van die Christusgeest. Jij bent de Christus in incarnatie.

Dat is de reden dat ik veel uitspraken deed die begonnen met de woorden, 'Ik ben'. Je herinnert je ongetwijfeld enkele van deze uitspraken, 'Ik ben de Opstanding en het Leven', 'Ik ben de Weg, de Waarheid en het Leven' en 'Ik en mijn Vader zijn één'.

Kun je nu mijn dilemma zien? Om het pad van persoonlijk Christusschap te laten zien, moet ik de Christus zijn, moet ik één met de universele Christusgeest worden. Wanneer ik die eenheid bereik, drukt alles wat ik doe of wat ik zeg die eenheid uit. Mijn uitspraken weerspiegelen daarom het feit dat ik de Christus ben.

Als mensen echter iemand anders horen zeggen, 'Ik ben de Christus' doet de relativiteit van het menselijke denken deze mensen automatisch geloven dat die persoon iets is dat zij niet zijn. Zolang iemand door het menselijke denken beheerst wordt, is die persoon in één opzicht duidelijk niet de belichaamde Christus. Die persoon heeft het vermogen de belichaamde Christus te worden. Maar als die de Christus dan als iemand anders ziet, zoals ik, kan het gevoel van Christus afgescheiden te zijn, versterkt worden. Met andere woorden, juist de manier waarop ik het Christusschap liet zien, kan indien het verkeerd wordt begrepen, mensen verhinderen om persoonlijk dat Christusschap te verwerven.

Ik kwam om mensen de open deur laten zien die geen enkel mens kan sluiten, namelijk de deur van persoonlijk Christusschap. Als mensen mijn ware leringen niet begrijpen, dan word ik een idool dat mensen verhindert de deur door te gaan, waar ik door ben gegaan. Ik hoop dat je beseft dat dit het laatste is wat ik wil zien gebeuren.

Een nieuw identiteitsgevoel

Hoe wordt je de belichaamde Christus? Door alle gevoel van afscheiding of afstand tussen jou (je gevoel van identiteit) en de universele Christusgeest te overwinnen. Het probleem is dat zolang je denkt dat iemand buiten jou de Christus is (speciaal als je denkt dat die persoon de enige Christus is), dan kun je waarschijnlijk niet ten volle accepteren dat jij de Christus bent. Het accepteren van je persoonlijke Christusschap betekent dat je eenvoudig de Christus niet als iets of iemand buiten of los van jezelf kan zien. In eenheid bestaat geen scheiding of afstand.

Het punt waar ik naar toe wil is dat als ik in een of andere fysieke manifestatie op Aarde zou verschijnen, die verschijning het in feite moeilijker voor mensen zou maken om hun persoonlijke Christusschap aan te doen. Je herinnert je wellicht dat ik mensen waarschuwde voor valse verschijningen in verband met mijn wederkomst. Ik zei dat als de mensen zouden zeggen dat de Christus hier of daar was verschenen, je daar niet naar toe zou moeten gaan. Waarom deed ik die uitspraak? Omdat zolang je denkt dat de Christus ergens buiten je verschijnt, je niet kunt accepteren dat de Christus in jou verschijnt.

Wat ik hier zeg is dat de tweede komst van Christus inderdaad een werkelijk gebeuren is, waar ik en mijn Vader met grote verwachting naar uitzien. De tweede komst van Christus is echter geen gebeurtenis waarbij de Christus zal verschijnen in de vorm van het individu dat bekend staat als Jezus Christus. De tweede komst van Christus is een gebeuren waarbij de universele Christusgeest in geïndividualiseerde vorm zal verschijnen in die mensen die bereid zijn het pad van persoonlijk Christusschap te bewandelen. Met andere woorden, de tweede komst van Christus is een gebeurtenis waarbij de Christus in jou zal verschijnen.

Dit idee van de tweede komst in jou is geen godslastering. Het maakt zeer wel deel van Gods plan uit. Toen ik als de enige vertegenwoordiger van de universele Christus verscheen, werd ik spoedig door de gevestigde macht gedood. Ik wil dat niet opnieuw zien gebeuren. Ik wil daarom duizenden mensen de volheid van hun persoonlijke Christusschap zien aandoen. Wanneer dat gebeurt, kunnen de machten op deze planeet ze eenvoudig niet allemaal ombrengen (en daarom waarschijnlijk geen één). Ik wil ook dat miljoenen mensen een hoge graad van persoonlijk Christusschap aandoen zodat zij het Levende Woord kunnen brengen dat ik ben. Wanneer dat gebeurt, kan de gevestigde macht ze niet allemaal het zwijgen opleggen.

Daarom vraag ik je te begrijpen dat ik niet wil dat de eerste komst van Christus (in mij) een blokkade wordt dat de tweede komst van Christus (in jou) belemmert.

Ik ben Jezus Christus. Op dit moment kniel ik op innerlijke niveaus voor je ziel neer. Ik verzoek je dringend om deze ideeën te overwegen.

Accepteer alsjeblieft dat je persoonlijke Christusschap de beste hoop is die ik heb om mijn Vaders koninkrijk op deze planeet te brengen. Accepteer dat ik je graag de volheid van je persoonlijke Christusschap wil zien aandoen.

Accepteer dat ik ook duizenden broeders en zusters de volheid van hun Christusschap wil zien aandoen. Laat alsjeblieft het hele idee los dat er slecht één persoon is die de Christus kan worden.

In werkelijkheid bestaat er geen concurrentie tussen Christuswezens. De genade van mijn Vader is inderdaad genoeg voor allemaal. Toen God zich als jou individualiseerde, gaf God je een deel van zijn wezen.

Een deel van oneindigheid is echter nog steeds oneindigheid.

Je verliest daarom niets door de Christus in je broeders en zusters te erkennen.

God is alles en God is in allen.

Als je een deel van Gods Wezen bezit, heb je toegang tot Gods gehele Wezen. Accepteer eenvoudig dat je deel uitmaakt van de alheid van Gods Wezen. Accepteer vervolgens dat je geestelijke broeders en zusters ook deel zijn van de alheid van God. In feite, alles wat ooit geschapen is, maakt deel uit van de alheid van God.

Jij bent een deel van Gods Wezen.

Een deel van God kan niet los van God staan.

Lezing 12:
Wat kun jij voor Jezus doen

Ik ben me er volledig van bewust dat veel ideeën in dit boek schokkend voor de mensen kunnen zijn die in een orthodox christelijke cultuur zijn grootgebracht. Ik weet heel goed dat veel van mijn lezers door een proces van innerlijke verandering heen moeten gaan voordat ze volledig de ideeën die ik in dit boek naar voren breng, kunnen accepteren. Veel mensen moeten wat zelfanalyse doen voordat ze hun eigen vermogen kunnen accepteren om het pad van persoonlijk Christusschap te bewandelen.

Ik wil je niet inderhaast door dit proces heen zien gaan. Ik wil dat je de tijd neemt die ervoor nodig is om mijn ideeën je eigen te maken en tot een innerlijk besluit en begrip te komen van wat dit boek voor jou en je persoonlijke leven betekent. Ik moet je echter vertellen dat je de dingen voor jezelf veel gemakkelijker zult maken als je begint naar meer inzicht te zoeken.

Je moet begrijpen dat dit boek met een speciale bedoeling geschreven is, namelijk je innerlijke herinnering van je vermogen het pad van Christusschap te bewandelen, wakker te maken. Ik kan natuurlijk niet alle onderwerpen in dit boek behandelen. Ik ben me dus bewust dat voor sommige mensen dit boek veel vragen kan oproepen.

Het is mijn voornemen om door deze boodschapper nog een aantal boeken uit te geven. Wanneer deze boeken geschreven zullen worden en waar ze over zullen gaan is nog niet vastgesteld. Het zal tot op zekere hoogte afhangen van de response op dit boek. In de tussentijd echter bied ik je de mogelijkheid de vragen op te lossen die je hebt als gevolg van het lezen van dit boek. Ik kan je verzekeren dat als de moderne technologie gedurende mijn missie op Aarde voorhanden geweest zou zijn, ik er zeker gebruik van zou hebben gemaakt. Daarom ben ik van plan er nu gebruik van te maken.

Ik heb mijn boodschapper de opdracht gegeven een website te maken, www.askrealjesus.com. Deze site zal een deel van de tekst van dit boek bevatten en het zal je de mogelijkheid geven mij rechtsreeks vragen voor te leggen. Ik zal die vragen dan door mijn boodschapper beantwoorden. Zowel je vraag als mijn antwoord zal voor iedereen zichtbaar op de website worden gezet. Dit is een unieke mogelijkheid en ik hoop dat je er gebruik van zult maken om mijn antwoorden te vinden op vragen die je hebt.

Ik hoop ook dat je zult beseffen dat het werkelijk niet mijn verlangen is je van een uiterlijke bron afhankelijk te maken. Wat ik werkelijk wil zien is dat je tot zo'n innerlijke afstemming op je Christuszelf en op mij komt dat ik je antwoorden rechtsreeks in je hart kan geven. Gebruik daarom dit boek en de website alleen als hulpmiddel voor het vergroten van je innerlijke afstemming op mij. Gebruik ook de oefeningen die ik je in dit boek heb gegeven om je beter op mij af te stemmen. Probeer zo goed mogelijk je geest van alle onjuiste overtuigingen te zuiveren. Probeer ook zo goed mogelijk je psyche te genezen.

Als je de instrumenten die ik je heb gegeven wilt gebruiken, kun je snel door een proces van persoonlijke transformatie gaan en jezelf in een staat van innerlijke vrede verheffen .

Dit is wat ik graag voor je wil zien.

Ik kan het echter niet voor je laten gebeuren. Je moet er zelf voor kiezen dat het gebeurt.

Je goddelijk plan

Ik weet dat veel lezers van dit boek een sterk innerlijk verlangen voelen mij te helpen Gods koninkrijk op Aarde te brengen. Vanzelfsprekend zal dat verlangen je ertoe aanzetten de een of andere vorm van uiterlijke actie te ondernemen. Met andere woorden, ik weet dat veel van mijn ware volgelingen zullen vragen, 'Jezus, wat kan ik voor u doen?'

Ik wil je verzekeren dat er veel is wat je voor mij kunt doen. Voordat een ziel in incarnatie op planeet Aarde komt, heeft die ziel een ontmoeting met haar geestelijke leraren. In veel gevallen ben ik deel van dit team. De ziel en haar geestelijk leraren ontwerpen een plan voor de komende incarnatie van de ziel. Dit plan kent de volgende onderdelen:

- Een plan hoe je je persoonlijke karma kunt terugbetalen en hoe daarmee je schulden aan het leven te voldoen.

- Een plan hoe jij een uniek geschenk aan deze planeet kunt geven. Dit kan een bijzonder idee of bijzondere kwaliteit zijn die jij alleen kunt laten zien. Ik zou dit je 'heilige werk' willen noemen.

Wat ik je hier vertel is dat je ziel en je geestelijke leraren een goddelijk plan voor dit leven maakten. Het is duidelijk dat wanneer een ziel geboren wordt zij vaak de bewuste herinnering aan dit goddelijke plan verliest. Een aantal zielen hebben echter een bepaald innerlijk gevoel van wat zij in dit leven kwamen doen. Alle zielen hebben de mogelijkheid zich opnieuw bewust hun goddelijk plan te herinneren.

Je moet begrijpen dat elke ziel een uniek goddelijk plan heeft. Wat ik graag zou willen is dat jij je persoonlijke goddelijke plan vervult. Daarom kan ik je niet vertellen wat je moet doen om mij te helpen Gods koninkrijk op Aarde te brengen. Dit is veel te persoonlijk en te individueel om in een boek als dit duidelijk te maken. Verder wil ik niet dat je aanwijzingen ontvangt met betrekking tot je goddelijke plan van een bron buiten jezelf. Het is belangrijk dat je innerlijke leiding krijgt zodat je uiterlijke bewustzijn je goddelijke plan volledig kan aanvaarden en het zich eigen kan maken.

Ik maak je vrij

Hoe kun je iets over je goddelijke plan te weten komen? Laat mij een suggestie doen.

Ik weet dat de meeste mensen iets hebben dat hen afhoudt van het vervullen van hun goddelijke plan. Gewoonlijk is dit een gehechtheid aan de dingen van deze wereld. Het kan een groot (maar onevenwichtig) enthousiasme zijn om te strijden voor een bepaalde uiterlijke zaak. Het kan een gehechtheid aan bepaalde mensen zijn, zoals je man of vrouw of familieleden. Het kan een gevoel van onwaardigheid zijn of andere psychologische problemen. Het kan een loyaliteit aan een bepaalde uiterlijke organisatie zijn. Het kan angst zijn, dat je niet gered zult worden, tenzij je bepaalde uiterlijke regels volgt.

Er bestaan ontelbare gehechtheden die je in een manier van denken kunnen trekken waarbij je gelooft dat je je leven op een bepaalde manier moet leiden of waarbij je probeert jezelf tot een bepaald iemand te maken. Zulke gehechtheden komen altijd uit de relativiteit van het menselijke denken voort en zij belemmeren je innerlijke visie zodat je je goddelijke plan niet kunt zien.

Deze gehechtheden worden vaak gekenmerkt door een bepaald gevoel van verplichting of plichtsbesef. Je voelt dat je gewoon iets moet doen. Je voelt je gedwongen iets te doen.

Als je het pad van persoonlijk Christusschap bewandelt, moet je jezelf van deze oude, uitgeleefde gewoonten bevrijden. Daarom wil ik je helpen een nieuwe cyclus van geestelijke groei te beginnen.

Ik ben Jezus Christus en ik ben je Redder en je geestelijke leraar. Op innerlijke niveaus sta ik nu voor je ziel en ik maak je vrij van alle gehechtheden en gevoel van verplichting met betrekking tot deze wereld. Ik wil dat je je vrij voelt van elke gehechtheid die je hebt ten aanzien van de dingen van deze wereld. Ik wil dat je alle gevoelens loslaat van 'ik zou moeten' of 'ik moet'.

Ik wil dat je jezelf onderzoekt om er achter te komen welke gehechtheden je hebt. Vervolgens wil ik dat je jezelf toestaat te voelen dat ik, Jezus Christus, je van deze banden bevrijdt.

Ik wil dat je je geheel vrij van deze banden voelt. Ik wil dat je het gevoel hebt dat er niets is wat je moet of zou moeten doen. Je bent eenvoudig vrij van al deze uiterlijke verplichtingen en verantwoordelijkheden. Je bent vrij van alle gevoel dat je op een bepaalde manier je leven moet leven of dat je een bepaald iemand moet zijn.

Ik ben Jezus Christus en ik maak je van dit alles vrij en ik vraag je de vrijheid te accepteren die ik je geef. Ik wil dat je nu tijd vrij maakt om de hulpmiddelen te gebruiken die ik in dit boek heb gegeven:

- Probeer jezelf vrij van het massabewustzijn te maken.
- Probeer je geest van onjuiste opvattingen te zuiveren.
- Bestudeer dit boek en andere geestelijke leringen.
- Gebruik met toewijding de techniek om je op mijn hart af te stemmen en antwoorden rechtstreeks van mij te ontvangen.

Als je deze instrumenten gedurende een bepaalde tijd gebruikt, garandeer ik je dat je een nieuw gevoel van innerlijke leiding zult krijgen, een nieuw gevoel dat je leven zin en betekenis heeft. Je zult door een innerlijk weten, dat op de Rots van Christus is gebaseerd, de kennis gaan ontvangen over wat je goddelijk plan inhoudt.

Streef naar evenwicht

Ik hoop dat je de psychologische waarde kunt zien van het doen van deze oefening. Ik weet dat veel mensen een groot enthousiasme en hartstocht hebben om het koninkrijk van God op Aarde te helpen brengen. Maar veel mensen hebben zich laten verblinden door de relativiteit van het menselijke denken en hun eigenbelang. Ze worden daarom gemakkelijk verleid tot het gebruik van oneigenlijke middelen, onwettige middelen, in hun pogingen het Koninkrijk van God op Aarde te brengen. Zoals ik eerder in dit boek heb uitgelegd, is dit niet de aanvaardbare offerande.

Het doet me verdriet te moeten vertellen dat er miljoenen mensen op deze planeet zijn – en zij zijn in elke godsdienst te vinden – die geloven dat zij het werk van God doen. Omdat hun motieven echter door de relativiteit van het menselijke denken beïnvloed zijn, duwen ze in werkelijkheid Gods koninkrijk verder van deze planeet weg.

De weg van het extremisme en fanatisme is niet de ware weg. De ware weg is de middenweg van het Christusinzicht. Het is de weg van evenwicht in alle dingen. Het is de weg van liefde. Laat me een voorbeeld geven van wat ik niet wil dat je doet. De logische gevolgtrekking van de leringen die ik in dit boek geef, is dat veel orthodoxe kerken valse leringen over mij en over het ware pad van Christusschap verspreiden. Iemand met een extremistische en geestdriftige houding zou kunnen redeneren dat het zijn of haar heilige plicht is een strijd met het orthodoxe Christendom aan te gaan en de tekortkomingen ervan te onthullen.

Laat me je verzekeren dat ik niet wil dat mijn ware volgelingen zich met zo'n conflict bezig houden. Ik wil niet dat dit boek een wapen wordt in de eeuwige menselijke machtsstrijd omdat dit mensen alleen maar een vooroordeel zou geven over dit boek en mijn ware leringen.

Wat nog belangrijker is, ik wil niet dat je je broeders en zusters ook maar van iets beschuldigt. Wijs de vinger naar niemand. Beschuldig ze van niets.

Wat ik wil dat je doet is het je eigen maken van de waarheid van mijn innerlijke leringen. Ik wil dat je al je aandacht op de ontwikkeling van je persoonlijke Christusschap vestigt. Het doel waarvoor ik je wil vrij stellen van alle verplichtingen is om je te helpen alle vooropgezette ideeën aan de kant te zetten van wat je wel of niet moet doen.

Met andere woorden, ik zeg niet dat je niets voor mij hoeft te doen. Ik zeg je om niet vanuit de relativiteit van het menselijke denken te handelen. Ik wil dat je oprecht probeert naar binnen te gaan en een bepaalde mate van Christusschap verwerft. Handel vervolgens naar de inzichten die je rechtsreeks van je Christuszelf en van mij ontvangt. Sta de machten van deze wereld, met inbegrip van de machten in je eigen psyche, niet toe je tot iets te dwingen.

Wat ik hier van je vraag is alle vooropgezette ideeën aan de kant te zetten. Ga naar binnen en zoek eerst het Koninkrijk van God en zijn rechtvaardigheid. Het Koninkrijk van God is het Christusbewustzijn. Zijn rechtvaardigheid is het juiste gebruik van je vrije wil door keuzes te maken die op het onderscheidingsvermogen van Christus gebaseerd zijn.

Zoek eerst het Christusbewustzijn en al het andere zal dan aan je toegevoegd worden. Door je persoonlijke Christusschap zul je innerlijke leiding ontvangen en dan zul je weten wat je moet doen. Je acties zullen dan op de Rots van Christus gebaseerd zijn in plaats van op het drijfzand van het menselijke denken. Je zult niet langer op grond van een bepaalde beslissing van het lagere denken handelen. Je zult handelen als een natuurlijk verlengstuk van wie je bent.

Kom uit het 'ik moet bewustzijn' en kom in het 'IK BEN bewustzijn'

De leidraad

Laat me je een leidraad geven waaraan je kunt afmeten of je handelingen uit het lagere of hogere bewustzijn voortkomen. Het lagere bewustzijn wordt door een aantal onvolmaakte gevoelens gekenmerkt. Mensen die extremisten of fanatici zijn, worden altijd door dit soort gevoelens gedreven. Laat me de meest algemene van deze onvolmaakte gevoelens beschrijven.

- **Angst.** Veel toegewijde godsdienstige mensen denken dat ze het werk van God doen, maar hun daden zijn door angst gemotiveerd. Misschien zijn ze bang voor God, misschien zijn ze bang voor straf, misschien zijn ze bang voor eeuwige verdoemenis, misschien zijn ze bang voor de Hel of misschien zijn ze bang voor de een of andere voorspelling. Daarom proberen ze iedereen die ze ontmoeten angst in te boezemen. Ze denken dat angst voor God je op de een of andere manier dichter bij God brengt. Niet dus. Je ziel zal altijd proberen weg te rennen voor datgene waar het bang voor is.

- **Boosheid en Haat.** Veel toegewijde godsdienstige mensen denken dat zij het werk van God doen, maar hun handelingen zijn gemotiveerd door boosheid. Het komt er op neer dat boosheid altijd boosheid tegen God en tegen jezelf is. In de meeste gevallen echter wordt boosheid uitgedrukt als woede tegen een andere groep mensen. Deze groep mensen wordt de zondebok. Mensen die handelen uit boosheid en haat denken misschien dat ze Gods werk doen, maar in werkelijkheid zijn ze niet voor God, ze zijn tegen iemand anders. Sta jezelf niet toe tegen iemand of iets te vechten. Bestrijdt duisternis enkel door het brengen van het Licht en de waarheid van Christus.

- **Trots.** Veel toegewijde godsdienstige mensen denken het werk van God te doen, maar hun daden zijn gemotiveerd door een behoefte aan zelfverheerlijking. Ze willen niet God, maar hun ego verheerlijken. Hierdoor zijn mensen vaak overtuigd van hun eigen goedheid en ze geloven dat ze beter of belangrijker zijn dan andere mensen. zijn. Ze zijn ook geneigd te denken dat hun godsdienst superieur aan elke andere godsdienst is en dat andere mensen ertoe gebracht moeten worden om dit in te zien.

Ik wil dat je je gevoeligheid vergroot zodat je begint te beseffen dat elk van deze gevoelens een speciale vibratie heeft. Alle gevoelens zijn energie en alle energie heeft een bepaalde frequentie. Je innerlijke gevoel van je hart is volledig in staat de frequenties van onvolmaakte gevoelens te herkennen. Door je bewust te worden van dit vermogen, kun je onmiddellijk weten wanneer iemand door onvolmaakte gevoelens gemotiveerd wordt. Door gebruik van deze gevoeligheid te maken als je in de spiegel kijkt, kun je direct je eigen motieven kennen.

Wees eerlijk tegenover jezelf. Wees oprecht. Als je een onvolkomen motief of gevoel ontdekt, gebruik dan de instrumenten die ik je gegeven heb om jezelf van dat gevoel te bevrijden. Geef het aan mij over en ik zal je helpen vrij te worden.

Het aandoen van je Christusschap

Wat ik je hier vertel is dat het belangrijkste wat je voor mij kunt doen, is het aandoen van je persoonlijke Christusschap. Met je uiterlijke bewustzijn afgestemd op je Christuszelf, zul je een duidelijke innerlijke leiding ontvangen die je zal laten zien wat je voor mij kunt doen. Je zult weten hoe je mensen het Levende Woord van Christus moet geven in plaats van een uiterlijke leer of een aantal regels.

Wanneer je handelingen en motieven op de Rots van Christus gebaseerd zijn, komt alles voort uit liefde. Ik kan je daarom een leidraad geven om de zuiverheid van je motieven en handelingen aan af te meten:

- Vraag jezelf af waarom je je gedwongen voelt om met een bepaalde activiteit bezig te zijn. Wordt je door liefde gemotiveerd?
- Als je door liefde wordt gemotiveerd, ervaar je geen gevoel van gehechtheid. Je zult niet voelen dat dit iets is wat je moet doen. Met andere woorden, je zult niet geheel door de activiteit in beslag worden genomen en je zult niet een dwingende noodzaak voelen om iets te doen.
- Niet gehecht zijn betekent dat je niet gebonden bent aan de uitkomst van je handelingen. Met andere woorden, je verwacht niet dat andere mensen op een bepaalde manier zullen reageren of dat God of het leven je er iets voor terug zal geven.
- Wanneer je niet gehecht bent, wanneer je uit liefde handelt, verwacht je niets als tegenprestatie. Je geeft eenvoudig op de manier waarop God geeft. Vrijelijk heb je ontvangen, en vrijelijk moet je geven. God laat het regenen op de rechtvaardigen en de onrechtvaardigen, omdat God zijn liefde onvoorwaardelijk geeft. Jij moet dit ook doen. Als je merkt dat er voorwaarden verbonden zijn aan wat je geeft, dan handel je niet volledig uit het Christusbewustzijn.
- Wanneer je wel als de Christus optreedt, dan geef je niet met de verwachting iets terug te ontvangen. Je geeft als een natuurlijke uitdrukking van wie je bent. De daad van het geven zorgt daarom voor zijn eigen beloning.
- Wanneer je motieven op liefde zijn gebaseerd en vrij van gehechtheid zijn, ben je in staat vanuit een innerlijke staat van vrede te handelen. Als je van plan bent iets nieuws te beginnen, ga dan bij jezelf na of je een innerlijk gevoel van vrede hebt. Het is als een barometer en je kunt leren hem af te lezen. Als de

Lezing 12: Wat kun jij voor Jezus doen

barometer niet wijst op vrede, overweeg dan opnieuw je motieven en gevoelens over de activiteit. Gebruik vervolgens de instrumenten die ik je heb gegeven om innerlijke vrede te krijgen voordat je ergens aan begint. Laat de machten van deze wereld je niet misleiden of manipuleren om vanuit een staat van onvrede te handelen.

Mijn vrede geef ik u. Mijn vrede laat ik u. Wanneer je motieven zuiver en op liefde gebaseerd zijn, heb je een volkomen respect voor de vrije wil van anderen. Je geeft ze eenvoudig de beker koud water in de naam van Christus en je laat het aan hen over wat ze ermee willen doen.

Je leidt mensen naar het water, maar je probeert hen niet te dwingen of te manipuleren om van het water te drinken. Je doet wat je weet dat juist is, maar je bent niet gebonden aan het resultaat van wat je doet. In de Westerse cultuur zijn mensen vanouds veel te resultaat gericht geweest. Als je begint te groeien in Christusbewustzijn zul je gaan beseffen dat het proces op zich veel belangrijker is dan de uitkomst. Ik ben de Weg, de Waarheid en het Leven. In het Christusbewustzijn bestaan er geen beperkingen; er is alleen voortdurende vooruitgang.

Raak niet zo op een specifiek resultaat gericht dat je vergeet de reis naar het doel te waarderen en ervan te genieten. De reden dat het doel de middelen niet heiligt is, dat wat voor God belangrijk is, niet het resultaat is, maar de middelen die je gebruikt om er te komen. God wil dat je thuis komt, maar God wil niet dat je jezelf of anderen in het proces schade toebrengt. God wil daarom dat je vrede kent als je je persoonlijke pad volgt. Het is beter een moment rust te nemen om innerlijke vrede te krijgen dan voorwaarts te stormen en het zicht op het Koninkrijk van God te verliezen.

God is overal in zijn schepping aanwezig. God is bij elke stap van je persoonlijke reis aanwezig. Kijk uit naar de God die je in veel vermommingen toelacht. Als je eenmaal weet waar je naar moet kijken is het niet moeilijk de Levende Waarheid te zien. Wanneer je die waarheid ziet, zal de waarheid je vrijmaken. Hoe kun je vrij zijn als je geen innerlijke vrede kent?

Innerlijke vrede is vrijheid. Laat al je acties uit innerlijke vrede voortkomen.

Verspreid het woord

Er is één ding dat je nu meteen voor mij kunt doen. Ik weet zeker dat je intussen beseft dat de beste hoop om Gods koninkrijk op Aarde te brengen is, mensen te inspireren het pad van persoonlijk Christusschap te bewandelen. Ik beschouw dit boek als de beste hoop die momenteel beschikbaar is om mensen te inspireren aan die reis te beginnen. Als je daarom een verlangen hebt mij te helpen, kun je dit doen door andere mensen over dit boek te vertellen of het hen te geven. Als je deze beweging wilt steunen, stuur niet rechtstreeks een bijdrage. Steun deze beweging door het boek te kopen dat je in je handen hebt en het tweede boek aan te schaffen, *The Inner Path of Light*.

Als je nog meer wilt bijdragen, koop een tweede exemplaar van één of van beide boeken om het iemand cadeau te geven. Als je een verdere bijdrage wilt leveren, koop verschillende exemplaren van één of beide boeken om ze als cadeau aan je plaatselijke bibliotheek te schenken. Stuur ze aan mensen van wie je denkt dat ze hun voordeel met het lezen ervan kunnen doen. Geef de boeken aan mensen op straat of waar je ze ook maar in het leven tegenkomt.

Ik ben me ervan bewust dat sommige mensen niet klaar zijn voor het vaste voedsel dat ik in dit boek aanbiedt. Het boek *The Inner Path of Light* is bedoeld als een meer voorzichtige introductie van mijn ware leringen en het pad van persoonlijk Christusschap. Wees voorzichtig met je oordeel wat geschikt voor iemand anders is. Gebruik je intuïtie en als je voelt dat iemand nog niet klaar voor dit boek is, geef die persoon dan *The Inner Path of Light*. Ik wil dit boek graag overal op de wereld zien uitkomen. Echter, de beste manier om dit doel te bereiken is de boeken tot een succes te maken. Dit zal een wijdverbreide verspreiding en vertaling in andere talen garanderen.

Als je iemand anders een boek geeft, wees voorzichtig hoe je dat boek introduceert. Gebruik je innerlijke afstemming en confronteer mensen niet. Vertel ze niet dat ze dit boek moeten lezen of waarom ze dit boek moeten lezen. Vertel ze eenvoudig waarom het boek je inspireerde.

Of vertel ze misschien helemaal niets.

Laat het boek voor zichzelf spreken.

Laat mij door het boek tot de ziel spreken.

Deel 4:
Over Dit Boek

Toelichting door Kim Michaels

Ik begrijp dat je misschien vragen hebt over wie ik ben en wat voor iemand ik ben. Toch hoop ik dat je je aandacht niet op de boodschapper richt. Laat de boodschapper de boodschap alsjeblieft niet in de schaduw stellen en laat de uiterlijke boodschap niet het geestelijke wezen in de schaduw stellen dat deze boodschap bekend komt maken. Waar het hier om gaat is Jezus en jouw persoonlijke relatie tot Jezus. In dat opzicht ben ik van geen belang.

Ik zou graag de volgende vraag aan de orde willen stellen, 'Hoe komt iemand op het punt in zijn leven waarin hij bereid is een boek uit te geven en er aanspraak op te maken dat de inhoud van dat boek van de echte Jezus Christus komt?'

Je begrijpt vast wel dat deze claim de persoon onmiddellijk tot het doel van ten minste twee groepen mensen zal maken. Eén groep bestaat uit de orthodoxe Christenen die denken een monopolie op Christus te hebben, misschien zelfs een monopolie op God. Voor deze mensen is iemand die beweert de boodschapper van Jezus Christus te zijn, schuldig aan godslastering. De andere groep mensen zijn de sceptici en de wetenschappelijke materialisten die denken een monopolie op de stoffelijke wereld te hebben en denken dat er daarbuiten niets bestaat. Voor deze mensen is iemand die beweert de boodschapper van Jezus Christus te zijn, eenvoudig krankzinnig. Waarom zou ik het risico willen lopen om als godslasteraar bestempeld te worden of als een krankzinnig iemand of als beide?

Als je hier over nadenkt, besef je vast wel dat om een boek als deze uit te geven, iemand tot een bepaald innerlijk besluit en innerlijke vrede moet zijn gekomen. Je moet op een punt komen waar de uiterlijke reacties je niet meer raken. Je doet gewoon datgene wat je doet als het natuurlijke gevolg van degene wie je bent. Hoe heb ik zelf dit punt bereikt? Laat me je een kort overzicht geven.

Mijn jeugd

Ik ben in 1957 in Denemarken geboren. Vanuit een uiterlijk standpunt bezien had ik een heel gemakkelijke en harmonieuze jeugd. Ik had geweldige ouders en ik heb geen enkele traumatische ervaring tijdens mijn kinderjaren ondervonden. Vanuit een innerlijk standpunt echter had ik een moeilijke jeugd.

Zover terug als ik me kan herinneren voelde ik dat er een goddelijke Aanwezigheid, een goddelijk Wezen was, dat altijd bij me was. Ik zag deze Aanwezigheid niet en ik hoorde geen stemmen die tot me spraken. Ik voelde eenvoudig de Aanwezigheid bij me. Echter, deze gevoeligheid deed me ook beseffen dat er duistere energieën en duistere wezens om me heen waren. Ik wist dat deze wezens mij niet werkelijk kwaad konden doen, maar omdat ik niet wist wat er gebeurde, was ik voor deze wezens en machten wel bang. Mijn jeugd werd daarom sterk beïnvloed door het feit dat ik gevoelig voor zowel licht als duisternis was.

Eens bezocht ons gezin een opgegraven middeleeuws klooster. Toen ik er omheen liep en naar de vele skeletten keek, voelde ik een heel duistere energie. Ik hield aan deze ervaring een heel diepe angst voor geesten en skeletten over. Maanden lang schudde ik letterlijk wanneer ik een plaatje van een schedel of een skelet zag. De angst nam enigszins af, maar bleef jaren bij me.

Op 12 jarige leeftijd besloot ik dat het tijd was om deze angst te overwinnen. Mijn school had een lokaal met collecties. Dit lokaal had geen ramen. Hierin bevond zich de schoolcollectie van exemplaren, opgezette dieren en er was een skelet aanwezig. Soms mochten we tijdens de pauze dat lokaal binnengaan.

Op een dag toen de leraar ons riep om uit dat lokaal te komen verstopte ik me achter een kast. De leraar deed van buitenaf de deur op slot en het licht uit. Ik was nu opgesloten in een lokaal waarin het volledig donker was en waarin zich een skelet bevond. Ik taste om me heen, op weg naar het skelet. Ik ging er een tijdje voor staan en toen voelde ik alsof er een groot gewicht van mij werd afgenomen. Mijn angst voor geesten en skeletten was verdwenen.

Deze ervaring leerde me een belangrijke les. In werkelijkheid is alle angst gebaseerd op illusie. Het verzwakkende gevolg van angst is dat het ons bang maakt om datgene waar we bang voor zijn, nader te bekijken. Daarom zien we niet dat de angst uit een illusie voortkomt. Omdat wij een vrije wil hebben, kan God deze angst niet van ons wegnemen. We moeten heel bewust deze angst onder ogen zien, tot het besef komen dat de angst op een illusie is gebaseerd en tot de beslissing komen om het besluit los te laten dat ons in die illusie deed geloven. Als ik die les niet geleerd zou hebben, zou ik nooit de moed gehad hebben dit boek te publiceren.

Het vinden van het geestelijke pad

Omdat ik altijd de aanwezigheid van een goddelijk Wezen bij me voelde, was ik een zeer spiritueel kind. Ik had echter geen mogelijkheid om dat te uiten. Mijn ouders waren niet religieus en gingen bijna nooit naar de kerk. Denemarken heeft een Lutherse Staatskerk maar ik vond geen enkele spiritualiteit in die kerk en in de versie van het Christendom, wat zij verkondigde.

Ik besloot de traditie te volgen en belijdenis te gaan doen. Tweemaal in de week kwam een plaatselijke dominee in onze klas om ons over het Evangelie te leren. De leraar zelf scheen geen geestelijk begrip van de mysteriën van Christus te hebben. Hij onderwees een uiterlijke leer die we uit ons hoofd moesten leren en waar ik geen spiritualiteit in zag. Ik wist dat er iets waardevols in de boodschap van Jezus Christus aanwezig was. Ik kon het echter niet met mijn uiterlijke geest pakken.

Tijdens mijn tienerjaren was ik een ongewoon kind: ik rookte niet, ik dronk geen alcohol, ik gebruikte geen drugs, ik luisterde niet naar rockmuziek en ik ging niet achter de meisjes aan. Waarom deed ik geen van deze dingen? Mijn innerlijke gevoeligheid vertelde me duidelijk dat deze activiteiten mij van het licht zouden beroven en mij kwetsbaar voor duistere machten zouden maken.

Op de middelbare school hadden we les in godsdienst en filosofie. Ik vond de discussies wel leuk maar voelde altijd dat er iets miste. Ik voelde dat als ik mijn aandachtspunt maar een klein beetje zou kunnen verschuiven, ik iets zou zien dat buiten de stoffelijke wereld aanwezig was. Ik kon het toen niet uitleggen maar ik wist dat er een geestelijke kant aan het leven zat en dat dit rechtstreeks ervaren kon worden.

Toen ik 18 jaar was ging ik weg bij mijn ouders om te gaan studeren. Op een dag kwam ik in een boekwinkel en voelde een zeer sterke aandrang om een bepaald boek te kopen. Dat boek was De *Autobiografie van een Yogi*, geschreven door een geestelijke leraar uit India met de naam Paramahansa Yogananda.

Het was een openbaring voor mij dat boek te lezen. Voor de eerste keer in mijn leven besefte ik bewust waarom ik anders was dan zoveel mensen om mij heen. Ik besefte dat ik een geestelijke zoeker ben.

Mijn ziel kon niet langer met de stoffelijke wereld tevreden zijn. Ik wilde en had behoefte aan iets meer en ik wist dat er iets meer was. Het boek gaf me ook het besef dat ik niet de enige was die zich zo voelde. Duizenden jaren lang hebben geestelijke zoekers een systematisch pad gevolgd naar een hoger begrip van het leven. Sinds het lezen van dat boek is het geestelijke pad het belangrijkste aandachtspunt in mijn leven geweest.

Er gebeurde iets heel interessants toen ik het boek van Yogananda aan het lezen was. In het boek staat een voetnoot dat in het jaar 553 de leringen over reïncarnatie opzettelijk uit het Christendom verwijderd zijn en als ketterij verbannen. In die tijd beschouwde ik mijzelf niet als een Christen. Maar bij het lezen van die woorden, voelde ik een innerlijke boosheid die ik nog nooit eerder ervaren had. De gedachte dat een aantal kerkvaders zichzelf tussen mij en Jezus geplaatst hadden, vulde mij met woede. Hoe konden deze mensen nu het lef hebben te beslissen dat ik iets niet mocht weten wat Jezus mij wilde laten weten? Het besef dat er iets uit de oorspronkelijke leringen van Christus zou zijn weggenomen, begon het proces van heling dat uiteindelijk zijn hoogtepunt in dit boek bereikte.

Het vinden van de Meesters

Ongeveer een jaar later vond ik een serie boeken van Baird T. Spalding genaamd *Leven en Leer van de Meesters van het Verre Oosten*. Deze boeken beschrijven hoe aan het eind van de 19e eeuw een groep Westerse wetenschappers naar het gebied van de Himalayas reisden. De groep ontmoette verschillende geestelijke Meesters die veel wonderen deden en geestelijke leringen gaven. Verschillende malen verscheen een geestelijke Meester aan de groep om hen te onderwijzen. Een van deze Meesters was Jezus.

Toen ik opgroeide heb ik nooit het idee begrepen dat de Zoon van God door mensen gedood was om daarna niet meer te verschijnen. Ik wist altijd in mijn hart dat er iets niet klopte aan dat verhaal. Toen ik de boeken van Spalding las, besefte ik plotseling wat ik in mijn hart gevoeld had.

Deel 4: Over Dit Boek

Ik heb altijd geweten dat de Zoon van God een geestelijk wezen moest zijn. Het spreekt vanzelf dat Mensen een geestelijk wezen niet kunnen ombrengen. Het geestelijke wezen dat wij Jezus noemen kon daarom niet na zijn kruisiging verdwenen zijn. Hij moest ergens in leven zijn. Mijn vraag was waarom Jezus in deze wereld gekomen is, ons een geestelijke leer gegeven heeft om ons daarna te verlaten? Ik heb nooit gevoeld dat dit juist was. Met andere woorden, ik ervoer een conflict tussen de uiterlijke leringen van het orthodoxe Christendom en mijn innerlijke weten en door dat conflict ben ik bij het Christendom weggegaan.

De boeken van Spalding deden mij beseffen dat Jezus de mensheid nooit echt verlaten had. Integendeel, Jezus is aan veel mensen verschenen en heeft, door diegenen die voor zijn innerlijke leringen open stonden, geprobeerd geestelijke leringen uit te brengen. Dit was weer een belangrijke stap in het helen van mijn relatie met Jezus.

De hier vermelde boeken brachten mij tot het besef dat er een hiërarchie van geestelijke wezens is, die met ons werken om onze staat van bewustzijn te verhogen. Door de eeuwen heen hebben deze geestelijke wezens uiterlijke leringen voortgebracht in een poging de ware innerlijke mysteriën te verklaren. Dit idee kwam voor mij direct als waar over.

Ik ontdekte al gauw dat deze opgevaren wezens, of Opgevaren Meesters zoals ze zichzelf vaak noemen, door vele verschillende organisaties een verscheidenheid aan leringen hebben gegeven.

Ik vond en bestudeerde eerst de leringen die door de 'I Am Beweging' en de 'Summit Lighthouse' zijn uitgegeven. Ik vond deze leringen van grote waarde en inspiratie, maar ik beperkte me niet tot één bepaalde organisatie. Door de jaren heen heb ik een wijd aanbod van geestelijke leringen bestudeerd en ik doe dat nog steeds.

Ook ontdekte ik technieken voor het aanroepen van geestelijke bescherming en van de Violette Vlam, waaronder die, die Jezus in dit boek beschreven heeft. Deze technieken stelden mij in staat mezelf tegen duistere energieën te beschermen en negatieve energie te transformeren. Het is zoveel makkelijker gevoelig te zijn voor licht en duisternis wanneer je weet dat je de middelen hebt jezelf tegen duisternis te beschermen. Ik denk niet dat je door studie alleen maximale groei kunt bewerkstelligen. Je hebt een bepaalde uiterlijke techniek nodig voor het aanroepen van geestelijk licht.

In de vroege jaren negentig kwam ik tot de ontdekking dat er iets in mijn persoonlijke zoektocht miste. Ik was me bewust dat het ware doel van het geestelijke pad het kennen van God is. Echter, om God werkelijk te kennen moet je vrede met God maken. Met andere woorden, je moet de onjuiste voorstellingen overwinnen, die je gedurende je reis in de stoffelijke wereld in je opgenomen hebt. Ik besefte ook dat veel van deze verkeerde denkbeelden zo diep in mijn psyche verankerd waren dat het een zekere inspanning zou kosten ze bloot te leggen en ze op te lossen.

Ik besloot met verschillende vormen van therapie en andere technieken voor psychologische genezing aan de gang te gaan en dat bleef ik verscheidene jaren doen. Tegen het eind van de jaren negentig, begon ik eindelijk te voelen dat ik vrede met mijn God gemaakt had.

In december 2001, werd ik 44 jaar. Op mijn verjaardag stond ik in mijn kantoor en werd plotseling heel stil. Op de muur heb ik verscheidene posters van geestelijke meesters, waaronder die van Jezus. Ik keek naar deze platen en vanuit de grond van mijn hart kwamen woorden van gelijke strekking als de volgende:

'Ik wil meer. Ik weet dat u echt bent en dat God echt is. Ik heb gedurende verscheidene jaren uw leringen gevolgd en bestudeerd. Ik heb de leringen bestudeerd die u via andere mensen en boodschappers hebt gegeven. Ik wil meer. Ik wil rechtstreekse gemeenschap met u. Ik wil een directe persoonlijke relatie met u zodat ik niet via iemand anders hoef te gaan. Dit is wat ik wil'.

Na het uitspreken van deze woorden voelde ik een zware last van mij afvallen. Ik ervoer een gevoel van innerlijke vrede. Kort daarna begon ik de innerlijke gemeenschap te ervaren dat uiteindelijk dit boek opleverde.

Het schrijven van dit boek

Vanaf mijn vroegste jeugd wist ik dat ik een schrijver wilde worden. In feite wist ik dat ik een schrijver was. In Denemarken heb ik drie boeken, talrijke tijdschriftartikelen en een aantal krantenartikelen gepubliceerd. Ik wilde altijd al boeken over het geestelijke pad schrijven, maar was er lange tijd niet klaar voor. In 1987 verhuisde ik naar de Verenigde Staten om mijn geestelijk pad in dit land te vervolgen. In de afgelopen jaren schreef ik twee volledige boeken over zelfhulp. Ik heb echter nooit geprobeerd ze uit te geven omdat ik het gevoel had dat ze niet precies waren zoals ik ze hebben wilde.

Na mijn verzoek voor een rechtstreeks contact met de Meesters voelde ik inspiratie om mijn schrijven naar een nieuw niveau te brengen. Ik installeerde software voor spraakherkenning op mijn computer en in plaats van te typen spreek ik in een microfoon. De software zet mijn gesproken woorden om in tekst, dat op het scherm verschijnt. Door op deze manier te schrijven kan ik mijn ogen sluiten en mijn aandacht in mijn hart vestigen.

Vanaf het begin voelde ik een veel sterkere band met mijn Christuszelf. Toen ik het schrijven op deze manier beoefende, begon ik een nieuw gevoel van direct innerlijk contact te ervaren. Door geestelijke technieken te gebruiken om mijn bewustzijnsniveau te verhogen, ervoer ik een stroom van woorden vanuit een hoger deel van mijn wezen. Aanvankelijk dacht ik dat de woorden van mijn Christuszelf kwamen. In een aantal gevallen kwamen de woorden ook van mijn Christuszelf. Ik weet nu echter, dat in veel gevallen de woorden rechtsreeks van Jezus kwamen.

In het voorjaar van 2002 begon ik aan het schrijven van het boek, *The Inner Path of Light*. Het duurde slechts twee maanden om het eerste ontwerp te maken. Daarna liet ik het boek een tijdje rusten en tegen het einde van de zomer voelde ik de behoefte aan diepere geestelijke leiding met betrekking tot het boek en mijn persoonlijke dienstbaarheid. Ik paste een geestelijke techniek toe voor het verkrijgen van innerlijke leiding en schreef mijn gedachten op een schrijfblok. Jezus beschrijft een identieke techniek in dit boek.

Door deze oefening kreeg ik een ongelooflijke openbaring.

Het boek van Yogananda maakt me bewust dat geestelijke Meesters bestaan en dat iemand een persoonlijke Meester of Guru kan hebben. Ik wist zeker dat ik een geestelijke Meester had die mijn persoonlijke Guru was, maar ik wist nooit wie het was. Door de geestelijke oefening ontving ik de kennis dat Jezus mijn persoonlijke Meester en sponsor is. Vanwege het conflict tussen mijn innerlijke weten en de leringen van het orthodoxe Christendom, had ik niet helemaal vrede met Jezus en ik kon hem eenvoudig niet als mijn persoonlijke Meester erkennen. Deze openbaring opende echter een geheel nieuwe wereld voor me.

Ik heb altijd het vermogen gehad om vibraties van licht en duisternis te onderscheiden. Gedurende de 25 jaar dat ik het geestelijke pad volg, is dat vermogen flink toegenomen. Ik besefte nu dat ik dit vermogen kon gebruiken om me op de vibratie en de geest van Jezus af te stemmen. Ik begon letterlijk te voelen dat Jezus altijd bij me is en dat hij even dichtbij is als mijn adem of hartslag.

Jezus instrueerde me om door een proces van het helen van mijn relatie met hem te gaan. Terwijl dit plaatsvond, maakte ik het werk aan *The Inner Path of Light* af. Midden november 2002 zond ik dat boek naar een uitgever. De maanden daaraan voorafgaande voelde ik intuïtief dat Jezus nog meer rechtstreekse leringen wilde uitbrengen. Ik had er geen problemen mee om samen met Jezus aan *The Inner Path of Light* te werken en veel van de ideeën voor dat boek door hem te laten inspireren. De gedachte echter om een boek te publiceren en openlijk te verklaren dat het van Jezus kwam, was toch wel beangstigend. Maar Jezus werkte met mij om deze angst te overwinnen en uiteindelijk kwam ik op een punt waarop ik zei, 'Jezus, laat het overeenkomstig uw wil gebeuren'.

De dag nadat ik *The Inner Path of Light* opstuurde, ontving ik een heel duidelijke aanwijzing dat Jezus het volgende boek wilde uitbrengen en hij wilde dat ik er direct mee begon. Diezelfde dag nog zat ik aan de computer en begon het proces dit boek in de stoffelijke wereld te brengen. Ik nam een week vrij van mijn werk en had totaal negen dagen om me op het werk aan dit boek te richten. Dus het boek dat je in handen houdt is binnen twee weken in zijn geheel tot stand gekomen.

Ik heb nu aan je uitgelegd hoe ik het punt bereikte waar ik bereid was om openlijk te verklaren dat dit boek rechtstreeks uit het hart en de geest van Jezus Christus komt. Ik kan je geen uiterlijk bewijs geven dat dit waar is. Ik weet het eenvoudig door een innerlijk weten dat boven alle begrip en redeneren uitgaat. Ik weet het door mijn innerlijk onderscheidingsvermogen tussen licht en duisternis.

Ik verwacht niet dat mijn innerlijk weten voor jou enige waarde heeft. Zoals Jezus in het begin van dit boek zegt, moet je je eigen vermogen gebruiken om licht en duisternis te onderscheiden. Ik hoop dat je beseft dat je dit vermogen hebt en dat je er gebruik van zult maken.

Meer dan iets anders hoop ik dat dit boek je zal inspireren tot het opbouwen van een persoonlijke relatie met Jezus. Jezus kan een zeer directe Meester zijn, maar hij is ook een zeer liefdevolle Meester. In deze wereld zul je nooit een grotere liefde voelen dan de liefde die een geestelijke Meester geeft aan zijn discipel die bereid is een aspect van het menselijke denken achter zich te laten en opnieuw een stap hoger op het pad te zetten. Als je eenmaal die liefde ervaren hebt, ben je bereid elk aspect van het menselijke denken over te geven.

Het dichte woud

Ik zou je graag willen achterlaten, met een laatste gedachte die je op je persoonlijke pad zou kunnen helpen. Gedurende de laatste 25 jaar heb ik honderden mensen het geestelijke pad zien bewandelen en heb daarbij een duidelijk patroon opgemerkt.

Veel mensen in de Westerse wereld groeiden op zonder een duidelijke herkenning van de geestelijke kant van het leven. Plotseling vind iemand iets dat hem/haar doet realiseren dat het leven een geestelijke kant heeft. Dit kan plaatsvinden via veel verschillende organisaties en filosofieën, waaronder traditionele godsdienst. Wanneer iemand voor het eerst voor het geestelijke pad ontwaakt, wordt die persoon vaak door een gevoel van enthousiasme en nieuwe hoop meegesleept. De persoon ontwikkelt vaak een bijna naïef gevoel van op de uiteindelijke bestemming aangekomen te zijn, en dat van nu af aan alles van een leien dakje zal gaan.

Na een tijdje gebeurt het vaak dat de persoon tegen een of meer moeilijke inwijdingen van het pad oploopt. Plotseling begint het oorspronkelijke enthousiasme te verdwijnen en nu wordt het pad een strijd. Na een tijdje gestreden te hebben winnen sommige mensen, maar velen raken ontmoedigd of zelfs boos. Sommige mensen geven uiteindelijk het pad op terwijl anderen voelen dat ze door loze beloften misleid zijn.

Om je te helpen door deze fase van het pad heen te komen, zou ik je graag een verhaal willen vertellen dat duidelijk kan maken wat er gaande is.

Stel je voor dat je in een dorp bent opgegroeid dat in een bergvallei ligt. De bergen rondom de vallei zijn altijd in een dichte mist gehuld, dus groei je op zonder het idee dat er zelfs bergen bestaan. Op een dag loop je buiten in het veld en er komt een wind opzetten. Plotseling breken de wolken en je ziet een onbeschrijflijk mooie berg. Je komt tot het besef dat je leven in het dorp niet langer genoeg is en je besluit de berg te beklimmen.

Als je aan je reis begint ben je vol enthousiasme en hoop. Je loopt de vallei door, dus het terrein is vlak en het lopen gaat gemakkelijk.

Bovendien heb je een helder zicht op de berg die voor je ligt en dus zijn je doel en de belofte dat je beloond zal worden voortdurend in zicht. Je reist snel over het vlakke terrein van de vallei en komt vervolgens aan bij de uitlopers van de berg.

Plotseling wordt het pad veel steiler en er zijn veel rotsen op je pad. Bovendien zijn de heuvelen bedekt met een dicht woud. Dit woud verhindert dat je de mooie berg die je doel is kunt zien en na een tijdje begin je te vergeten waarom je aan de tocht bent begonnen. Verder is het woud op verschillende plekken zo dichtgegroeid dat je je door het kreupelhout moet heen vechten. Plotseling is het enthousiasme dat je tijdens de gemakkelijke reis in de vallei had, bijna vergeten. Je hebt geen aandacht meer over om aan je doel en je beloning te denken. Alles wat je kunt doen is proberen je een weg door het volgende stuk kreupelhout te banen.

Stadia van het pad

Als we het geestelijke pad voor het eerst ontdekken zijn we vol van enthousiasme. In het begin zijn de inwijdingen en testen van het pad heel gemakkelijk te nemen. Dan stuiten we op de wat moeilijkere testen, gesymboliseerd door het dichte woud. Ik heb veel mensen in dit bijna ondoordringbare woud zien vastlopen en het kostte mij zelf bijna 20 jaar om er doorheen te komen. Het zich met moeite een weg door het dichte woud banen kan gemakkelijk tot ontmoediging leiden. Je voelt dat je niet verder komt en je begint je af te vragen, 'Wat voor zin heeft het?'

De sleutel om door het dichte woud te komen is te begrijpen dat dit woud al je onjuiste overtuigingen en gehechtheden aan deze wereld vertegenwoordigen. Wat het dus moeilijk maakt om er doorheen te komen zijn je eigen gehechtheden.

Als je het voor jezelf gemakkelijker wilt maken, kijk dan eens objectief naar je persoonlijkheid en je psyche. Ga na wat de ideeën en overtuigingen zijn waar je niet zonder kunt. Overweeg welke dingen je gewoon niet kunt opgeven. Van welke overtuigingen voel je dat die boven alle twijfel verheven zijn. Als je achter deze gehechtheden kijkt, zul je de verborgen besluiten vinden die je voortgang op het pad blokkeren. Je kunt je weg door het dichte woud gemakkelijker vinden door eerlijk naar deze gehechtheden te kijken. Gebruik dan de geestelijke techniek van overgave om ze te verwijderen.

Je kunt meerdere levens in de wildernis vast blijven zitten, want de sleutel om er doorheen te komen is het maken van de juiste keuzes. Wat is een juiste keuze? De juiste keuze is altijd de keus die je een onjuist beeld van jezelf, van God en van je relatie tot God doet loslaten. Wanneer je het belang inziet om deze gehechtheden over te geven kun je het besluit nemen te proberen ze aan het licht te brengen en over te geven. Zodra je deze beslissing neemt wordt het ineens makkelijk om door het dichte woud heen te komen. Voordat je er erg in hebt, ben je door het woud heen en loop je op de berghelling. Op dat punt zal je een doorbraak ervaren en je zult weten dat het pad echt is en dat je jezelf vast aan dat pad verankerd hebt. Geef alsjeblieft niet op vlak voor je deze doorbraak kunt ervaren.

Ik heb zelf ervaren hoe moeilijk het kan zijn de strijd met het dichte woud aan te gaan. Wat maakte dat ik niet opgaf was, dat ongeacht hoe moeilijk de situatie ook leek, ik altijd een volgende stap zette. Wat me er doorheen deed komen was dat ik uiteindelijk besefte wat het dichte woud vertegenwoordigde. Ik hield op om met mijn hoofd tegen de muur te lopen.

Tijdens het laatste deel van de reis is het pad steil, maar omdat je weet waar je naar toe gaat, weet je ook dat je je doel kunt bereiken. Je kunt daarom je angsten achter je laten. Het belangrijkste gevaar gedurende dit deel van de reis is in feite dat je al tot een hoogte bent geklommen waar het uitzicht fantastisch is.

Het is heel verleidelijk om te stoppen en van het uitzicht te gaan genieten. Sommige mensen beginnen te denken dat vanwege het feit dat het uizicht van de plek waar zij zijn zo mooi is, er geen noodzaak meer is om de weg helemaal naar boven voor te zetten. Deze verleiding betekent een nieuwe uitdaging, maar je zit tenminste niet meer vast in het dichte woud.

Een toelichting door Jezus

Ik wilde je de toelichting van mijn boodschapper laten lezen, omdat je door het lezen van zijn vibratie je een belangrijke sleutel hebt om te begrijpen waarom ik hem als boodschapper gekozen heb en waarom hij besloten heeft om mijn verzoek te accepteren.

Door de eeuwen heen hebben wij als Opgevaren Groep vele boodschappers gehad. Je kunt op allerlei verschillende manieren een boodschapper voor ons zijn. Veel van onze boodschappers waren zich niet bewust een boodschapper te zijn. Wij inspireren een bepaald idee in het uiterlijke bewustzijn en de persoon presenteert dat idee aan de wereld alsof het van hem of haar zelf was. Dit is volkomen in orde omdat we hier niet zijn om erkenning te krijgen. Alle lof gaat naar God.

We hebben ook een aantal bewuste boodschappers gehad die wisten dat ze hun leringen rechtstreeks van ons ontvingen en dat aan de wereld bekend maakten. Wanneer we een bewuste boodschapper gebruiken, maakt een opgevaren wezen zijn of haar bewustzijn één met het bewustzijn van de geïncarneerde boodschapper. De boodschap wordt via het bewustzijn van de boodschapper gegeven.

Kijk verder dan de uiterlijke lering

Sommige mensen kunnen niet als boodschapper dienen omdat hun persoonlijkheid en hun overtuigingen de boodschap zouden verdraaien. Het is echter acceptabel dat de boodschapper de boodschap in enige mate kleurt. Dit is acceptabel omdat de student altijd verder dan de uiterlijke leringen moet kijken. Dit is ook het geval met de leringen die ik gaf toen ik op Aarde was.

Maar het 'boodschapper zijn' is niet een gemakkelijke taak en wij hebben vaak een beperkte keuze. Wij hebben daarom in veel gevallen gewerkt met boodschappers die nog sporen van een persoonlijke agenda hadden. Zo'n persoonlijke agenda zal de boodschap tot op zekere hoogte beïnvloeden. Een oprechte zoeker kan altijd voorbij de uiterlijke boodschap kijken om de Levende Waarheid te ontdekken. Maar indien mogelijk, geven we de voorkeur aan een boodschapper die geen of nauwelijks een persoonlijke agenda heeft.

Een toelichting door Jezus

Ik wilde dat je de toelichting van Kim zou lezen, omdat het laat zien dat hij geen persoonlijke agenda heeft. Hij heeft geen verlangen naar macht, geen verlangen naar zelfverheerlijking en hij heeft geen verlangen om gezag over iemand te hebben. Ik koos hem als boodschapper juist omdat hij een absoluut respect voor de vrije wil van mensen heeft. Als je een boodschapper van de Opgevaren Groep wilt worden, zijn dit de kwaliteiten die je moet verkrijgen.

Waarom accepteerde Kim mijn oproep om mijn boodschapper te worden? Hij beschreef hoe na vele jaren het pad bewandeld te hebben, hij eindelijk voelde dat hij vrede had met God. Wat er werkelijk in dit proces gebeurde is dat zijn ziel alle verlangens en gehechtheden betreffende deze wereld had opgelost. Hij kwam letterlijk op het punt waar hij zei, 'God, u kunt mij elk moment naar huis brengen'.

Op dat moment verscheen ik op innerlijke niveaus aan zijn ziel en zei, 'Als je niets meer hebt wat je zelf op deze planeet wilt doen, zou je dan bereid zijn iets voor mij te doen?'

Zijn ziel sprong op van vreugde en riep onmiddellijk uit, 'Ja Jezus, ik zou heel graag voor u willen werken!'

Wat ik je hier laat zien is, dat de sleutel tot 'het boodschapper zijn' onzelfzuchtigheid en een onvoorwaardelijke overgave aan de wil van God is. Deze kwaliteiten zijn overigens ook de sleutel tot een succesvol discipelschap.

Omdat Kim geen behoefte aan zelfverheerlijking, macht of gezag heeft, is hij heel bescheiden over zijn 'boodschapper zijn'. Dit is acceptabel voor mij, tenminste tot nu toe. Ik wil je echter laten weten dat hij niet op goed geluk gekozen is. Zijn ziel en de mijne komen van dezelfde geestelijke ouders, namelijk Alfa en Omega, die op het allerhoogste niveau van de vormwereld verblijven, vaak de Grote Centrale Zon genoemd. Hij en ik vormen een unieke zielenpolariteit waarbij wij elkaar aanvullen en in evenwicht houden. Ik ben direct en hij is zachtaardig.

Elke ziel is uit een geestelijke vlam geschapen. Mijn vlam heeft de kwaliteiten van kracht en waarheid en tijdens mijn missie liet ik die eigenschappen zien. Daarom zegt het Nieuwe Testament dat ik 'met gezag onderwees'. De kracht was nodig om door de dichtheid van het bewustzijn van de mensen heen te breken. Nu zijn de mensen in een hogere staat van bewustzijn en daarom is een andere benadering nuttiger.

De vlam van Kim heeft de kwaliteiten van liefde en waarheid. Als ik door hem spreek, brengt zijn liefde mijn kracht in evenwicht en we bereiken iets wat wij geen van beiden alleen kunnen bereiken. Dit is een eenheid en een zich vermengen van harten 'zo Boven, zo ook beneden'. Ik verwees naar deze eenheid door te zeggen, 'Mijn Vader werkt tot en ik werk'. Laat me je verzekeren dat wanneer je een bepaalde mate van Christusschap bereikt, jij ook deze mystieke verbintenis kunt ervaren – als je dat wilt.

Ik wil je laten weten dat Kim bij mij was tijdens mijn missie in Galilea. Op kritieke momenten hield hij de balans voor mij en hij gaf me kracht mijn missie te vervullen. Ik wil je laten weten dat hij gedurende zeer lange tijd door mij is getraind. Ik wil je ook laten weten dat hij inderdaad door mij tot boodschapper is gezalfd.

Ik vertel je dit omdat ik je het belang en de mogelijkheden van deze missie en dit boodschapperambt wil laten inzien. Tegelijkertijd wil ik dat je dit niet al te serieus neemt.

Verhef mijn boodschapper niet tot een soort idool. Hij is je broeder en op geen enkele wijze is hij anders dan jij of staat hij boven jou. Ook jij bent mijn broeder of zuster – als je besluit mijn broeder of zuster te zijn.

Onthoud altijd: Laat de boodschapper de boodschap niet in de schaduw stellen en laat de boodschap de bron niet in de schaduw stellen. Zelfs ik, Jezus, ben niet de bron. Er is niemand goed, behalve God.

NOOT van de Schrijver: Uiteraard kan geen enkel boek al je vragen over de geestelijke kant van het leven beantwoorden. Bezoek de website *www.askrealjesus.com*.

Lezers reageren op De Christus is in Je geboren

Dit boek is zo mooi. Ik huilde toen ik het las omdat het zo mooi is en zo gemakkelijk te begrijpen. Ik heb zoveel spirituele boeken gelezen die zo esoterisch waren dat je ze nauwelijks kon begrijpen. Jezus is zo duidelijk en zo diepzinnig dat ik voel dat ik eindelijk begrijp waar het spirituele pad over gaat. Ik ben diep geraakt door zijn lering over het overwinnen van gehechtheden en dat is waar ik momenteel aan werk.

Ik lees het boek De Christus is in Je geboren en ik kan zeggen dat het een fantastisch boek is. Ik las het boek zo snel dat het was alsof mijn Christuszelf het door mij heen las. Het is zo diepzinnig maar gemakkelijk te lezen. Ik ben erg blij dat er een boek is dat veel mensen kunnen lezen. In veel spirituele organisaties zijn de boeken zo moeilijk te lezen dat vanwege het taalgebruik alleen mensen met een bepaalde opleiding ze kunnen lezen. Ik vond dit boek prachtig. God zegen je en helpe je nu en altijd.

Dank, dank, dank voor het schrijven van de boeken. Ik ben bezig met het lezen van De Christus is in Je geboren. Ik voel dat mijn leven verandert vanwege de waarheden die door dit boek aan mij zijn onthuld. Ik ben meer dan 20 jaar Christen geweest en ik ben de laatste jaren ontevreden geworden over de kerk in het algemeen omdat ik zoveel schijnheiligheid en zoveel ongerijmdheden in de leringen van de kerk gevonden heb en in de houding van kerkmensen onderling. Alles bij elkaar genomen was dit niet wat Jezus voor mijn gevoel ons tweeduizend jaar geleden probeerde te vertellen. Daarom ben ik nu al een tijdje met een geestelijke zoektocht bezig. Nu voel ik dat heel veel vragen van mijn innerlijke zielzoektocht door de website en dit boek beantwoord zijn. Ik zie nu duidelijk in dat ik een dochter van (de Vader-Moeder) God ben en dat ik een Christuswezen ben en dat ik een Christusbewustzijn in me heb.

Hoe meer ik de website en het boek lees, hoe meer ik wil lezen; ik schijn er niet genoeg van te kunnen krijgen. Ik kan het boek niet wegleggen. Ik heb het andere boek, The Inner Path of Light en kan niet wachten om ook dat boek te gaan lezen. Ik voel dat mijn geest werkelijk vrij wordt gemaakt. Ik ben 47 jaar oud (jong) en voel dat ik voor het eerst tot leven kom. Misschien ben ik in werkelijkheid opnieuw geboren in de meest ware geestelijke zin.

Het boek De Christus is Je geboren is zo fantastisch dat ik zojuist zeven exemplaren besteld heb om aan mensen weg te geven. Ik kon het gewoon niet wegleggen. Ik ben ook begonnen de andere twee boeken te lezen en ik vind ze geweldig. Het pad is zo opwindend en ik voel dat ik een grote innerlijke transformatie onderga.

Het massale ontwaken van veel mensen waar Jezus van zegt dat zij klaar zijn het pad van persoonlijk Christusschap te bewandelen: ik voel dat velen van hen door deze boeken aangeraakt en bewust gemaakt zullen worden. Want ze zijn zo eenvoudig, zo diep, zo eerlijk, zo logisch, zo mooi en in een taal die gemakkelijk te lezen is.

Dit boek versnelde op verschillende manieren de dingen voor mij en ik ben heel dankbaar nu ik voel dat mijn bewustzijn zich ontwikkelt. En werkelijk, het gaat over het bewust worden van wie en wat we zijn en eenvoudig dat juist hier te zijn.

Ik ben al 23 jaar lang bezig met geestelijke leringen te bestuderen en veel ervan zijn zo esoterisch dat ze moeilijk te begrijpen of zelfs saai zijn. Dit boek is zo gemakkelijk te lezen en te begrijpen dat ik er versteld van stond. Ik voel dat ik na het lezen van dit boek werkelijk dichter bij Jezus sta dan ooit te voren.

Ik lees al decennia geestelijke boeken, waaronder veel boeken die van de Opgevaren Meesters kwamen. Dit boek is zoveel gemakkelijker te begrijpen dan alles wat ik ooit heb gelezen. Ik was in het bijzonder onder de indruk dat Jezus echt wil dat wij begrijpen wat hij zegt. Ik vond het prachtig dat hij uitdrukkingen gebruikt zoals, 'Wat ik hier probeer uit te leggen' of 'Ik hoop dat jullie begrijpen'.

Ik volg al 20 jaar geestelijke leringen. Ik voelde onmiddellijk dat deze woorden werkelijk van Jezus kwamen. Ik sta versteld hoe gemakkelijk het is de ideeën in dit boek te begrijpen.

Ik voel alsof ik elke nacht met Jezus heb gestudeerd na het lezen van dit boek. Ik heb een veel beter begrip van zijn ware leringen.

Ik ben verrukt over dit boek en hoe gemakkelijk het te lezen en te begrijpen is. Wonderlijk dat zulke esoterische ideeën op zo'n open en eerlijke manier naar voren gebracht kunnen worden.

www.ingramcontent.com/pod-product-compliance
Lightning Source LLC
Chambersburg PA
CBHW032037150426
43194CB00006B/321